ATRAVÉS
DA
LENTE
DA LINGUAGEM

Dados Internacionais de Catalogação na Publicação (CIP)
(Câmara Brasileira do Livro, SP, Brasil)

Deutscher, Guy
    Através da lente da linguagem : por que o mundo parece diferente em outras línguas? / Guy Deutscher ; tradução Bruno Gambarotto. – Petrópolis, RJ : Vozes, 2023.

    Título original: Through the language glass.
    Bibliografia.
    ISBN 978-85-326-6592-8

    1. Letras 2. Língua e linguagem 3. Línguas – Estudo e ensino I. Título.

23-161709   CDD-410.7

Índices para catálogo sistemático:
1. Língua e linguagem : Linguística 410.7

Tábata Alves da Silva – Bibliotecária – CRB-8/9253

ATRAVÉS DA LENTE DA LINGUAGEM

POR QUE O MUNDO PARECE DIFERENTE EM OUTRAS LÍNGUAS?

GUY DEUTSCHER

EDITORA VOZES

Petrópolis

© 2010 by Guy Deutscher.

Tradução do original em inglês intitulado *Through the Language Glass –
Why the world looks diferente in Other languages.*

Direitos de publicação em língua portuguesa – Brasil:
2023, Editora Vozes Ltda.
Rua Frei Luís, 100
25689-900 Petrópolis, RJ
www.vozes.com.br
Brasil

Todos os direitos reservados. Nenhuma parte desta obra poderá ser
reproduzida ou transmitida por qualquer forma e/ou quaisquer meios
(eletrônico ou mecânico, incluindo fotocópia e gravação) ou arquivada
em qualquer sistema ou banco de dados sem permissão escrita da
editora.

CONSELHO EDITORIAL

Diretor
Volney J. Berkenbrock

Editores
Aline dos Santos Carneiro
Edrian Josué Pasini
Marilac Loraine Oleniki
Welder Lancieri Marchini

Conselheiros
Elói Dionísio Piva
Francisco Morás
Gilberto Gonçalves Garcia
Ludovico Garmus
Teobaldo Heidemann

Secretário executivo
Leonardo A.R.T. dos Santos

Editoração: Natalia Machado
Diagramação: Raquel Nascimento
Revisão gráfica: Nilton Braz da Rocha | Fernando Sergio O. da Rocha
Capa: WM design

ISBN 978-85-326-6592-8 (Brasil)
ISBN 9780-312-61049-4 (Reino Unido)

Este livro foi composto e impresso pela Editora Vozes Ltda.

Para Alma

Sumário

Prólogo – Língua, cultura e pensamento, 9

Parte I – O espelho da língua, 35

1 Nomeando o arco-íris, 37

2 Um falso brilhante, 56

3 As populações incivilizadas que habitam terras estrangeiras, 79

4 Aqueles que disseram nossas coisas antes de nós, 103

5 Platão e o porcariço macedônio, 127

Parte II – A lente da língua, 159

6 Crying Whorf, 161

7 Onde o sol não nasce no Leste, 195

8 Sexo e sintaxe, 239

9 Os azuis da Rússia, 265

Epílogo – Perdoai-nos as nossas ignorâncias, 285

Apêndice – Cor: nos olhos de quem vê, 293

Referências, 305

Agradecimentos, 331

Créditos das ilustrações, 333

Índice, 335

Prólogo
Língua, cultura e pensamento

"As línguas dignas do uso do mundo são quatro", diz o Talmude: "O grego para o canto, o latim para a guerra, o siríaco para o lamento e o hebraico para o discurso ordinário"[1]. Outras autoridades não se revelaram menos categóricas em seu juízo sobre a excelência de diferentes línguas. O Sacro Imperador Romano Carlos V, rei da Espanha, arquiduque da Áustria, proficiente em diferentes línguas europeias, professava falar "espanhol com Deus, italiano com as mulheres, francês com os homens e alemão com o meu cavalo".

A língua de uma nação, assim se disse muitas vezes, reflete a cultura, a psiquê e os modos do pensamento. Povos de climas tropicais vivem vida tão tranquila que não é de se admirar que deixem a maioria de suas consoantes pelo caminho. E basta comparar a sonoridade melíflua do português com a aspereza do espanhol para que se entenda a diferença entre essas duas culturas vizinhas. A gramática de algumas línguas simplesmente não é lógica o bastante para dar expressão a ideias complexas. O alemão, por sua vez, é o meio ideal para a formulação das mais precisas profundidades filosóficas, pois é uma língua particularmente ordenada, razão pela qual os alemães têm mentes tão organizadas. (Mas não soa rígido, desajeitado e sem graça,

---

1. *Talmude de Jerusalém*, Tratado Sotá (p. 30a) (ארבעה) לשונות נאין להשתמש בהן העולם. ואילו הן לעז לזמר רומי לקרב סורסי לאיליי' עברי לדיבור).

como aquele estilo de marcha, o passo de ganso?) Algumas línguas nem sequer dispõem de tempo futuro, de modo que seus falantes naturalmente não têm noção do futuro. Os babilônios teriam tido grande dificuldade para entender *Crime e castigo*: sua língua se valia da mesma palavra para nomear ambas as ideias. Escutam-se os fiordes escarpados na entonação alcantilada do norueguês, e você pode ouvir a escuridão da subjetividade russa nas melodias lúgubres de Tchaikovsky. O francês não apenas integra o conjunto de línguas conhecido por *romance*, como também é a língua por excelência do romance. O inglês é uma língua de adaptabilidade que beira o promíscuo, e o italiano – ah, o italiano!

Muitas são as conversas à mesa de jantar ornamentadas por bordões desse gênero, pois poucos assuntos se prestam tão prontamente à especulação do que o caráter dos diferentes idiomas e seus falantes. E, no entanto, se essas elevadas observações fossem transportadas da calorosa confraternização da sala de jantar para a frieza do gabinete, elas rapidamente se desmanchariam como o leve *soufflé* da anedota – na melhor das hipóteses divertida e sem sentido, na pior das hipóteses preconceituosa e absurda. A maioria dos estrangeiros não consegue escutar a diferença entre a rispidez do norueguês e as platitudes sem fim do sueco. Os industriosos dinamarqueses protestantes abandonaram mais consoantes ao seu solo varrido por gélidas aragens do que qualquer tribo tropical indolente. E se os alemães têm mentes sistemáticas, é provável que seja porque sua língua materna, excessivamente errática, esgotou a capacidade de seus cérebros de lidar com qualquer irregularidade adicional. Os falantes de inglês podem manter longas conversas sobre os eventos futuros em tempo presente (*I'm flying to Vancouver next week…*) sem que identifiquemos qualquer afrouxamento de suas noções acerca dos conceitos de futuridade. Nenhuma língua – nem mesmo a das tribos mais "primitivas" – é fundamentalmente inadequada para expressar as ideias mais complexas. Quaisquer deficiências na capacidade de uma língua de filosofar resumem-se tão somente à falta de um vocabulário abstrato especializado e talvez umas poucas construções sintáticas, mas estas podem ser facilmente tomadas de empréstimo, assim como todas as línguas europeias tomaram seu *kit* de ferramentas filosóficas verbais ao latim, que por sua vez o obteve do grego no atacado. Se os falantes de qualquer língua tribal tivessem essa mentalidade, eles poderiam facilmente fazer o mesmo nos dias de hoje, e seria absolutamente possível deliberar em zulu sobre os respectivos méritos do empirismo e do racionalismo ou discorrer acerca da fenomenologia existencialista em groenlandês ocidental.

Se as reflexões sobre nações e línguas fossem aperitivos de ampla circulação, poderíamos tolerá-las como divertimento inofensivo, para não dizer matéria desprovida de sentido. O caso, porém, é que o assunto também ocupou mentes elevadas e eruditas ao longo dos séculos. Filósofos de todas as confissões e nacionalidades alinharam-se para proclamar que cada língua reflete as qualidades da nação que dela faça uso. No século XVII, o inglês Francis Bacon explicou que se podem inferir "marcas significativas do gênio e dos modos de povos e nações a partir de suas línguas" (BACON, 1861, p. 415)[2]. "Tudo confirma", concordou o francês Étienne de Condillac um século depois, "que cada língua expressa o caráter das pessoas que a falam" (CONDILLAC, 1822, p. 285). Seu contemporâneo mais jovem, o alemão Johann Gottfried Herder, concordou que "o intelecto e o caráter de cada nação estão estampados em sua língua" (HERDER, 1812, p. 354-355). As nações laboriosas, disse ele, "têm uma abundância de aspectos verbais, enquanto as nações mais refinadas têm uma grande quantidade de substantivos elevados a noções abstratas". Em suma, "não há melhor lugar para se vislumbrar o gênio de uma nação do que na fisionomia de sua fala". O americano Ralph Waldo Emerson condensou tais ideias em 1844: "Nós inferimos o espírito da nação em grande medida a partir da linguagem, que é uma espécie de monumento para

---

2. *De dignitate et augmentis scientiarum* (1623, livro 6): "*Atque una etiam hoc pacto capientur signa haud levia [sed observatu digna quod fortasse quispiam non putaret] de ingeniis et moribus populorum et nationum, ex linguis ipsorum*".

o qual cada indivíduo de fibra no decorrer de muitas centenas de anos contribuiu com uma pedra" (EMERSON, 1844, p. 251).

O único problema com essa impressionante unanimidade internacional é que ela se desfaz assim que os pensadores deixam o campo dos princípios gerais para refletir acerca das qualidades específicas (ou não) de línguas específicas, e do que essas qualidades linguísticas são capazes de dizer a respeito das qualidades (ou não) de nações particulares. Em 1889, as palavras de Emerson tornaram-se tema de ensaio para Bertrand Russell, então com 17 anos, quando este se dedicava arduamente aos estudos em Londres preparando-se para o exame de admissão do Trinity College, de Cambridge. Russell lançou mão destas pérolas: "Podemos estudar o caráter de um povo pelas ideias que sua língua mais bem expressa. O francês, por exemplo, contém palavras como 'spirituel', ou 'l'esprit', que mal encontram expressão em inglês; de onde depreendemos a inferência, que se pode confirmar pela observação real, de que os franceses têm mais 'esprit' e são mais 'spirituels' do que os ingleses" (RUSSELL, 1983, p. 34).

Cícero, por sua vez, extraiu a inferência diametralmente oposta da ausência de uma palavra em uma língua. Em seu *De oratore* (2, 4.18), de 55 a.C., ele incorreu em um alentado discurso sobre a falta de um equivalente grego para a palavra latina *ineptus* (que significa "impertinente" ou "sem tato"). Russell teria concluído que os gregos conheciam modos tão impecáveis que simplesmente não precisavam de uma palavra para descrever uma falha inexistente. Para Cícero não era o caso: segundo suas palavras, a ausência do termo era evidência de que a falha era tão difundida entre os gregos que eles nem sequer a percebiam.

A língua dos romanos nem sempre foi imune à censura. Cerca de 12 séculos depois de Cícero, Dante Alighieri examinou os dialetos da Itália em seu *De vulgari eloquentia* e declarou que "o que os romanos falam não é tanto um vernáculo quanto um reles palavriado [...] e isso não nos deveria causar espanto, pois eles também se destacam entre todos os italianos pela feiura de suas maneiras e aparência" (Dante, *De vulgari eloquentia* 1.11).

Ninguém sonharia cultivar tais sentimentos acerca da língua francesa, que não é apenas romântica e *spirituel*, mas também, é claro, o modelo da lógica e da clareza. Chegamos a essa noção mediante a autoridade dos próprios franceses. Em 1894, o distinto crítico Ferdinand Brunetière informou aos membros da Académie française, por ocasião de sua eleição para tão ilustre instituição, que o francês era "a língua mais lógica, mais clara e mais transparente já falada pelo homem" (BRUNETIÈRE, 1895, p. 318). Brunetière, por sua vez, chegara a essa ideia mediante a autoridade de uma longa linhagem de sábios, incluindo Voltaire no século XVIII, que afirmava que o gênio único da língua francesa se encontrava em sua ordem e clareza (BESTERMAN, 1987, p. 102)[3]. E o próprio Voltaire devia essa percepção a uma descoberta surpreendente feita um século antes, em 1669, para ser preciso. Os gramáticos franceses do século XVII haviam passado décadas tentando entender por que o francês apresentava clareza ímpar dentre todas as outras línguas do mundo e por que, como sugeriu um membro da Académie, o francês era dotado de tal clareza e precisão que o simples gesto de trazer o que fosse a suas palavras tinha o efeito de um comentário real (VAUGELAS, 1738, p. 470)[4]. Ao fim de anos de trabalho, foi Louis Le Laboureur que descobriu em 1669 que a resposta era a própria simplicidade (LE LABOUREUR, 1669, p. 174). Suas meticulosas pesquisas gramaticais revelaram que, em contraste com os falantes de outras línguas, "nós franceses seguimos em todas as nossas declarações a precisa ordem do pensamento, que é a ordem da natureza". Não é de admirar, portanto, que o

---

3. *Dictionnaire philosophique*: "*Le génie de cette langue est la clarté et l'ordre: car chaque langue a son génie, et ce génie consiste dans la facilité que donne le langage de s'exprimer plus ou moins heureusement, d'employer ou de rejeter les tours familiers aux autres langues*".

4. *Remarques sur la langue françoise, nouvelles remarques* (1647): "*la clarté du langage, que la Langue Françoise affecte sur toutes les Langues du monde*". Charpentier (1683, p. 462): "*Mais ne conte-t-on pour rien cette admirable qualité de la langue Françoise, qui possedant par excellence, la Clarté & la Netteté, qui sont les perfections du discours, ne peut entreprendre une traduction sans faire l'office de commentaire?*"

francês jamais possa ser obscuro. Como disse o pensador posterior Antoine de Rivarol: "O que não é claro pode ser o inglês, o italiano, o grego ou o latim", mas "*ce qui n'est pas clair n'est pas français*" (RIVAROL, 1784, p. 49).

Nem todos os intelectuais do mundo corroboram, porém, essa análise. Pensadores igualmente eminentes – a maioria deles, pasmem, de fora da França – expressaram opiniões divergentes. O renomado linguista dinamarquês Otto Jespersen, por exemplo, acreditava que o inglês era superior ao francês em toda uma gama de atributos, incluindo a lógica, pois, ao contrário do francês, o inglês é uma "língua metódica, enérgica, séria e sucinta, que não se importa muito com ornamentos e elegância, mas se preocupa com a consistência lógica". Jespersen conclui: "Tal como a língua, a nação" (JESPERSEN, 1955, p. 17).

Grandes mentes produziram alimento ainda mais farto ao avançar da questão de como a língua *reflete* o caráter de seus falantes para a grande questão de como a língua *influencia* os processos de pensamento de seus falantes. Benjamin Lee Whorf, a quem retornaremos em capítulo posterior, cativou toda uma geração quando ensinou que nosso hábito de separar o mundo em objetos (como "pedra") e ações (como "queda") não é um verdadeiro reflexo da realidade, mas apenas uma divisão a nós imposta pela gramática das línguas europeias. De acordo com Whorf, as línguas indígenas da América do Norte, que combinam verbo e objeto em uma única palavra, impõem uma "visão monista" do universo, de modo que seus falantes simplesmente não entenderiam nossa distinção entre objetos e ações (WHORF, 1956, p. 215).

Uma geração depois, George Steiner argumentou em seu livro de 1975, *After Babel*, que as "convenções de antecipação em nossa sintaxe", nossa "futuridade articulada", ou, em outras palavras, a existência do tempo futuro, é o que nos dá esperança para o futuro, salva-nos do niilismo e até mesmo do suicídio em massa. "Se o nosso sistema de tempos verbais fosse mais frágil", diz Steiner, "talvez não suportássemos" (STEINER, 1975, p. 167, 161). (Ele foi claramente tocado por uma inspiração profética, pois dezenas de línguas que não apresentam tempo futuro se extinguem a cada ano.)

Mais recentemente, um filósofo revolucionou nossa compreensão da história Tudor ao descobrir a verdadeira causa da ruptura de Henrique VIII com o papa. A Revolução Anglicana, declara ele, não foi resultado do desejo desesperado do rei por um herdeiro, como aceito anteriormente, tampouco constituiu manobra cínica para confiscar a riqueza e as propriedades da Igreja. Pelo contrário, o nascimento da teologia anglicana foi resultado inexorável das exigências da língua inglesa: a gramática inglesa, estando a meio-caminho entre o francês e o alemão, compeliu o pensamento religioso inglês de maneira irresistível a uma posição a meio-caminho entre o catolicismo (francês) e o protestantismo (alemão) (HARVEY, 1996).

* * *

Em seus pronunciamentos sobre língua, cultura e pensamento, parece que os grandes pensadores em suas *grandes oeuvres* nem sempre se elevaram muito acima dos pequenos pensadores e seus *hors d'oeuvre*. Dada uma história tão pouco apetitosa de precedentes, há alguma esperança de tirar algo saboroso da discussão? Uma vez que se tenha peneirado o infundado e o difuso, o ridículo e o fantástico, há algo sensato a ser dito a respeito da relação entre língua, cultura e pensamento? A língua reflete a cultura de uma sociedade em qualquer sentido profundo, além de trivialidades como o número de palavras que ela tem para neve ou para a tosquia de camelos? E de maneira ainda mais controversa, diferentes línguas podem levar seus falantes a diferentes pensamentos e percepções?

Para os estudiosos mais sérios de hoje, a resposta a todas essas perguntas é um retumbante não. A visão dominante entre os linguistas contemporâneos é que a linguagem é principalmente um instinto, em outras palavras, que os fundamentos da linguagem são codificados em nossos genes e são os mesmos para toda a raça humana. Noam Chomsky argumentou que um cientista marciano concluiria que todos os terráqueos falam dialetos da mesma língua (PIATTELLI-PALMARINI,

1983, p. 77). No fundo, assim diz a teoria, todas as línguas compartilham a mesma gramática universal, os mesmos conceitos subjacentes, o mesmo grau de complexidade sistêmica. Os únicos aspectos importantes da linguagem, portanto, ou pelo menos os únicos dignos de investigação, são aqueles que revelam a linguagem como expressão da natureza humana inata. Por fim, há um amplo consenso de que, se nossa língua materna influencia a maneira como pensamos, tal influência é insignificante, até trivial – e que, fundamentalmente, todos nós pensamos da mesma maneira.

Nas páginas a seguir, porém, vou tentar convencê-lo, provavelmente contra uma intuição inicial, e certamente contra a tendência acadêmica de nossos dias, que a resposta para as perguntas acima é: sim. Neste *plaidoyer* em favor da cultura, argumentarei que as diferenças culturais estão refletidas na língua de maneiras profundas, e que um volume crescente de pesquisa científica confiável fornece sólidas evidências de que nossa língua materna é capaz de afetar a forma como pensamos e como percebemos o mundo. Antes de relegar este livro à prateleira das obras bizarras, contudo, ao lado das receitas da dieta da moda do ano passado e do manual *Como estreitar laços com seu peixinho dourado*, eu lhe dou solenemente a palavra de que não vamos incorrer em brincadeiras infundadas de qualquer tipo. Não é nosso intuito impor visões monistas sobre quaisquer universos, nem nos elevarmos a questionamentos tão elevados quanto quais línguas têm mais "espírito", nem mergulharemos nos mistérios de quais culturas são mais "profundas". Os problemas que nos ocuparão neste livro são de tipo muito distinto.

Em verdade, as áreas da cultura com as quais nos preocuparemos pertencem ao nível mais realista da vida cotidiana, e os aspectos da língua que confrontaremos estão no nível mais pragmático da fala cotidiana. Pois acontece que as conexões mais significativas entre língua, cultura e pensamento se revelam onde menos se espera: naqueles lugares em que o senso comum saudável sugeriria que todas as culturas e todas as línguas deveriam ser exatamente as mesmas.

As diferenças culturais de alto nível que imediatamente detectamos – no gosto musical, nos costumes sexuais, no código de vestimenta ou nas maneiras à mesa – são, em certo sentido, superficiais, precisamente porque estamos demasiado conscientes delas: sabemos que a pornografia é apenas uma questão de geografia e não temos a ilusão de que as pessoas ao redor do mundo compartilhem as mesmas preferências musicais ou organizem seus talheres à mesa da mesma maneira. Mas a cultura pode deixar marcas mais profundas exatamente onde não a reconhecemos como tal, onde suas convenções foram impressas de forma tão indelével em impressionáveis mentes jovens que crescemos para tomá-las por algo completamente diferente.

No entanto, para que todas essas afirmações comecem a fazer algum sentido, primeiramente precisamos estender o conceito de cultura para muito além de seu uso corriqueiro no linguajar cotidiano. Qual é nossa primeira reação quando escutamos a palavra "cultura"? Shakespeare? Quartetos de cordas? A posição do dedo mindinho na chávena de chá? Naturalmente, a maneira como entendemos a "cultura" depende da cultura de onde viemos, como um rápido olhar através de três lentes lexicográficas revelará:

> *Culture: cultivation, the state of being cultivated, refinement, the result of cultivation, a type of civilization.*
> [Cultura: cultivo, o estado de ser cultivado, refinamento, o resultado do cultivo, um tipo de civilização.]
> *Chambers English Dictionary*
> *Kultur: Gesamtheit der geistigen und künstlerischen Errungenschaften einer Gesellschaft.*
> [Cultura: conjunto das conquistas espirituais e artísticas de uma sociedade].
> *Dicionário alemão Störig*
> *Culture: Ensemble des moyens mis en œuvre par l'homme pour augmenter ses connaissances, développer et améliorer les facultés de son esprit, notamment le jugement et le goût.*
> [Cultura: O conjunto de meios empregados pelo homem para aumentar seus conhecimentos, desenvolver

e melhorar suas faculdades mentais, notadamente o juízo e o gosto.]
Dicionário de francês ATLIF

Poucas coisas, alguns sem dúvida objetariam, melhor confirmam estereótipos arraigados sobre três grandes culturas europeias do que a maneira como elas entendem o próprio conceito de "cultura". A definição do *Chambers* não é a quintessência do inglês? Bastante amador em sua lista de sinônimos evasivos, evitando educadamente quaisquer definições estranhas. E o que poderia ser mais alemão do que a alemã? Impiedosamente meticulosa, excessivamente intelectual, acertando o conceito na cabeça com uma precisão sem qualquer encanto. E quanto à francesa: grandiloquente, irremediavelmente idealista e obcecada por *le goût*.

Quando os antropólogos falam de "cultura", no entanto, eles usam a palavra em um sentido bem distinto de todas as definições acima, e em um significado muito mais amplo. O conceito científico de "cultura" surgiu na Alemanha em meados do século XIX, mas foi articulado pela primeira vez explicitamente pelo antropólogo inglês Edward Tylor em 1871. Tylor começou seu livro seminal, *Primitive culture*, com a seguinte definição, ainda em nossos dias citada em quase todas as introduções ao assunto: "Tomada em seu amplo sentido etnográfico, [a cultura] é aquele todo complexo que inclui conhecimento, crença, arte, moral, direito, costume e quaisquer outras habilidades e hábitos adquiridos pelo homem como membro da sociedade" (TYLOR, 1871, p. 1). A cultura é entendida aqui enquanto conjunto das características humanas que não resultam do instinto – em outras palavras, como um sinônimo de educação em oposição à natureza. A cultura engloba, portanto, todos os aspectos do nosso comportamento que evoluíram como convenções sociais e são transmitidos mediante a aprendizagem de geração a geração. Os cientistas chegam por vezes a falar de "cultura de chimpanzés", quando certos grupos de chimpanzés usam paus e pedras de uma maneira que difere da dos grupos vizinhos e quando é possível mostrar que esse conhecimento se transmite por meio da imitação e não dos genes.

A cultura humana geralmente equivale a mais do que paus e pedras, é claro. Mas o tipo de cultura de que nos ocuparemos neste livro tem pouco a ver com grande arte, realizações intelectuais imponentes ou refinamento impecável nas maneiras e no gosto. O foco aqui estará naqueles traços culturais cotidianos que estão impressos tão profundamente em nossa mente que não os reconhecemos como tais. Em suma, os aspectos da cultura que serão explorados aqui são aqueles em que a cultura se disfarça de natureza humana.

A língua como espelho

A língua é um desses aspectos? É um artefato da cultura ou um legado da natureza? Se considerarmos a língua como espelho da mente, o que vemos refletido nela: a natureza humana ou as convenções culturais de nossa sociedade? Essa é a questão central da primeira parte do livro.

Em um nível, até mesmo colocar a questão parece bastante estranho, porque a língua é uma convenção cultural que não se disfarça de nada além de uma convenção cultural. As línguas variam muito em todo o mundo, e todos sabem que a língua particular que uma criança aprende é apenas um acidente da cultura particular em que ela foi parar. Uma criança de Boston crescerá falando o inglês de Boston porque aconteceu de ela nascer em um ambiente em que se fala o inglês de Boston, não porque ela tem genes de Boston. E um residente recém-nascido de Pequim acabará por falar mandarim chinês porque ele crescerá em um ambiente mandarim, não por causa de qualquer predisposição genética. Se você trocar os bebês, o menino de Pequim vai acabar falando um perfeito inglês da cidade de Boston, e a menina de Boston vai acabar falando um perfeito mandarim. Existem milhões de provas ambulantes que atestam esse fato.

Além disso, a diferença mais óbvia entre as línguas é que elas escolhem nomes diferentes, ou rótulos, para conceitos. E, como todos sabem, esses rótulos não reivindicam ser nada além de convenções culturais. Além de alguns casos marginais de onomatopeia, como o pássaro cuco, no qual o rótulo tenta refletir a natureza do pássaro que ele denota, a grande maioria dos rótulos é arbitrária. Uma rosa com qualquer outro nome teria aroma *douce*, γλυκός, *édes*, *zoet*, *sladká*, *sød*, *hoş*, *makea*, *magus*, *dolce*, *ngọt*, *sweet* ou mesmo doce. Os rótulos estão, portanto, justa e diretamente dentro do âmbito de cada cultura e têm quase nada de natureza em si.

Mas o que acontece quando tentamos inquirir ainda mais através do espelho da linguagem, para além do nível superficial dos rótulos, a saber, os conceitos que se escondem por trás deles? Os conceitos por trás dos rótulos ingleses "*rose*" ou "*sweet*" ou "*bird*" ou "*cat*" são tão arbitrários quanto os próprios rótulos? A maneira como nossa língua esquadrinha o mundo em conceitos também é apenas uma convenção cultural? Ou foi a natureza que traçou para nós as fronteiras distintivas entre "gato" e "cachorro" ou "rosa" e "pássaro"? Se a pergunta parecer um tanto abstrata, vamos testá-la.

Imagine que você esteja perambulando por um canto esquecido de uma antiga biblioteca e, por acaso, se depare com um manuscrito mofado do século XVIII que parece nunca ter sido aberto desde que foi depositado ali. É intitulado *Adventures on the remote Island of Zift*, e parece relatar em muitos detalhes uma misteriosa ilha deserta que o autor afirma ter descoberto. Você folheia o manuscrito com as mãos trêmulas e começa a ler um capítulo chamado "Um relato mais aprofundado da língua zift, em que seus extraordinários fenômenos são amplamente descritos":

> Enquanto almoçávamos, decidi perguntar-lhes os nomes de várias coisas na língua que ali se falava; e aquelas nobres pessoas se deleitaram em me dar respostas. Embora meu principal esforço fosse aprender, a dificuldade era quase insuperável, sendo todo o horizonte de seus pensamentos e mentes indiferente a distinções que, a

nós, se nos parecem absolutamente naturais. Eles não dispõem, por exemplo, de qualquer palavra pela qual se possa expressar em sua língua nossa ideia de *pássaro*, nem existem quaisquer termos em que essa língua possa expressar a noção de uma *rosa*. Pois, em seu lugar, os zift empregam uma palavra, *róssaro*, que abrange as rosas brancas e todos os pássaros, exceto aqueles de peito carmesim, e ainda outra palavra, *pasa*, que indica pássaros de peito carmesim e todas as rosas, exceto as brancas.

Quedando ainda mais loquaz após o terceiro copo de bebida, meu anfitrião pôs-se, com toda a pompa, a narrar uma história que recobrava de seus dias de menino: sobre como *róssaro* e *pasa* encontravam seu triste fim: "Uma *pasa* de luzidias plumas e um canoro *róssaro* amarelo pousaram em elevado galho e encetaram dialogado gorjear. De pronto, começaram a debater qual dos dois tinha mais doce cantar. Não tendo alcançado firme conclusão, a *pasa* propôs que buscassem o juízo dos emblemas da beleza que se encontravam entre as flores no jardim abaixo. Sem mais delongas, esvoaçaram até um perfumado *róssaro* e uma rubra *pasa* em botão vermelho, solicitando-lhes humildemente sua opinião. O *róssaro* amarelo fez soar o canto de sua delicada voz, e a *pasa* assoviou trinada ária. Infelizmente, nem o *róssaro* nem a *pasa* foram capazes de distinguir o melódico pipilar do *róssaro* dos trêmulos trinados da *pasa*. Não foi pouca a indignação dos orgulhosos cantores. A *pasa*, em sua inflamada fúria, arrojou-se sobre a rubra *pasa* e arrancou-lhe as pétalas, e o amarelo *róssaro*, com sua vaidade duramente ferida, atacou o *róssaro* com igual veemência. De pronto as juízas ambas quedaram nuas, despojadas de suas pétalas, o *róssaro* destituído de sua fragrância e a *pasa* não mais vermelha".

Apercebendo-se de minha confusão, meu anfitrião entoou a moral com o balançar de seu indicador: "Lembre-se, portanto: nunca deixe de distinguir um *róssaro* de uma *pasa*!" Ofereci-lhe minha sincera garantia de que eu me esforçaria para tanto.

De que se trata esse precioso documento? O diário desconhecido de um dos primeiros navegantes ou uma sequência perdida de *As viagens de Gulliver*? Se você optou pela ficção, a provável razão é que seu bom senso lhe diz que a suposta maneira zift de distinguir conceitos é fundamentalmente implausível, e que é obviamente antinatural combinar pássaros de peito vermelho e rosas não brancas em um só conceito, "pasa", e agrupar outros pássaros junto com rosas brancas sob o conceito "róssaro". E se a distinção zift entre róssaro e pasa – *bose* e *rird* – não é natural, a divisão entre "pássaro" e "rosa" – *bird* e *rose* – apresenta-se de alguma forma natural. O saudável bom senso sugere, portanto, que, embora as línguas possam aplicar rótulos por absoluto capricho, elas não podem aplicar o mesmo capricho aos conceitos por trás dos rótulos. As línguas não podem agrupar conjuntos arbitrários de objetos, uma vez que os rótulos reúnem o que o inglês chama *"birds of a feather"* – isto é, farinha do mesmo saco. Qualquer língua tem de categorizar o mundo de maneira que reúna coisas em realidade semelhantes – ou pelo menos em nossa percepção da realidade. Portanto, é natural que diferentes tipos de aves sejam nomeados como um conceito, mas não é natural que um conjunto aleatório de aves e um conjunto aleatório de rosas sejam reunidos sob um só rótulo.

Na verdade, mesmo uma rápida observação acerca da maneira como as crianças adquirem a linguagem confirmará que conceitos como "pássaro" ou "gato" ou "cachorro" têm algo natural sobre eles. As crianças fazem quase todas as perguntas imagináveis (ou inimagináveis). Mas você já ouviu uma criança perguntar: "Mamãe, isso é um gato ou um cachorro?" Vasculhe seu cérebro, vasculhe sua memória tanto quanto puder: é improvável que você se lembre de uma criança perguntando: "Como posso saber se isto é um pássaro ou uma rosa?" Embora as crianças sempre precisem aprender os rótulos de tais conceitos na língua específica de sua sociedade, elas não precisam ser informadas sobre como distinguir os próprios conceitos. Basta que uma criança veja algumas fotos de um gato em um livro ilustrado, e tão logo ela veja um gato, mesmo que seja ruivo em vez de malhado, mesmo que tenha pelos mais longos, uma cauda mais curta, ou seja caolho ou desprovido de uma pata traseira, ela ainda o reconhecerá como um gato em vez de um cachorro ou pássaro ou rosa. A compreensão instintiva que as crianças formam de tais conceitos mostra que os cérebros humanos são naturalmente equipados de poderosos algoritmos de reconhecimento de padrões, que separam objetos semelhantes em grupos. Desse modo, conceitos como "gato" ou "pássaro" devem de alguma forma corresponder a essa aptidão inata para categorizar o mundo.

* * *

Até aqui, portanto, parece que chegamos a uma resposta simples para a questão de saber se a língua reflete a cultura ou a natureza. Desenhamos um mapa enxuto e dividimos a linguagem em dois territórios distintos: o domínio dos rótulos e a terra dos conceitos. Os rótulos refletem convenções culturais, mas os conceitos refletem a natureza. Cada cultura é livre para dar rótulos aos conceitos como quiser, mas os conceitos por trás desses rótulos são constituídos pelos ditames da natureza. Muito pode ser dito sobre essa partição. Ela é clara, simples e elegante, intelectual e emocionalmente convincente e, por fim, mas não menos importante, tem um *pedigree* respeitável que remonta a Aristóteles, que escreveu no século IV a.C. que, embora os sons da fala possam diferir entre as raças, os próprios conceitos – ou, como ele os chamava, as "impressões da alma" – são os mesmos para toda a humanidade (*De interpretatione* 1.16a).

Há alguma objeção possível a esse mapa? Apenas uma: ele se assemelha muito pouco à realidade. A fronteira precisa que acabamos de marcar pode ser o belo trabalho de uma cartografia dos sonhos, mas infelizmente não representa as relações de poder reais com qualquer concretude e precisão. Pois, na prática, a cultura não apenas controla os rótulos, mas embarca em incessantes incursões de pilhagem cruzando fronteiras rumo ao interior do que deveria ser da ordem da natureza por direito inato. Embora a distinção entre alguns conceitos, como "gato" e "cachorro", possa ser delineada tão claramente pela natureza que seja em grande parte imune ao ataque da cultura, as convenções culturais conseguem se intrometer nos assuntos internos de muitos outros conceitos e de maneiras que às vezes perturbam o senso comum. Quão profundamente a cultura penetra na terra dos conceitos, e quão difícil pode ser chegar a um acordo com esse estado de coisas, são pontos que se tornarão mais claros nos capítulos seguintes. Mas, por enquanto, podemos começar com um rápido passeio de reconhecimento de algumas das fortalezas da cultura do outro lado da fronteira.

Consideremos primeiramente os domínios da abstração. O que acontece quando nos afastamos de objetos simples do mundo físico como gatos, pássaros ou rosas para conceitos abstratos como "vitória", "beleza" ou "*Schadenfreude*"? Tais conceitos também foram decretados pela natureza? Certa vez fui apresentado a um inglês que se divertia ao dizer que franceses e alemães "*have no mind*". O que ele queria dizer era que nenhuma das duas línguas tinha uma palavra equivalente ao "*mind*" do inglês, e ele estava correto em certo sentido: nem o francês nem o alemão têm um único conceito, com um único rótulo, que cubra com precisão a gama de sentidos do conceito inglês "*mind*". Se você consultar um dicionário bilíngue francês-inglês para a tradução de "*mind*", o dicionário explicará pacientemente que a operação dependerá do contexto. Nós nos depararemos com uma lista de possibilidades, como:

esprit (*peace of mind* = *tranquilité d'esprit* [paz de espírito])
tête (*it's all in my mind* = *c'est tout dans la tête* [está tudo na minha imaginação / é coisa da minha cabeça])
avis (*to my mind* = *à mon avis* [segundo penso])
raison (*his mind is going* = *il n'a plus toute sa raison* [ele perdeu a cabeça])
intelligence (*with the mind of a two-year old* = *avec l'intelligence d'un enfant de deux ans* [com o pensamento de uma criança de dois anos])

Por sua vez, o inglês não tem um único conceito que cubra exatamente a gama de significados do "*esprit*" francês, como Bertrand Russell observou com tanta presença de espírito. Mais uma vez, um dicionário forneceria uma longa lista de diferentes palavras em inglês como possíveis traduções, por exemplo:

wit (*avoir de l'esprit = to have wit* [ter sagacidade])
mood (*je n'ai pas l'esprit à rire = I'm in no mood for laughing* [não estou para brincadeira])
mind (*avoir l'esprit vif = to have a quick mind* [ter presença de espírito])
spirit (*esprit d'équipe = team spirit* [espírito de equipe])

Assim, conceitos como "*mind*" ou "*esprit*" não podem ser naturais do mesmo modo que "*rose*" ou "*bird*" – caso contrário, eles seriam idênticos em todas as línguas. Já no século XVII, John Locke reconheceu que, nos domínios das noções abstratas, cada língua pode moldar seus próprios conceitos – ou "ideias específicas", como ele as chamava – à sua maneira. Em seu *Ensaio sobre o entendimento humano*, de 1690, ele provou o argumento por meio do "grande grupo de palavras em uma língua que não conhece nenhuma que lhes responda em outra. O que mostra claramente que os habitantes de um país, por seus costumes e modo de vida, encontraram ocasião para produzir várias ideias complexas, e dar-lhes nomes, que outros nunca reuniram em ideias específicas" (LOCKE, 1849, p. 315).

A primeira concessão da natureza à cultura não surge como um golpe, pois mesmo que a clara linha divisória entre cultura e natureza tenha de ser ligeiramente redesenhada, a noção de que as convenções culturais estão envolvidas na determinação da forma de conceitos abstratos não está em fundamental desacordo com nossa intuição básica. Afinal, se em vez da história sobre os conceitos zift *róssaro* e *pasa* – *bose* e *rird* –, o diário de viagem do século XVIII relatasse que o zift não tinha uma única palavra que correspondesse ao conceito inglês "*fair*", e que em seu lugar os zift usam o conceito "*just*" [justo] em alguns contextos e "*kind*" [gentil] em outros contextos, nosso senso comum dificilmente seria mobilizado para marchar em protesto.

Entretanto, as coisas rapidamente se tornam menos confortáveis quando fica evidente que a cultura interfere não apenas no domínio da abstração, mas também nos conceitos mais simples do falar cotidiano. Tomemos pronomes como "*I*", "*you*" ou "*we*". Alguma coisa poderia ser mais elementar ou mais natural do que eles? É claro que ninguém ciente da existência de línguas estrangeiras alimentaria a ilusão de que os rótulos para tais conceitos são ditados pela natureza, mas parece inimaginável que alguma língua não tenha os conceitos propriamente ditos. Suponha, por exemplo, que você continue folheando o diário de viagem e se depare com a afirmação de que o zift não tem uma palavra correspondente ao inglês "*we*". Em vez disso, declara o autor, o zift tem três pronomes distintos: *kita*, que significa "apenas nós dois, eu e você", *tayo*, que significa "eu e você e outra pessoa", e *kami*, que significa "eu e outra pessoa, mas não você". O autor conta como os zift se divertiram ao ouvir que, para esses três conceitos totalmente distintos, o inglês usa apenas uma pequena palavra, um pequeno "*we*". Você pode descartar como uma piada sem graça o sistema que nosso autor quimérico inventou, mas os falantes de tagalo nas Filipinas discordariam, porque é exatamente assim que eles falam (FOLEY, 1997, p. 109).

A pressão sobre o bom senso, contudo, está apenas começando. Pode-se naturalmente esperar que pelo menos os conceitos que descrevem objetos físicos simples seriam todos prerrogativa da natureza. Enquanto nos restringirmos a gatos, cães e pássaros, essa expectativa é de fato amplamente confirmada, uma vez que esses animais são distintamente moldados pela natureza. Mas no momento em que a natureza demonstra a menor hesitação em sua incisão, a cultura não perde tempo e é rápida no ataque. Consideremos as partes do corpo humano, por exemplo. Entre as coisas físicas simples que mais importam para nossas vidas, nada pode ser mais simples ou mais físico do que mãos e dedos e pescoços. E, no entanto, muitas dessas partes do corpo supostamente distintas não foram delineadas pela natureza com muito zelo. O braço e a mão, por exemplo, são o equivalente da extensão de terra dos continentes europeu e asiático – são realmente uma coisa ou duas? Acontece que a resposta depende da cultura em que você cresceu. Há muitas línguas – minha língua materna inclusa – que tratam a mão e o braço como um só conceito e usam o mesmo rótulo para ambos. Se um falante de hebraico lhe diz que, quando era criança, recebeu uma injeção na mão, isso não ocorreu porque seus médicos eram sádicos, mas simplesmente porque ele está pensando em uma língua que não faz essa distinção como algo lógico, então ele esqueceu-se de usar uma palavra diferente para aquela parte específica da mão que o inglês curiosamente insiste em chamar de "*arm*" [braço]. Por outro lado, por um período bastante longo, minha filha, que aprendera que *yad* em hebraico significava "mão", objetava em alto e bom som sempre que eu usava *yad* para me referir ao braço, mesmo quando falávamos em hebraico. Ela apontava para o braço e me explicava em tons indignados: *ze lo yad* (não é *yad*), *ze arm* (é "braço")! O fato de "mão" e "braço" serem coisas diferentes em uma língua, mas a mesma coisa em outra não é tão fácil de entender (cf. HASPELMATH *et al.*, 2005, "*Hand and finger*")[5].

Há também idiomas que usam a mesma palavra para "mão" e "dedo", e algumas línguas, como o havaiano, chegam a conseguir usar apenas um conceito para as três partes distintas do corpo correspondentes a "braço", "mão" e "dedo". Por sua vez, o inglês agrupa certas partes do corpo que os falantes de outras línguas tratam como conceitos distintos. Mesmo depois de duas décadas falando inglês, às vezes ainda me enrosco com a palavra em inglês para pescoço, "*neck*". Alguém começa a falar sobre o seu "*neck*", e eu, naturalmente, acredito nele e compreendo que ele de fato se refere a seu pescoço – a parte do corpo que na minha língua materna é chamada "*tsavar*". Depois de um tempo, porém, percebo que ele não estava falando sobre seu "*neck*". Ou melhor, ele estava falando sobre seu "*neck*", mas ele não se referia ao "*tsavar*". Referia-se, antes, à parte de trás dessa região – em hebraico *oref* [nuca] –, aquela parte do corpo que o inglês une, sem qualquer apuro e consideração, à parte frontal

---

5. No hebraico mais antigo, havia uma diferenciação entre יד "mão" e זרוע "braço", e o último ainda é usado em algumas expressões idiomáticas no hebraico moderno. Mas, na língua falada, יד, "*yad*", é usado regularmente tanto para a mão quanto para o braço.

do pescoço em um só conceito[6]. Em hebraico, *tsavar* refere-se apenas à parte da frente do pescoço, enquanto a parte de trás, *oref*, tem um nome totalmente distinto, assim como separamos as "costas" da "barriga" e a "mão" do "braço".

As concessões da natureza à cultura estão agora começando a parecer um pouco mais frágeis. Embora não seja perturbador que conceitos abstratos como "*mind*" ou "*esprit*" sejam culturalmente dependentes, estamos chegando ao limite da zona de conforto com a ideia de que pronomes como "nós" ou partes do corpo como "mão" ou "pescoço" dependem de convenções culturais particulares de nossas sociedades. Mas se as incursões da cultura no reino dos conceitos estão começando a causar alguns estragos, tudo o que se apresentou não é mais do que uma picadinha de alfinete em comparação com as dores causadas pela interferência da cultura na área que nos ocupará na primeira parte do livro. Nesse campo da linguagem, a incursão da cultura na terra dos conceitos ofendeu tanto, quando não indignou, o senso comum que por décadas os defensores da natureza foram mobilizados para lutar até a última gota de tinta em defesa de sua causa. Em decorrência disso, esse enclave tem estado no centro de uma guerra de 150 anos entre os defensores da natureza e os da cultura, um conflito que não mostra sinais de arrefecer. Esse campo de batalha é a terminologia das cores.

Por que a cor, dentre todas as coisas, deveria estar no centro de tanto fogo cruzado? Talvez porque, ao se intrometer em uma área de percepção tão profunda e aparentemente instintiva, a cultura se camufla de natureza de forma mais bem-sucedida do que em qualquer outra área das línguas. A princípio, não há nada remotamente abstrato, teórico, filosófico ou hipotético no que toca às diferenças entre amarelo e vermelho ou entre verde e azul. E como as cores estão no nível fundamental da percepção, os conceitos de cor parecem ser prerrogativa da natureza. Mesmo assim, a natureza tem sido bastante negligente

---

6. Da mesma forma, o inglês tem uma palavra, "*nape*", que se refere à parte de trás do pescoço, mas não é de uso comum (cf. HASPELMATH *et al.*, 2005).

ao demarcar seus limites no espectro. As cores formam um *continuum*: o verde não se torna azul em nenhum ponto definido, mas se transforma gradualmente em azul atravessando milhões de tons de ciano, turquesa e água-marinha (cf. Figura 1). Quando falamos de cores, no entanto, impomos limites distintos a essa faixa variada: "*yellow*" ["amarelo"], "*green*" ["verde"], "*blue*" ["azul"] e assim por diante. Mas é a nossa maneira particular de dividir o espaço de cores um decreto da natureza? São os conceitos "amarelo" ou "verde" constantes universais da raça humana, decretados pela composição biológica do olho e do cérebro? Ou são convenções culturais arbitrárias? Os limites poderiam ter sido estabelecidos de forma diferente? E por que alguém deveria elucubrar perguntas hipotéticas tão abstrusas?

O caso é que a controvérsia sobre os conceitos de cor não foi evocada por nenhuma ruminação filosófica abstrata; antes, surgiu na sequência de observações inteiramente empíricas. Uma série de descobertas feitas em meados do século XIX levou à revelação surpreendente de que a relação da humanidade com a cor nem sempre foi tão evidente quanto nos parece agora, e que o aparentemente óbvio para nós causou dificuldades sem fim para os antigos. A missão que se segue para descobrir a fonte do "sentido de cor" é uma emocionante história de aventura vitoriana, um episódio na história de ideias que pode rivalizar com os grandes feitos de qualquer explorador do século XIX. A expedição da cor alcançou os cantos mais remotos da terra, emaranhou-se com as mais ferozes controvérsias do dia – evolução, hereditariedade e raça – e foi conduzida por um elenco heterogêneo de heróis improváveis: um célebre estadista cujas proezas intelectuais são hoje quase inteiramente desconhecidas, um judeu ortodoxo que foi conduzido por suas descobertas filológicas aos pensamentos evolutivos mais heterodoxos, um oftalmologista de uma universidade alemã provinciana que colocou toda uma geração em busca de um falso brilhante e um professor de Cambridge, apelidado de "Galileu da antropologia", que finalmente colocou a questão de novo nos trilhos a despeito de suas próprias objeções.

A luta do século XIX para entender o que é que nos separa dos antigos, se o olho ou se a língua, transformou-se no século XX em uma batalha total sobre os conceitos da língua, em que visões de mundo opostas foram postas em confronto – universalismo contra relativismo, nativismo contra empirismo. Nessa guerra mundial de ismos, o espectro assumiu importância totêmica, pois os proponentes da natureza e os da cultura passaram a entender seu domínio sobre a cor como ponto decisivo para o controle sobre a linguagem em geral. Em momentos distintos, cada lado declarou a cor como o trunfo em seu argumento mais amplo, e recebeu opiniões que então oscilaram de um extremo ao outro, da natureza à cultura e, nas últimas décadas, de volta à natureza.

As vicissitudes dessa controvérsia tornam a cor um caso de teste exemplar para julgar as reivindicações conflitantes da natureza e da cultura sobre os conceitos da língua. Ou dito de outra forma: a faixa aparentemente estreita de cor pode servir como um teste decisivo para nada menos do que a questão de quão profundas são as comunalidades entre as formas como os seres humanos se expressam e quão superficiais são as diferenças – ou vice-versa!

* * *

A discussão até agora pode ter dado a impressão de que não há nada mais na linguagem do que uma coleção de conceitos e seus rótulos correspondentes. Mas, para comunicar pensamentos sutis envolvendo relações intrincadas entre diferentes conceitos, a língua precisa de muito mais do que uma lista de conceitos – precisa de uma gramática, um sistema sofisticado de regras para organizar conceitos em frases coerentes. Gramática sem as da regras regras sem as seríamos palavras na frase capaz para ordenar coerentes por de comunicar tantos não pensamentos exemplo com quanto mesmo conceitos quisesse se. (Quero dizer: sem as regras da gramática, sem as regras para ordenar palavras na frase, por exemplo, não seríamos capazes de comunicar pensamentos coerentes, mesmo com tantos conceitos quanto se quisesse.) E ocorre que os debates entre os defensores da natureza e os da criação, entre nativistas e culturalistas, universalistas e relativistas avançaram tão ferozmente sobre a gramática quanto sobre os conceitos da linguagem. As regras da gramática – a ordem das palavras, as estruturas sintáticas, a estrutura das palavras, a estrutura sonora – estão codificadas em nossos genes ou refletem as convenções culturais?

A visão dominante entre os linguistas de hoje – encabeçada por Noam Chomsky e pelo influente programa de pesquisa que ele inspirou – diz que a maior parte da gramática da linguagem, isto é, de todas as línguas humanas, é inata. Essa escola de pensamento, conhecida como "nativista", afirma que as regras da gramática universal estão codificadas em nosso DNA: os seres humanos nascem com cérebros pré-equipados com um *kit* específico de ferramentas de estruturas gramaticais complexas, de modo que as crianças não precisam aprender essas estruturas quando adquirem sua língua materna. Para os nativistas, portanto, a gramática reflete a natureza humana universal, e quaisquer diferenças entre as estruturas gramaticais de diferentes línguas são superficiais e de pouca importância.

De acordo com a opinião da minoria dissidente, há poucas evidências que demonstrem que quaisquer regras específicas de gramática estejam preconcebidas no cérebro e não há necessidade de invocar genes para explicar as estruturas gramaticais, porque elas podem ser explicadas de forma mais simples e mais clara como produto do desenvolvimento cultural e resposta às exigências de comunicação eficiente. Em *The unfolding of language*, defendi essa última perspectiva, mostrando como um sistema sofisticado de regras gramaticais específicas poderia ter se constituído a partir de origens muito simplórias, impulsionadas por forças de mudança motivadas por características bastante abrangentes da natureza humana, como a preguiça (economia de esforço na pronúncia) e a necessidade de impor ordem ao mundo.

Este livro não se debruçará sobre o lado gramatical da grande controvérsia natureza/cultura, mas há um aspecto da gramática que terá de ser posto sob lentes de aumento, porque ali o papel da cultura é especialmente e quase universalmente subestimado. Esse aspecto é a complexidade. A complexidade de uma língua reflete a cultura e a sociedade de seus falantes, ou é uma constante universal determinada pela natureza humana? Se o tema da cor foi a área mais duramente contestada no debate sobre conceitos, a questão da complexidade é, sem dúvida, o aspecto na batalha sobre a gramática que foi menos contestado – mas deveria ser. Durante décadas, linguistas de todas as confissões, tanto nativistas quanto culturalistas, vêm traçando a mesma linha partidária: todas as línguas são igualmente complexas. De minha parte, quero argumentar que esse refrão é apenas um *slogan* vazio, e que as evidências sugerem que a complexidade de algumas áreas da gramática reflete a cultura dos falantes, muitas vezes de maneiras inesperadas.

A língua como uma lente

Se as questões exploradas na primeira parte do livro suscitaram debates ferozes e emoções furiosas, estas não são mais que tempestades em um copo d'água se comparadas aos vendavais da discórdia que assolam o assunto da segunda parte, a questão da influência da língua materna em nossos pensamentos. Poderia a língua ter mais do que um papel passivo como reflexo de diferenças culturais e ser um instrumento ativo de coerção por meio do qual a cultura impõe suas convenções a nossa mente? Os diferentes idiomas levam seus falantes a diferentes percepções? A nossa língua particular é uma lente através da qual vemos o mundo?

À primeira vista, parece não haver nada de problemático em levantar esse questionamento. Uma vez que a cultura tem uma grande margem de manobra na definição de conceitos, é – em princípio – inteiramente cabível perguntar se nossa cultura poderia afetar nossos pensamentos por meio dos conceitos linguísticos por ela impostos. Mas enquanto a questão parece perfeitamente *kosher* na teoria, na prática a mais sutil sugestão do assunto nos dias de hoje faz com que a maioria dos linguistas, psicólogos e antropólogos recue. A razão desse tão intenso constrangimento ante o assunto é que ele traz consigo uma bagagem de história intelectual tão vergonhosa que a mera suspeita de associação com ele pode imediatamente estampar a pecha de fraude na testa de quem quer que seja. O problema é que qualquer influência da língua no pensamento é muito difícil de provar ou refutar empiricamente, de modo que o assunto tradicionalmente oferece uma plataforma perfeita para aqueles que gostam de ostentar suas fantasias sem o menor perigo de serem pegos pela polícia dos fatos. Como moscas à volta do pote de mel ou filosofias à volta do incognoscível, os mais inspirados charlatães, os mais astuciosos vigaristas, para não mencionar hordas de gente doida e medíocre, foram atraídos para sustentar a influência da língua materna nos pensamentos de seus falantes. A segunda parte do livro começa com uma pequena amostra desse Decamerão de excessos, e concentra-se no mais notório dos vigaristas, Benjamin Lee Whorf, que seduziu toda uma geração a acreditar, sem um pingo de evidência, que as línguas dos povos originários da América do Norte levam seus falantes a uma concepção da realidade totalmente distinta da nossa.

Hoje, em parte por causa desse legado ultrajante, os mais respeitáveis linguistas e psicólogos negam categoricamente que a língua materna possa ter qualquer influência sobre os pensamentos dos falantes, ou ainda, afirmam que tal influência é, na melhor das hipóteses, insignificante, senão trivial. Nos últimos anos, porém, alguns intrépidos pesquisadores tentaram aplicar métodos científicos sólidos a essa questão, e as descobertas que surgiram de suas pesquisas já revelaram maneiras surpreendentes pelas quais as idiossincrasias da língua materna afetam o pensamento. A segunda parte do livro apresenta três exemplos em que tal influência me parece ter sido demonstrada da forma mais plausível. À medida que a história se desenrolar, ela fará evidente que a influência crível da linguagem no pensamento dos falantes é de um tipo radicalmente diferente da apregoada no passado. A musa de Whorf pairava nos mais elevados níveis da cognição em meio a fantasias acerca de como as línguas poderiam determinar a capacidade de raciocínio lógico dos falantes e como os falantes de uma ou outra língua não seriam capazes de entender uma ou outra noção uma vez que não constasse de sua língua uma ou outra distinção. Os achados de pesquisas recentes, no entanto, são muito mais concretos. Eles têm a ver com os hábitos mentais que a linguagem pode incutir no nível fundamental do pensamento: na memória, na atenção, na percepção e nas associações. E embora esses achados possam ser menos extravagantes do que os ostentados no passado, veremos que nem por isso alguns deles são menos impressionantes.

Mas antes investiguemos a luta em torno do arco-íris.

Parte I
O espelho da língua

1
Nomeando o arco-íris

Londres, 1858. Em 1º de julho, a Linnean Society, em suas magníficas e novas instalações na Burlington House, em Piccadilly, ouvirá dois artigos de Charles Darwin e Alfred Russel Wallace, que anunciarão em conjunto uma teoria da evolução por seleção natural. Em pouco tempo, o fogo se elevará e iluminará o firmamento intelectual sem que canto algum da razão humana permaneça intocado. Mas, embora o grande incêndio do darwinismo nos alcance em breve, não começamos por aí. Nossa história começa alguns meses antes e a algumas ruas de distância, em Westminster, com um herói bastante improvável. Aos 49 anos, ele já é um eminente político, membro do Parlamento representando a Universidade de Oxford e ex-ministro do Tesouro. Faltam ainda dez anos para que se torne primeiro-ministro, e ainda muitos outros para que seja celebrado como um dos maiores estadistas da Grã-Bretanha. A bem da verdade, havia três anos que o muito honorável William Ewart Gladstone vinha amargando momentos difíceis nas bancadas da oposição. Seu tempo, porém, não havia sido de todo ocioso.

Quando se encontrava fora de serviço, ele dedicava suas energias lendárias aos domínios do pensamento e, em particular, à sua ardente paixão intelectual: aquele antigo bardo que "para a raça havia fundado o sublime ofício do poeta e construído sobre seus próprios alicerces um edifício tão elevado e firme que ainda se elevava inacessível acima dos trabalhos não só de homens comuns, mas mesmo de muitos homens incomuns"

(GLADSTONE, 1877, p. 388). Os épicos de Homero são para Gladstone nada menos que "o fenômeno mais extraordinário de toda a história da cultura puramente humana" (GLADSTONE, 1858, vol. 1, p. 13). A *Ilíada* e a *Odisseia* são suas companheiras de uma vida e seu refúgio literário desde os tempos escolares vividos em Eton. Contudo, para Gladstone, um homem de profunda convicção religiosa, os poemas de Homero são mais do que mera literatura. Eles são sua segunda Bíblia, um compêndio perfeito de experiências e tipos humanos no qual a natureza humana se desvela da forma mais admirável que esta poderia assumir sem o auxílio da revelação cristã.

A obra monumental de Gladstone, *Studies on Homer and the Homeric Age* [Estudos sobre Homero e a Era Homérica], acabava de ser publicada em março. Seus três tomos robustos, com mais de 1.700 páginas, percorrem uma gama enciclopédica de assuntos, da geografia da *Odisseia* ao senso de beleza de Homero, da posição das mulheres na sociedade homérica ao caráter moral de Helena. Um capítulo despretensioso, recolhido ao fim do último volume, é dedicado a um tema curioso e aparentemente marginal, "Homero e sua percepção e uso da cor". O exame detido pelo qual Gladstone fez passar a épica homérica revelou que havia algo de estranho nas descrições de cores de Homero, e as conclusões que Gladstone deriva de sua descoberta são tão radicais e desconcertantes que seus contemporâneos são totalmente incapazes de digeri-las e, em grande parte, as recusam sem a devida consideração. Em pouco tempo, porém, o enigma de Gladstone lançará mil navios de estudos, terá um efeito profundo no desenvolvimento de pelo menos três disciplinas acadêmicas e desencadeará uma guerra pelo controle da linguagem entre natureza e cultura que, após 150 anos, não mostra sinais de arrefecimento.

William Ewart Gladstone (1809-1898)

Mesmo em um período muito menos desacostumado do que o nosso à coincidência do poder político e da grandeza do pensamento, as pesquisas homéricas de Gladstone eram vistas como algo fora do comum (WEMYSS REID, 1899, p. 143). Afinal de contas, tratava-se de um político ativo, e sua obra de três volumes não teria sido vista como realização de pouca monta enquanto trabalho de toda uma vida de um dedicado acadêmico. Para alguns, especialmente colegas políticos, a devoção de Gladstone aos clássicos foi objeto de duras críticas. "Você está tão envolvido em estudos a respeito de Homero e vocábulos gregos", queixou-se um partidário, "que você não está lendo jornais ou sentindo o pulso do eleitorado" (MYERS, 1958, p. 96). Para o público em geral, a virtuosa homerologia de Gladstone tornou-se assunto de fascínio e admiração. O *Times* publicou uma resenha tão longa do livro de Gladstone que ela teve de ser impressa em duas partes e equivaleria a mais de 30 páginas em formato de livro[7]. A erudição de Gladstone também não deixou de causar impressão nos círculos intelectuais. "Há poucos

---

7. "*Mr. Gladstone's Homeric Studies*", publicada em 12 de agosto de 1858.

homens públicos na Europa", foi o veredicto de um professor, "tão puros de espírito, tão perspicazes e altamente cultivados quanto o sr. Gladstone"[8]. Nos anos seguintes, notáveis acadêmicos da Grã-Bretanha e mesmo no continente dedicaram obras a Gladstone, "o estadista, orador e estudioso", "o incansável representante dos Estudos Homéricos"[9].

Claro, havia um "porém". Embora o aprendizado prodigioso de Gladstone, seu domínio do texto e a copiosidade de seus recursos lógicos tenham sido universalmente elogiados, a reação a muitos de seus argumentos concretos foi sem sombra de dúvida contundente. Alfred Lord Tennyson escreveu que, no que tocava à questão de Homero, "a maioria das pessoas o considera [Gladstone] um tanto extravagante"[10]. Um professor de Grego da Universidade de Edimburgo expôs a seus alunos que "o sr. Gladstone pode ser um comentador homérico de grande erudição, engenho, agudeza e força – sempre eloquente e por vezes brilhante; falta-lhe, contudo, a solidez. Sua lógica é débil, quase pueril, seus movimentos táticos, embora cheios de graciosa ousadia e brilho, são totalmente destituídos de sobriedade, de cautela, e mesmo de sensatez"[11]. Karl Marx, ele próprio um ávido leitor de literatura grega e sempre direto em seus comentários, escreveu a Engels que o livro de Gladstone era "característico da incapacidade dos ingleses de produzir qualquer trabalho filológico digno de nota"[12]. E a resenha épica no *Times* (anônima, como soía à época) dá voltas e mais voltas na mais convencional das circunlocuções para evitar chamar Gladstone explicitamente de tolo. Começa por declarar que "o senhor deputado

---

8. John Stuart Blackie, relatado no *The Times*, 8 de novembro de 1858.

9. John Stuart Blackie, *Horae Hellenicae* (1874). *Die Homerischen Realien* (1871), de E.A.W. Buchholz, foi dedicado a "*demeifrigen Pfleger und Förderer der Homerischen Forschung*".

10. Carta ao Duque de Argyll, 28 de maio de 1863 (TENNYSON, 1897, p. 493).

11. "O Sr. Gladstone pode ser um erudito, entusiasta" – John Stuart Blackie, relatado no *The Times*, 8 de novembro de 1858. Sobre a recepção dos estudos homéricos de Gladstone, cf. Bebbington (2004).

12. Marx, carta a Engels, 13 de agosto de 1858.

Gladstone é excessivamente inteligente. Mas, infelizmente, por excesso de inteligência, oferece uma das ilustrações mais adequadas da proverbial verdade de que os extremos se tocam". A resenha termina, quase 13 mil palavras depois, lamentando-se pelo fato de que "tanto poder quede sem efeito, que tanto gênio se revele sem equilíbrio, que tanta fertilidade resulte em mato, e tanta eloquência soe vazia e confusa".

O que havia de tão errado com os estudos de Gladstone a respeito de Homero? Para começar, Gladstone havia cometido o pecado capital de levar Homero muito a sério. Ele havia tratado Homero "com veneração quase rabínica", fungou o *Times*. Em uma época orgulhosa de seu recém-descoberto ceticismo, quando até mesmo a autoridade e a autoria da Sagrada Escritura começavam a ceder ao bisturi da crítica textual alemã, Gladstone marchava ao ritmo de um tambor diferente. Ele descartou de imediato as teorias, muito em voga na época, de que nunca havia existido um poeta chamado Homero, e que a *Ilíada* e a *Odisseia* eram, em vez disso, uma colcha de retalhos de um grande número de baladas populares reunidas a partir de diferentes poetas ao longo de muitos períodos diferentes. Para ele, a *Ilíada* e a *Odisseia* foram compostas por um único poeta de gênio transcendental: "Encontro na trama da *Ilíada* beleza, ordem e estrutura suficientes para dar um testemunho independente da existência de um Homero pessoal e individual, seu autor" (MORLEY, 1903, p. 544).

Ainda mais desagradável para seus críticos foi a insistência de Gladstone de que a história da *Ilíada* se baseava em pelo menos um núcleo de fato histórico. Para os acadêmicos ilustrados de 1858, parecia infantilmente crédulo atribuir qualquer valor histórico a uma história de um cerco grego de dez anos a uma cidade chamada Ílios ou Troia, após o sequestro de uma rainha grega pelo príncipe troiano Páris, também conhecido como Alexandre. Como o *Times* colocou, tratava-se de histórias "aceitas por toda a humanidade como ficções de caráter não diverso dos romances do Rei Arthur". Não será necessário dizer que tudo isso se deu 12 anos antes de Heinrich Schliemann de fato encontrar Troia soterrada em uma colina próxima ao estreito de Dardanelos; antes de escavar o palácio de Micenas, terra natal do senhor grego Agamenon; antes de ficar claro que tanto Troia quanto Micenas eram cidades ricas e poderosas no mesmo período no final do segundo milênio a.c.; antes que escavações posteriores revelassem que Troia havia sido destruída em uma grande conflagração logo após 1200 a.C.; antes que pedras de atiradeiras e outras armas fossem encontradas no local, provando que a destruição fora causada por cerco inimigo; antes que um documento em argila fosse descoberto em uma escavação, o qual acabou por se revelar um tratado entre um rei hitita e a terra de Wilusa; antes que a mesma Wilusa fosse seguramente identificada como nada menos que a Ílios de Homero; antes que um governante de Wilusa a quem o tratado chama Alaksandu pudesse, assim, estar relacionado com o Alexandre de Homero, príncipe de Troia; antes – em suma – que o sentimento de Gladstone de que a *Ilíada* era mais do que apenas uma colcha de mitos infundados se revelasse uma ideia bem menos tola do que seus contemporâneos imaginavam (LATACZ, 2004; FINKELBERG, 2005).

Há um campo, porém, no qual é difícil ser muito mais gentil com Gladstone hoje do que seus contemporâneos eram na época: suas tediosas incursões na religião homérica. Gladstone não foi nem a primeira nem a última das grandes mentes a ser capturada pelo fervor religioso, mas no caso de seus *Studies on Homer*, suas convicções tomaram o rumo particularmente infeliz de tentar promover o casamento do panteão pagão de Homero com o credo cristão. Gladstone acreditava que, no início da humanidade, a esta havia sido concedida uma revelação do verdadeiro Deus, e embora o conhecimento de tal revelação divina mais tarde tivesse desaparecido e sido pervertido pelas heresias pagãs, seus vestígios poderiam ser detectados na mitologia grega. Ele, portanto, não deixou nenhum deus de pé em seu esforço para identificar a verdade cristã no panteão homérico. Gladstone "empenhou todas as suas faculdades para detectar, nas cortes olímpicas, o Deus de Abraão que veio da

Ur dos caldeus e o Deus de Melquisedeque que habitava em Salém". Gladstone argumenta, por exemplo, que a tradição de uma Trindade na Divindade havia deixado seus traços na mitologia grega e se manifestava na divisão tripartite do mundo entre Zeus, Poseidon e Hades. Alegava Gladstone que Apolo exibe muitas das qualidades do próprio Cristo, chegando ao ponto de sugerir que a mãe de Apolo, Leto, "representa a Virgem Maria" (GLADSTONE, 1858, vol. 2, p. 178; cf. tb. GLADSTONE, 1858, vol. 2, p. 153). O *Times* não gostou: "Perfeitamente honesto em suas intenções, ele assume uma teoria e, sem se importar com quão ridícula ela seja na realidade, ele pode fazê-la parecer respeitável na argumentação. Quanta audácia!"

A determinação de Gladstone em realizar o batismo dos antigos gregos fez um monumental desserviço a seus *Studies on Homer*, uma vez que seus erros e desvios religiosos facilitaram a subestimação de muitas de suas outras ideias. É algo de se lamentar, pois quando Gladstone não estava calculando quantos anjos seriam capazes de dançar na ponta da lança de Aquiles, foi exatamente sua outra suposta grande falha, a de levar Homero muito a sério, que o elevou muito acima do horizonte intelectual da maioria de seus contemporâneos. Gladstone não acreditava que a história de Homero fosse uma descrição precisa dos eventos históricos, mas, ao contrário de seus críticos, compreendia que os poemas apresentavam um espelho do conhecimento, das crenças e das tradições da época e eram, portanto, fonte histórica do mais alto valor, um tesouro de dados para o estudo da vida e do pensamento da primeira Grécia e tão mais confiável por se tratar de uma autoridade espontânea, que não se dirigia à posteridade, mas aos próprios contemporâneos de Homero. A análise minuciosa de Gladstone acerca do que os poemas diziam e – o que às vezes era ainda mais importante – do que não diziam o levou a descobertas notáveis sobre o mundo cultural dos gregos antigos. O mais impressionante desses achados dizia respeito à linguagem de cores de Homero.

Para alguém acostumado com o marasmo embotado da escrita acadêmica de hoje, ler o capítulo de Gladstone sobre cores é, antes de tudo, um choque – o de encontrar uma mente extraordinária. O leitor queda perplexo ante a originalidade, a ousadia, a análise afiada e aquela sensação ofegante de que, por mais rápido que se esteja tentando percorrer o argumento em seus próprios pensamentos, Gladstone está sempre dois passos à frente e, seja lá qual a objeção que se tente levantar, esta terá sido por ele antecipada muitas páginas antes de o leitor chegar a formulá-la[13]. Tudo isso torna, portanto, ainda mais surpreendente que o *tour de force* de Gladstone chegue a uma tão estranha conclusão. Para expressá-lo de forma um tanto anacrônica, ele argumenta que Homero e seus contemporâneos percebiam

---

13. Estudiosos anteriores, desde Scaliger em 1577, haviam comentado sobre a escassez de descrições de cores em escritores antigos (cf. SKARD, 1946, p. 166), mas ninguém antes de Gladstone entendeu que as diferenças entre nós e os antigos iam além de divergências ocasionais de gosto e moda. No século XVIII, por exemplo, Friedrich Wilhelm Doering escreveu (DOERING, 1788, p. 88) que "é claro que, nos tempos antigos, tanto os gregos quanto os romanos podiam prescindir de muitos nomes de cores, dos quais uma era posterior não era capaz de se abster, uma vez que as ferramentas de luxo haviam crescido infinitamente. Pois a austera simplicidade de homens tão pouco sofisticados abominava aquela grande variedade de cores usadas para roupas e construções, que em tempos posteriores homens de índole mais delicada perseguiam com o maior zelo". ("*Hoc autem primum satis constat antiquissimis temporibus cum graecos tum romanos multis colorum nominibus carere potuisse, quibus posterior aetas, luxuriae instumentis ininfinitum auctis, nullo modo supersedere potuit. A multiplici enim et magna illa colorum in vestibus aedificiiset aliis operibus varietate, quam posthac summo studio sectati sunt molliores et delicatiores homines, abhorrebat austera rudium illorum hominum simplicitas.*") E em seu *Farbenlehre* (GOETHE, 1810, p. 54), Goethe explicou sobre os antigos que "*Ihre Farbenbenennungen sind nicht fix und genau bestimmt, sondern beweglich und schwankend, indem sie nach beiden Seiten auch von angrenzenden Farben gebraucht werden. Ihr Gelbes neigt sich einerseits ins Rote, andrerseits ins Blaue, das Blaue teils ins Grüne, teils ins Rote, das Rote bald ins Gelbe, bald ins Blaue; der Purpur schwebt auf der Grenze zwischen Rot und Blau und neigt sich bald zum Scharlach, bald zum Violetten. Indem die Alten auf diese Weise die Farbe als ein nicht nur an sich Bewegliches und Flüchtiges ansehen, sondern auch ein Vorgefühl der Steigerung und des Rückganges haben: so bedienen sie sich, wenn sie von den Farben reden, auch solcher Ausdrücke, welche diese Anschauung andeuten. Sie lassen das Gelbe röteln, weil es in seiner Steigerung zum Roten führt, oder das Rote gelbeln, indem es sich oft zu diesem seinen Ursprunge zurück neigt*".

o mundo em algo mais próximo do preto e branco do que do tecnicolor completo.

Nos termos de sua pura implausibilidade, a afirmação de Gladstone de que o senso de cor dos gregos diferia do nosso parece, à primeira vista, aproximar-se muitíssimo de suas noções de um Apolo semelhante a Cristo ou de uma Leto mariana. Pois como poderia um aspecto tão básico da experiência humana ter mudado? Ninguém negaria, é claro, que há um grande abismo entre o mundo de Homero e o nosso: nos milênios que nos separam, os impérios conheceram a ascensão e a queda, religiões e ideologias surgiram e desapareceram, a ciência e a tecnologia transformaram nossos horizontes intelectuais e quase todos os aspectos da vida cotidiana para além de todo o reconhecimento. Mas se nesse grande mar de mudanças pudéssemos escolher apenas um refúgio de estabilidade, um aspecto da vida que tivesse se conservado exatamente o mesmo desde os dias de Homero – mesmo desde tempos imemoriais –, este certamente seria o prazer ante a abundância de cores da natureza: o azul do céu e do mar, o carmesim luzidio do amanhecer, o verde primaveril das folhas. Se há uma frase que representa uma rocha de estabilidade no fluxo da experiência humana, essa é a pergunta atemporal: "Papai, por que o céu é azul?"

Será? A marca de uma mente excepcional é sua capacidade de questionar o autoevidente, e o escrutínio de Gladstone sobre a *Ilíada* e a *Odisseia* não deixou margem para dúvidas: havia algo de seriamente equivocado com as descrições de cores de Homero. Talvez o exemplo mais notável seja a maneira como Homero abordou a cor do mar. Provavelmente a expressão mais famosa de toda a *Ilíada* e a *Odisseia* que ainda se encontra como moeda de troca nos dias de hoje é aquele epíteto de cor imortal, o "mar escuro como vinho". Mas vamos atentar brevemente a essa descrição sob a perspectiva obsessivamente literal de Gladstone. Acontece que "escuro como vinho" já é um ato de interpretação redentora na tradução, pois o que Homero realmente diz é *oinops*, que literalmente significa "com a aparência de vinho" (*oinos* é "vinho" e "*op-*" é a raiz "ver"). Mas o que a cor do mar tem a ver com o vinho? Como resposta à simples pergunta de Gladstone, os estudiosos sugeriram todo tipo de teorias imagináveis e inimagináveis para desfazer a dificuldade. A resposta mais comum era sugerir que Homero devia estar se referindo à sombra de um profundo roxo carmim de um mar agitado ao amanhecer ou ao pôr do sol. Infelizmente, não há nenhuma indicação de que Homero usou o epíteto, em particular, para o mar ao amanhecer ou ao entardecer. Também foi sugerido, aparentemente com toda a seriedade, que o mar às vezes pode parecer vermelho por causa de certos tipos de algas (MAXWELL-STUART, 1981, p. 10). Outro estudioso, muito incomodado com a possibilidade de pintar o mar de vermelho, tentou em vez disso tornar o vinho azul e afirmou que "reflexos azuis e violetas são visíveis em certos vinhos das regiões do sul, e em especial no vinagre de vinhos caseiros" (CHRISTOL, 2002, p. 36).

Não há necessidade de nos debruçarmos sobre a razão de todas essas teorias não conterem vinho ou água. Mas havia outro método para contornar a dificuldade, aplicado por muitos comentaristas cônscios de seu valor e que merece algum comentário. Tratava-se de invocar a saída infalível de toda crítica literária: a licença poética. Um eminente classista, por exemplo, criticou Gladstone afirmando que "se alguém dissesse que o menestrel era deficiente no órgão da cor porque designava o mar por essa palavra vaga, eu responderia dizendo que o crítico é deficiente no órgão da poesia" (BLACKIE, 1866, p. 417). Mas quando tudo está dito e cantado, a elegante presunção das duras palavras dos críticos não suporta a sofisticada mentalidade literal de Gladstone, pois sua análise prudente havia praticamente eliminado a possibilidade de que a licença poética pudesse ser a explicação para as estranhezas nas descrições de cores de Homero. Gladstone não era poeticamente surdo, e estava bem sintonizado com o efeito habilidoso do que chamou de "exigentes epítetos de cor". Mas ele também entendeu que, se os desvios eram apenas um exercício ousado da arte do poeta, então o esforço deveria ser a exceção e não a regra, pois, caso contrário, o resultado não é licença, mas confusão. E ele demonstrou, usando métodos que hoje seriam considerados aplicações exemplares da análise textual sistemática, mas que um de seus críticos contemporâneos ridicularizou como a mentalidade burocrática de um "ministro de finanças nato"[14], que essa imprecisão nas descrições das cores em Homero era regra, não exceção. Para prová-lo, Gladstone desenhou um círculo de evidências composto por cinco pontos fundamentais:

I. O uso da mesma palavra para denotar cores que, segundo nossa percepção, são essencialmente diferentes.

II. A descrição do mesmo objeto sob epítetos de cor que discordam fundamentalmente um do outro.

III. O ligeiro uso da cor, e sua ausência em casos em que poderíamos contar com sua presença.

IV. A imensa predominância das formas mais grosseiras e elementares de cor, preto e branco, acima de todas as outras.

V. A pequena extensão do vocabulário de cores de Homero.

Ele, então, procedeu à corroboração desses pontos com mais de 30 páginas de exemplos, dos quais citarei apenas alguns. Consideremos em primeiro lugar que outros objetos Homero descreve com a aparência do vinho. Exceto pelo mar, a única outra coisa à qual Homero aplica a "cor do vinho"… são os bois. E nenhuma das cambalhotas filológicas dos críticos poderia fazer tombar a singela conclusão de Gladstone: "Não há pouca dificuldade em combinar esses dois usos por referência à ideia de uma cor comum. O mar é azul, cinza ou verde. Os bois são pretos, baios ou marrons".

Ou o que se pode fazer diante do nome da flor "violeta" (*ioeis*), que Homero usa como uma designação para a cor do… mar. (A expressão de Homero *ioeidea ponton* é traduzida de várias maneiras – a acompanhar a musa do tradutor –, seja como "mar violeta", "oceano púrpura" ou "as profundezas de cor violeta".) E falaremos também de uma licença poética que permite a Homero usar a mesma flor para descrever as ovelhas na caverna

---

14. "*Mr. Gladstone's Homeric studies*", The Times, 12 de agosto de 1858.

do Ciclope como "belas, grandes, de grosso velocino violeta"? É possível que Homero estivesse se referindo, antes, a ovelhas pretas em oposição a brancas, e se pode aceitar que "ovelhas pretas" não são de fato pretas, mas de um marrom em verdade muito escuro. Mas violetas? Ou que tal outro lugar na *Ilíada* em que Homero aplica o termo "violeta" para descrever o ferro? Se os mares violeta (*Odisseia* 5.56), as ovelhas violeta (lã violeta: *Odisseia* 9.426) e o ferro violeta (*Ilíada* 23.850) devem ser todos compreendidos como licenças poéticas, que tal então outra passagem, em que Homero compara o cabelo escuro de Ulisses à cor do jacinto?

O uso de Homero da palavra *chlôros* não é menos curioso. Em estágios posteriores do grego, *chlôros* significa somente "verde" (e foi esse significado que inspirou termos familiares na linguagem da ciência, como o pigmento clorofila e o gás esverdeado cloro). Mas Homero emprega a palavra em uma variedade de sentidos que não parecem se adequar ao verde de maneira muito pacífica. Na maioria das vezes, *chlôros* aparece como descrição de rostos pálidos de medo. Embora isso possa ser apenas uma metáfora, *chlôros* também é usado para galhos frescos e para o tacape de madeira de oliveira do Ciclope. Tanto os galhos quanto a madeira das oliveiras nos pareceriam hoje de cor marrom ou cinza, mas com um pouco de boa vontade ainda poderíamos dar a Homero o benefício da dúvida neste ponto. Essa boa vontade é estendida ao limite, no entanto, quando Homero usa a mesma palavra para descrever o mel. Que levante a mão qualquer um que já tenha visto mel verde.

Mas o círculo de evidências de Gladstone está apenas começando. O segundo ponto de Gladstone é que Homero não raro descreve o mesmo objeto com termos de cores incompatíveis. O ferro, por exemplo, ora é referido em cor "violeta", ora em cor "cinza"; em outra passagem, é referido pelo termo *aithôn*, usado para se referir à cor de cavalos, leões e bois.

O próximo ponto de Gladstone é o quão incolor é o verso vibrante de Homero. Percorra antologias de poesia moderna, e as cores o encaram nos olhos. Existirá poeta que se preze que não tenha tirado inspiração dos "verdes campos e do céu azul"? Que versos não comemoraram aquela época do ano "quando margaridas sarapintadas, cardaminas prateadas, violetas azuis e os botões de ouro pintam os prados de alegria"? Goethe escreveu que ninguém pode ser insensível ao apelo das cores que se espalham por toda a natureza visível (Goethe, *Beiträge zur Chromatik*). Ao que parece, no entanto, foi precisamente o que se passou com Homero. Vejamos suas descrições dos cavalos. Explica-nos Gladstone que "a cor é nos cavalos coisa tão proeminente que parece, sempre que são individualizados, quase imiscuir-se à força na descrição. É de se espantar que, embora Homero amasse os cavalos a ponto de nunca se cansar de usá-los com todo o coração para fins de poesia, em todas as suas belas e animadas descrições desse animal a cor fosse tão pouco destacada". O silêncio de Homero sobre a cor do céu é ainda mais gritante. Diz aqui Gladstone: "Homero tinha diante de si o exemplo mais perfeito de azul. No entanto, ele não o descreveu dessa forma nem uma única vez. Seu céu é estrelado, amplo, imenso, férreo ou cobreado; mas nunca azul" (GLADSTONE, 1858, vol. 3, p. 483).

Não é como se Homero não se interessasse pela natureza: ele é, afinal, lendário como um observador agudo do mundo e admirado por seus símiles fortes com descrições elaboradas de animais e fenômenos naturais. A marcha dos guerreiros para o local de reunião, por exemplo, é comparada às "tribos de abelhas em multidão que saem de alguma rocha oca, sempre renovadas, voando em hordas acima das flores da primavera por toda a parte". Os grupos de soldados chegando ruidosamente na planície são "como as muitas tribos de pássaros providos de asas, gansos ou grous ou cisnes de longos pescoços na pradaria asiática junto às correntes do Caístrio [que] voam por aqui e por ali, radiantes com a força das asas, avançando à medida que gritam e toda a pradaria ressoa". Homero tinha um olhar especialmente sensível ao jogo de luz, para qualquer coisa que brilhasse, reluzisse ou cintilasse: "Como o fogo que oblitera iluminando uma floresta inteira, ao longo das escarpas de uma montanha, e o lume revelando-se ao longe – assim marcharam [os soldados] – o brilho deslumbrante do magnífico bronze tingindo do elevado éter aos céus" (*Ilíada* 2.455-480). Uma vez que os símiles de Homero são tão ricos no uso de todas as imagens sensíveis, diz Gladstone, poderíamos esperar encontrar na cor um ingrediente frequente e pronunciado neles. Porém, suas papoulas podem ter "os bulbos oblíquos, carregados de sementes sob a chuva da primavera" (*Ilíada* 8.306) sem uma única pitada de escarlate. Suas flores de primavera podem ser uma multidão no campo; sua cor, porém, não é revelada. Seus campos podem ser "fartamente cultivados do trigo" ou estar "recém-umedecidos da chuva do verão"; seus matizes, no entanto, permanecem incógnitos. Suas colinas podem ser "amadeiradas", e seus bosques "espessos", "escuros" ou "sombrios", mas não são verdes.

O quarto ponto de Gladstone é a grande predominância das "formas mais cruas e elementares de cor" – o preto e o branco – acima de todas as outras. Ele conta que Homero usa o adjetivo *melas* (preto) cerca de 170 vezes nos poemas, e isso nem sequer inclui exemplos do verbo correspondente "enegrecer", como quando o mar é descrito ao "enegrecer sob o marulhar do vento oeste que começava a soprar" (*Ilíada* 7.64). Palavras que significam "branco" aparecem cerca de 100 vezes. Em contraste com essa abundância, a palavra *eruthros* (vermelho) aparece 13 vezes, *xanthos* (amarelo) é utilizada 10 vezes, *ioeis* (violeta) 6 vezes, e outras cores ainda menos frequentemente.

Por fim, Gladstone vasculha os poemas homéricos em busca do que não está lá e descobre que mesmo algumas das cores primárias elementares, que, como ele diz, "foram determinadas para nós pela natureza" (GLADSTONE, 1858, vol. 3, p. 459), não fazem aparição nenhuma. O mais impressionante é a falta de qualquer palavra que possa ser compreendida como "azul". A palavra *kuaneos*, que em estágios posteriores do grego significava azul, faz uma aparição nos poemas, mas seu significado provável para Homero é tão somente "escuro", porque ele não a aplica nem ao céu nem ao mar, apenas à descrição das sobrancelhas de Zeus, ao cabelo de Heitor ou a uma nuvem escura. O verde também é pouco mencionado, pois a palavra *chlôros* é usada, sobretudo, para coisas não verdes, e ainda não há outra palavra nos poemas que possa representar essa cor tão comum. E não parece haver nada equivalente ao nosso laranja ou rosa em toda a paleta de cores de Homero.

Quando Gladstone termina de compor seu círculo de evidências, qualquer leitor com um pensamento minimamente aberto teria que aceitar que o que se passa aqui é algo muito mais sério do que simples manifestações da licença poética. Não há como escapar à conclusão de que a relação de Homero com a cor é fortemente distorcida: ele pode muitas vezes falar sobre luz e brilho, mas raramente se aventura para além dos matizes de cinza no esplendor do prisma. Nos casos em que as cores são mencionadas, elas são muitas vezes vagas e altamente inconsistentes: seu mar é cor de vinho e, quando não é cor de vinho, é violeta, assim como suas ovelhas. O seu mel é verde, e o céu meridional, tudo menos azul.

De acordo com lenda posterior, Homero, como qualquer bardo digno de sua paga, havia sido supostamente cego. Gladstone trata essa história com pouco interesse. As descrições de Homero – em tudo, exceto nas cores – são tão vívidas que jamais poderiam ter sido concebidas por um homem que não pudesse ver o mundo por si mesmo. Além disso, Gladstone prova que as estranhezas na *Ilíada* e na *Odisseia* não poderiam ter se originado de quaisquer problemas que fossem peculiares a Homero, o indivíduo. Para começar, se a condição de Homero fosse exceção entre seus contemporâneos, certamente suas descrições defeituosas lhes teriam doído nos ouvidos e passado por correções. Não só não é esse o caso, como parece que vestígios das mesmas esquisitices ainda abundavam entre os gregos antigos, mesmo depois. "Cabelo de cor violeta", por exemplo, foi usado como descrição nos poemas de Píndaro no século V a.C. Gladstone mostra, em verdade, que as descrições de cores de autores gregos posteriores, mesmo que não tão deficientes quanto as de Homero, "continuaram a ser fracas e indefinidas, em um grau que agora seria considerado muito surpreendente" (GLADSTONE, 1858, vol. 3, p. 493). O que havia de errado com Homero, portanto, provavelmente afligira seus contemporâneos e até mesmo algumas gerações posteriores. Como tudo isso se explica?

* * *

A solução de Gladstone para esse enigma era uma ideia tão radical e tão estranha que ele mesmo duvidava seriamente se deveria ousar incluí-la em seu livro. Como veio a recordar 20 anos depois, ele publicou suas hipóteses "somente depois de cuidar que os fatos passassem pelo crivo de alguns juízes muito competentes. Pois o caso parecia abrir questões de grande interesse, no que diz respeito à estrutura geral dos órgãos humanos e às leis do crescimento hereditário" (GLADSTONE, 1877, p. 366). O que torna sua proposta ainda mais surpreendente é o fato de que ele nunca ouvira falar de daltonismo. Embora, como veremos, essa condição se tornasse famosa em tempo não muito posterior, em 1858 o daltonismo era desconhecido do público em geral, e mesmo aqueles poucos especialistas que eram cientes do problema mal o compreendiam. E, no entanto, sem usar o termo em si, o que Gladstone propunha era nada menos do que daltonismo universal entre os gregos antigos.

A sensibilidade às diferenças de cor, sugeriu ele, é uma capacidade que ganha pleno desenvolvimento apenas na história mais recente. Como diz, "o órgão da cor e suas impressões eram apenas parcialmente desenvolvidos entre os gregos da idade heroica" (GLADSTONE, 1858, vol. 3, p. 488). Os contemporâneos de Homero, diz Gladstone, viam o mundo principalmente através da oposição entre luz e escuridão, com as cores do arco-íris lhe surgindo apenas como matizes indeterminados entre os dois extremos do preto e do branco. Ou, para ser mais preciso, eles viam o mundo em preto e branco com pitadas de vermelho, pois Gladstone aceitava que o sentido da cor estava começando a se desenvolver no tempo de Homero e passou a incluir tons vermelhos. Isso poderia ser deduzido do fato de que o vocabulário de cores limitado de Homero se inclina fortemente ao vermelho e que sua principal palavra "vermelha", *eruthros*, é um tanto atipicamente aplicada *apenas* a coisas vermelhas, como sangue, vinho ou cobre.

O estado subdesenvolvido da percepção das cores, argumenta Gladstone, pode explicar imediatamente por que Homero tinha concepções tão vivas e poéticas de luz e escuridão ao mesmo tempo que calava a respeito das cores prismáticas. Além disso, os epítetos de cores aparentemente erráticos de Homero agora "se esclarecerão, e descobriremos que o poeta os usou, de sua própria posição, com grande vigor e efeito". Pois, se o "violeta" ou "vinho" de Homero devem ser entendidos como a descrição não de matizes particulares, mas apenas enquanto gradações específicas de escuridão, então designações como "ovelhas violetas" ou "mar cor de vinho" já não soam tão estranhas. Da mesma forma, o "mel verde" de Homero torna-se muito mais apetitoso se pressupusermos que o que lhe chamou a atenção foi um tipo particular de luminosidade em lugar de uma cor prismática particular. Em termos de etimologia, *chlôros* deriva de uma palavra que significa "relva jovem", tipicamente de um verde claro. Mas se a distinção de tonalidade entre verde, amarelo e marrom-claro fosse de pouca importância no tempo de Homero, então a principal associação de *chlôros* não teria sido o verde do relvado em flor, mas sim sua clara vivacidade. E, como tal, conclui Gladstone, faz todo o sentido o uso de *chlôros* para descrever o mel (amarelo) ou os galhos (marrons) recém-colhidos.

Gladstone está bem ciente da estranheza total da ideia que propõe; assim, ele tenta torná-la mais palatável, evocando uma explicação evolutiva de como a sensibilidade às cores poderia ter aumentado ao longo das gerações. A percepção da cor, diz ele, nos parece natural apenas porque a humanidade como um todo passou por uma progressiva "educação do olho" nos últimos milênios: "as percepções tão simples e familiares para nós são o resultado de um lento desenvolvimento tradicional do conhecimento e da formação do órgão humano, que começou muito antes de tomarmos nosso lugar na sucessão da humanidade" (GLADSTONE, 1858, vol. 3, p. 496). A capacidade do olho de perceber e apreciar as diferenças de cor, sugere ele, pode melhorar com a prática, e essas melhorias adquiridas são então transmitidas à prole. A geração seguinte nasce, então, com maior sensibilidade à cor, que pode ser melhorada ainda mais com a prática contínua. Essas melhorias subsequentes são legadas para a geração seguinte, e assim por diante.

Mas por que, pode-se perguntar, esse refinamento progressivo da visão em cores não deveria ter começado muito antes do período homérico? Por que esse processo teve de esperar tanto tempo para começar, dado que desde tempos imemoriais todas as coisas belas e luzidias têm brilhado diante de nossos olhos? A resposta de Gladstone é um golpe de mestre de engenhosidade, ainda que pareça quase tão bizarra quanto o estado de coisas que pretende explicar. Sua teoria era que a cor – na abstração do objeto que é colorido – pode ter começado a importar para as pessoas apenas uma vez que elas se tornaram expostas a tintas e corantes artificiais. A apreciação da cor como propriedade independente de um determinado material pode, portanto, ter se desenvolvido apenas *pari passu* com a capacidade de manipular cores artificialmente. E essa capacidade, observa ele, mal existia nos dias de Homero: a arte de tingir dava seus primeiros passos, o cultivo de flores não era uma prática, e quase todos os objetos coloridos que hoje pertencem de forma irrefletida a nossas vidas estavam de todo ausentes.

A escassez de cores artificiais é particularmente marcante no caso do azul. Claro, o céu mediterrâneo era tão safira nos dias de Homero, e a Côte d'Azur igualmente anil. No entanto, ao mesmo tempo que nossos olhos estão saturados de todos os tipos de objetos tangíveis da cor azul, em todos os seus tons imagináveis, desde o mais pálido azul-gelo até o marinho mais profundo, homens e mulheres dos dias de Homero podem ter passado toda uma vida sem jamais fixar os olhos em um único objeto azul. Olhos azuis, explica Gladstone, eram poucos, corantes azuis, de fabricação muito difícil, praticamente desconhecidos, e flores naturais de fato azuis são também raras.

Estar pura e simplesmente exposto às cores aleatórias da natureza, conclui Gladstone, pode não ser o bastante para desencadear o treinamento progressivo da percepção das cores. Para que esse processo tenha início, o olho precisa estar exposto a uma gama metodicamente graduada de matizes e tonalidades. Como

Gladstone observa, "[o] olho pode exigir familiaridade com um sistema ordenado de cores, como a condição de ser capaz de apreciar de perto qualquer uma dentre elas" (GLADSTONE, 1858, vol. 3, p. 488). Com tão pouca experiência em manipular e controlar as cores artificialmente e tão pouca razão para insistir na cor dos materiais como uma propriedade independente, a progressiva melhoria na percepção da cor mal teria começado no tempo de Homero. "O órgão, hoje totalmente desenvolvido entre nós, foi dado a Homero quando vivia sua infância. Tão maduro ele se encontra que uma criança de três anos em nossas casas sabe, isto é, vê, mais cores do que o homem que fundou para a raça o sublime ofício do poeta" (GLADSTONE, 1877, p. 388).

Aonde é possível chegar com a teoria de Gladstone? O veredicto de seus contemporâneos era inequívoco: seus argumentos foram quase universalmente ridicularizados como fantasias de um pensamento excessivamente literal, e as bizarrias que ele havia descoberto foram varridas sem cerimônia como licença poética, ou como prova da lendária cegueira de Homero, ou ambos. Com o benefício da retrospectiva, no entanto, o veredicto é menos preto no branco. Em um nível, Gladstone foi tão preciso e perspicaz que seria inadequado classificá-lo simplesmente como alguém à frente de seu tempo[15]. Mais justo seria dizer que sua análise foi tão brilhante que partes substanciais dela são capazes de se sustentar quase sem retoques como um resumo do estado da arte hoje, 150 anos depois. Em outro nível, porém, Gladstone estava completamente equivocado. Ele cometeu um erro fundamental em suas pressuposições sobre a relação entre língua e percepção, mas nisso ele estava longe de estar sozinho. De fato, filólogos, antropólogos e até cientistas da natureza precisariam de décadas para se libertar desse erro: subestimar o poder da cultura.

---

15. Sobre a modernidade da análise de Gladstone, cf. tb. Lyons (1999).

2
Um falso brilhante

No outono de 1867, aclamados cientistas da natureza de toda a Alemanha reuniram-se em Frankfurt para a Assembleia de Naturalistas e Médicos Alemães. Eram tempos excitantes: o mundo em 1867 tinha pouca semelhança com o que fora nove anos antes, quando Gladstone publicou seus *Studies on Homer.* Entrementes, *Origem das espécies* viera a lume, e o darwinismo havia conquistado a psiquê coletiva. Como George Bernard Shaw escreveu mais tarde: "Todo mundo que tinha uma ideia a mudar mudou". Naqueles primeiros dias inebriantes da revolução darwiniana, os cientistas convocados encontravam-se acostumados à exposição de todos os tipos de noções específicas sobre assuntos evolucionários. Mas o tema anunciado para a palestra plenária na sessão de encerramento da conferência deve ter parecido incomum, mesmo segundo os padrões exigentes da época: "Sobre o sentido da cor nos tempos primitivos e sua evolução"[16]. Ainda mais incomum do que o título era a identidade do jovem no púlpito, pois a honra de discursar na sessão final da conferência coube a alguém que não era nem um cientista natural nem um físico – um jovem judeu ortodoxo que contava então seus 30 e poucos anos.

Na verdade, havia muito pouco de usual sobre o filólogo Lazarus Geiger. Ele nasceu em 1829 em uma distinta família de rabinos e estudiosos de Frankfurt. Seu tio Abraham Geiger foi a figura fundamental do movimento reformista que transformou

---

16. *"Ueber den Farbensinn der Urzeit und seine Entwickelung"* (GEIGER, 1878).

os judeus alemães no século XIX. Lazarus não partilhava do gosto do tio pela modernização religiosa, mas, embora em todos os assuntos práticos ele insistisse em obedecer ao pé da letra às leis de sua religião ancestral, em questões de intelecto seu pensamento se erguia por inteiro e livre de amarras, e ele cultivava ideias muito mais avançadas do que as de seus contemporâneos judeus ou cristãos mais liberais. De fato, suas investigações linguísticas o convenceram – muito antes das ideias de Darwin se tornarem conhecidas – de que ele poderia rastrear por evidências linguísticas a descendência do homem de um estado semelhante ao de um animal.

Geiger era dotado de uma erudição quase incomparável. Quando ainda era um menino de sete anos, ele declarara a sua mãe que gostaria de um dia aprender "todas as línguas", e no decorrer de sua curta vida – ele sucumbiu a uma doença cardíaca aos 42 anos – ele conseguiu chegar mais perto desse ideal do que talvez qualquer outra pessoa. Mas o que o fez se destacar como pensador foi a combinação desse aprendizado fenomenal com um fluxo aparentemente inesgotável de audaciosas teorias originais[17], particularmente sobre o desenvolvimento da linguagem e a evolução da razão humana. E foi sobre esse tema evolutivo que ele se dirigiu aos homens de ciência que se reuniram em sua cidade natal em setembro de 1867. Sua palestra começou com uma pergunta provocativa: "A sensação humana, a percepção pelos sentidos, tem uma história? Será que tudo, no sentido humano, funcionou exatamente como funciona agora, ou talvez possamos demonstrar que, em algum período remoto, esses órgãos devem ter sido parcialmente incapazes de seu desempenho atual?"

---

17. Muitas dessas ideias, como a discussão das mudanças independentes de som e significado, que antecipam a arbitrariedade de Saussure do signo, ou a discussão sistemática dos desenvolvimentos semânticos do concreto para o abstrato, são encontradas em Geiger (1868) e em sua obra póstuma (1872). Cf. tb. Morpurgo Davies (1998, p. 176), para ideias de Geiger sobre pronúncia no indo-europeu. Para investigações da vida e obra de Geiger, cf. Peschier (1871), Keller (1883), Rosenthal (1884).

A curiosidade de Geiger sobre a linguagem da cor foi despertada pelas descobertas de Gladstone[18]. Enquanto a maioria dos contemporâneos descartou sem mais as afirmações de Gladstone sobre a crueza das cores de Homero, Geiger se inspirou no que leu para examinar as descrições de cores de textos antigos de outras culturas. E o que ele descobriu tinha estranhas semelhanças com as bizarrias de Homero. Eis como, por exemplo, Geiger descreveu os antigos poemas védicos indianos, em particular seu tratamento do céu: "Esses hinos, de mais de 10 mil versos, estão repletos de descrições dos céus. Quase nenhum assunto é evocado com tanta frequência. O sol e a aurora avermelhada do jogo de cores, dia e noite, nuvem e relâmpago, o ar e o éter, tudo isso se desdobra diante de nós repetidas vezes, em esplendor e plenitude vívida. Mas há apenas uma coisa que ninguém jamais aprenderia com aqueles antigos hinos que ainda não sabiam disso: que o céu é azul" (GEIGER, 1878, p. 47). Portanto, não era apenas Homero que parecia ser cego à cor azul, mas os antigos poetas indianos também. E assim, ao que parece, foi Moisés, ou pelo menos quem escreveu o Antigo Testamento. Não é segredo, diz Geiger, que os céus desempenham papel central na Bíblia, aparecendo como no primeiro versículo – "No princípio Deus criou os céus e a terra" – e em centenas de lugares depois deste. E, no entanto, como o grego homérico, o hebraico bíblico não tem uma palavra para "azul"[19]. Outras representações de cor no

---

18. Parece, no entanto, que Geiger interpretou mal um aspecto da análise de Gladstone, já que ele parece pensar que Gladstone acreditava na lenda da cegueira de Homero, enquanto, como vimos, Gladstone argumentou explicitamente contra essa lenda (GEIGER, 1878, p. 50).

19. Como apontaram vários estudiosos de Delitzsch (1878, p. 260; 1898, p. 756) em diante, bem como o próprio Geiger (1872, p. 318), há uma observação enigmática no Antigo Testamento, em Êxodo 24,10 (também ecoa em Ezequiel 1,26), que parece, pelo menos indiretamente, relacionar o céu ao lápis-lazúli. Em Êxodo 24, Moisés, Aarão e 70 dos anciãos de Israel subiram ao Monte Sinai para ver o Senhor: "*And then they saw the God of Israel. Beneath his feet was something like a mosaic pavement of lapis lazuli, and like the very essence of the heavens as regards purity*". Há duas descrições da "pavimentação" sob os pés de Deus aqui: primeiramente se diz que essa superfície tem a aparência de um padrão de tijolos de lápis-lazúli; em seguida, é dito ser pura "como a própria essência dos céus"

Antigo Testamento também mostram deficiências notavelmente semelhantes às dos poemas homéricos. Os bois de Homero são cor de vinho; já a Bíblia menciona um "cavalo vermelho" e uma "novilha vermelha sem mancha". Homero fala de rostos "verdes de medo"; o profeta Jeremias, por sua vez, vê todos os rostos "verdes" de pânico. Homero delira sobre o "mel verde"; os Salmos não ficavam muito longe, com suas "asas duma pomba, cobertas de prata, e as suas penas, de ouro verde"[20]. Portanto, seja qual for a condição que causou as deficiências nas descrições das cores em Homero, parece que os autores dos Vedas indianos e da Bíblia também devem tê-la conhecido. Na verdade, toda a humanidade deve ter permanecido nessa condição ao longo de milênios, diz Geiger, pois as sagas islandesas e até mesmo o Alcorão têm traços semelhantes.

Mas Geiger está apenas começando a ganhar impulso. Ampliando o conjunto de evidências de Gladstone, ele agora mergulha nas profundezas obscuras da etimologia, área da qual havia conquistado total domínio, navegando nela com mais confiança do que talvez qualquer um à época. Geiger mostra que as palavras para "azul" nas línguas europeias modernas derivam de duas fontes: uma minoria de palavras que outrora haviam significado "verde", e a maioria de palavras que antes significavam "preto". A mesma coalescência de azul e preto, acrescenta ele, pode ser verificada na etimologia do "azul" em idiomas mais distantes, como o chinês. Isso sugere que em um período anterior na história de todas essas línguas, o "azul" ainda não era reconhecido como conceito por si mesmo, sendo subsumido por preto ou verde.

[N.T.: as versões dessa passagem em português mencionam uma "pavimentação de pedra de safira, que se parecia com o céu na sua claridade"]. O céu em si não é diretamente comparado ao lápis-lazúli, mas é difícil escapar à impressão de que as duas descrições são baseadas em uma estreita associação entre o céu e essa pedra preciosa azul. Sobre a interpretação dessa passagem, cf. Durham (2002, p. 344).

20. A maioria das traduções da Bíblia suaviza estranhezas como "ouro verde" (Sl 68,14) e traduz o adjetivo ירקרק como "amarelo". Mas a etimologia da palavra deriva de plantas e folhas, assim como os *chlôros* de Homero.

Geiger começa a mergulhar mais e mais fundo no passado etimológico, alcançando camadas que se encontram abaixo do estágio pré-azul. As palavras para a cor verde, argumenta ele, estendem-se a momentos um pouco mais anteriores na Antiguidade do que as palavras que designam o azul, para então desaparecerem igualmente. Ele postula um período anterior, antes do estágio pré-azul, quando o verde ainda não era reconhecido como cor distinta do amarelo. Em um momento ainda anterior, ele sugere, nem mesmo o "amarelo" era o que nos parece, uma vez que as palavras que mais tarde passaram a significar "amarelo" se originaram de palavras para cores avermelhadas. No período pré-amarelo, conclui ele, um "dualismo de preto e vermelho emerge claramente como o estágio mais primitivo do sentido da cor". Mas mesmo o estágio vermelho não é onde tudo começa, pois Geiger afirma que, com a ajuda da etimologia, pode-se chegar mais longe, a um momento em que "até preto e vermelho se fundiam na vaga ideia de algo colorido"[21].

Com base em alguns textos antigos e apoiados apenas por inferências inspiradas em alguns tênues traços etimológicos, ele reconstrói assim uma sequência cronológica completa para o surgimento da sensibilidade a diferentes cores prismáticas. A percepção de cor na humanidade, diz ele, aumentou "de acordo

---

21. Geiger parece um pouco confuso sobre se preto e branco devem ser considerados cores reais e sobre como se relacionam com os conceitos mais gerais de escuro e luzidio. Quanto a este ponto, sua análise está um passo atrás em relação ao entendimento magistral de Gladstone acerca da primazia da escuridão e do brilho na linguagem de Homero. Geiger pode ter compreendido que preto e branco devem ser considerados cores somente se tiverem nomes separados de escuro e brilhante. Isso pode explicar suas declarações obscuras (e aparentemente conflitantes) sobre a posição do branco em relação ao vermelho. Em sua palestra (GEIGER, 1878, p. 57), ele diz: "*Weiss ist in* [*den ächten Rigvedalieder*] *von roth noch kaum gesondert*". Mas no índice do segundo volume (inacabado e publicado postumamente) de seu *Ursprung und Entwickelung der menschlichen Sprache und Vernunft* (GEIGER, 1872, p. 245), ele usa a ordem oposta: "*Roth im Rigveda noch nicht bestimmt von weiss geschieden*". Inesperadamente, o texto do volume inacabado para antes da seção relevante, por isso é impossível determinar o que exatamente Geiger quis dizer sobre o assunto do branco.

com o esquema do espectro de cores": primeiro surgiu a sensibilidade ao vermelho, depois ao amarelo, em seguida ao verde e só finalmente ao azul e ao violeta. O mais notável a respeito de tudo isso, acrescenta ele, é que esse desenvolvimento parece ter ocorrido exatamente na mesma ordem em diferentes culturas em todo o mundo. Assim, nas mãos de Geiger, as descobertas de Gladstone sobre deficiências de cor em uma cultura antiga transformam-se em um cenário sistemático para a evolução da noção de cor em toda a raça humana.

Geiger superou Gladstone em outro aspecto fundamental. Ele foi o primeiro a colocar explicitamente a questão fulcral em torno da qual todo o debate entre natureza e cultura se centraria nas décadas seguintes: a relação entre o que o olho pode ver e o que linguagem é capaz de descrever. Gladstone tinha simplesmente dado por certo que as cores na língua de Homero correspondiam com precisão às distinções que seu olho era capaz de perceber. Nunca lhe passou pela cabeça que pudesse haver alguma discrepância entre uma e outra. Geiger, por outro lado, percebeu que a relação entre a percepção da cor e sua expressão na língua era uma questão que precisava ser abordada. "Qual seria o estado físico de uma geração humana", perguntou ele, "que poderia descrever a cor do céu apenas como preto? Pode a diferença entre eles e nós estar apenas na nomeação, ou na própria percepção?"

A isso, ele próprio respondeu que era altamente improvável que conceitos de cor tão impressionantemente deficientes pudessem satisfazer pessoas com a mesma visão que nós. E sendo tal ideia tão improvável, sugere ele que haveria de residir na anatomia a única explicação plausível para as deficiências no vocabulário de cores dos antigos. Geiger, portanto, completa sua palestra confrontando o público e desafiando-o a encontrar a explicação: "O fato de as palavras correspondentes à nomeação das cores emergirem segundo uma sucessão definida, e de elas surgirem na mesma ordem em todos os lugares, deve ter uma causa comum". Cabe a vocês, naturalistas e médicos, descobrir a evolução da visão colorida (GEIGER, 1878, p. 49, 57, 58).

Como veremos a seguir, em momento não muito posterior à palestra de Geiger começaram a pipocar pistas de uma fonte inesperada, que – caso alguém tivesse tido olhos para ver – deveria ter indicado uma maneira totalmente distinta de explicar as descobertas de Gladstone e Geiger. Nos próprios apontamentos de Geiger existem indícios tentadores de que ele havia tomado ciência desses caminhos e estava começando a perceber sua importância[22]. Mas Geiger morreu *in media vita*, apenas três anos depois de proferir sua palestra, enquanto ainda se ocupava fundamentalmente de sua pesquisa a respeito da linguagem da cor. As pistas foram ignoradas e, em vez disso, as décadas seguintes seriam gastas em torno de um falso brilhante.

* * *

A pessoa que decidiu aceitar o desafio de Geiger foi um oftalmologista chamado Hugo Magnus, leitor de medicina ocular na universidade prussiana de Breslau. Uma década após a palestra de Geiger, em 1877, ele publicou um tratado, *On the historical evolution of the color sense*, no qual afirmava explicar exatamente como a retina humana desenvolveu sua sensibilidade à cor ao longo dos últimos milênios. Magnus pode não ter sido um pensador da estatura de Gladstone ou Geiger, mas o que lhe faltava em genialidade ele compensava em ambição, e é em grande medida obra sua que a questão do sentido das cores nos antigos tenha chegado aos olhos do público. A campanha

---

22. Em *Der Urpsrung der Sprache* (GEIGER, 1869, p. 242), ele escreve: "*Dass es sich auf niedrigen Entwickelungsstufen noch bei heutigen Völkern ähnlich verhält, würde es leicht sein zu zeigen*". E em suas notas postumamente publicadas, ele considera explicitamente a possibilidade de que a linguagem fique atrás da percepção (GEIGER, 1872, p. 317-318): "*[Es] setzt sich eine ursprünglich aus völligem Nichtbemerken hervorgegangene Gleichgültigkeit gegen die Farbe des Himmels... fort. Der Himmel in diesen [Texten wird] nicht etwa schwarz im Sinne von blau genant, sonder seine Bläue [wird] gänzlich verschwiegen, und ohne Zweifel geschieht dies weil dieselbe [die Bläue] nicht unmittelbar mit dem Dunkel verwechselt werden konnte. [...] Reizend ist es sodann, das Ringen eines unklaren, der Sprache und Vernunft überall um einige wenige Schritte vorauseilenden Gefühles zu beobachten, wie es hie und da bloss zufällig einen mehr oder weniger nahe kommenden Ausdruck leiht*".

que promoveu para a divulgação de suas ideias recebeu enorme auxílio de uma série de eventos que nada tinham a ver com quaisquer preocupações filológicas, mas que, no entanto, trouxeram o tema da visão deficiente de cores para a arena pública com um estrondo retumbante.

Na noite de 14 de novembro de 1875, dois trens expressos suecos colidiram na linha principal de via única entre Malmö e Estocolmo. O comboio que se destinava ao norte, que estava atrasado, devia fazer uma parada não programada numa pequena estação para deixar passar o comboio que rumava para o sul. O trem diminuiu a velocidade ao se aproximar da estação, mas então, em vez de obedecer à luz vermelha de parada e parar completamente, de repente partiu da estação, ignorando o inspetor que correu atrás dele acenando freneticamente uma lâmpada vermelha. Algumas milhas depois, perto da pequena aldeia de Lagerlunda, a composição colidiu de frente com o expresso que viajava com destino ao sul, causando nove mortes e muitos feridos (OLSÉN, 2004, p. 127ss.; HOLMGREN, 1878, p. 19-22)[23]. Tais desastres no sistema ferroviário incipiente constituíam questão de grande fascínio e horror, e o acidente foi amplamente divulgado na imprensa. Depois do inquérito e julgamento, o chefe da estação foi por fim responsabilizado por negligência em sua sinalização, demitido e condenado a seis meses de prisão.

Mas esse não foi o fim do caso, pois um Sherlock Holmes da vida real, especialista em anatomia ocular da Universidade de Uppsala, tinha uma hipótese alternativa para o que ocasionara o acidente. Frithiof Holmgren suspeitava que a razão para o comportamento inexplicável do trem com destino ao norte era que o condutor ou o maquinista, que se ouvira gritar algo para o condutor enquanto o comboio partia da estação em alta

---

23. Para uma visão crítica, cf. Frey (1975). O perigo de trabalhadores daltônicos para as ferrovias foi apontado 20 anos antes, por George Wilson (1855), professor de Tecnologia da Universidade de Edimburgo, mas seu livro não parece ter tido muito impacto.

velocidade, havia confundido a luz de sinalização vermelha com o brilho de uma luz branca em razão de algum tipo de daltonismo. Tanto o condutor quanto o maquinista morreram no acidente, então a suspeita não pôde ser verificada diretamente. E não será necessário dizer que as autoridades ferroviárias negaram categoricamente que qualquer um dos seus empregados pudesse ter tido qualquer problema em distinguir as cores dos sinais sem que isso tivesse sido detectado anteriormente. Mas Holmgren insistiu e por fim conseguiu persuadir o diretor de uma linha ferroviária sueca a levá-lo em uma visita de inspeção e deixá-lo testar um grande número de funcionários.

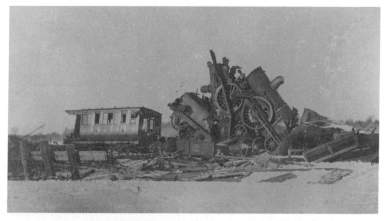

Acidente de trem em Lagerlunda, Suécia (1875)

Holmgren tinha elaborado um teste simples e eficiente para daltonismo, que usava um conjunto de cerca de 40 amarrados de lã em diferentes matizes (cf. Figura 2). Ele mostrava às pessoas uma cor e pedia que recolhessem todos os amarrados de cores semelhantes. Aqueles que escolhiam cores incomuns, ou mesmo apenas hesitavam de forma indevida em sua escolha, imediatamente se destacavam. Dos 266 trabalhadores ferroviários que Holmgren testou em apenas uma linha ferroviária, ele encontrou 13 casos de daltonismo, entre eles os de um chefe de estação e um condutor. Os perigos práticos do daltonismo em uma era em que as redes ferroviárias se encontravam em rápida expansão tornaram-se agudamente aparentes, catapultando o problema da percepção das cores a um *status* de alta prioridade pública. O assunto raramente estava fora dos jornais[24], e no período de alguns anos comitês governamentais se formaram em muitos países, levando a testes obrigatórios para o daltonismo entre todos os trabalhadores ferroviários e marítimos. O clima não poderia ter sido mais favorável para um livro que implicava que o daltonismo recente era vestígio de uma condição que havia sido universal nos tempos antigos. E foi essa, precisamente, a teoria proposta no tratado de Hugo Magnus de 1877 sobre a evolução do sentido da cor[25]. O que o capítulo inovador de Gladstone não atingiu em 1858 (a maioria das pessoas nunca passava do segundo volume, e o capítulo sobre as cores estava escondido no final do terceiro), o que mesmo a palestra empolgante de Geiger não conseguiu alcançar em 1867[26], Magnus e o acidente de trem de Lagerlunda realizaram dez anos depois: a evolução do sentido da cor se transformou em um dos assuntos mais prementes da época[27].

O tratado de Magnus pretendia fornecer as porcas e parafusos anatômicos, ou melhor, os nervos e as células, para as descobertas filológicas de Gladstone e Geiger. A percepção dos antigos, escreveu Magnus, era semelhante ao que os olhos modernos podem ver ao crepúsculo: as cores desaparecem e até

---

24. Por exemplo: *New York Times*, "Daltonismo e seus perigos" (8 de julho de 1878); "Daltonismo: como ele põe em perigo os viajantes ferroviários – algumas experiências interessantes perante um comitê legislativo de Massachusetts" (26 de janeiro de 1879); "Daltonismo de ferroviários" (23 de maio de 1879); "Daltonismo de ferroviários: uma grande porcentagem de problemas de visão em funcionários de uma ferrovia de Massachusetts" (17 de agosto de 1879); "Daltonismo" (17 de agosto de 1879). Cf. tb. Turner (1994, p. 177).

25. Na verdade, Magnus publicou duas monografias mais ou menos idênticas no mesmo ano (MAGNUS, 1877a; MAGNUS, 1877b), uma de natureza mais acadêmica e outra de natureza mais popular.

26. Como descrito por Delitzsch (1878, p. 256).

27. De acordo com Turner (1994, p. 178), a literatura sobre a controvérsia de Magnus explodiu para mais de 6% de todas as publicações sobre visão entre 1875 e 1879.

mesmo objetos coloridos surgem em um cinza indistinto. Os antigos teriam percebido o mundo dessa maneira, mesmo em plena luz do dia. Para explicar os refinamentos no sentido da cor ao longo dos últimos milênios, Magnus adotou o mesmo modelo evolutivo com que Gladstone havia contado duas décadas antes, melhorado por meio da prática: "O desempenho da retina", argumentou ele, "foi pouco a pouco melhorado pela contínua e incessante penetração dos raios de luz. O estímulo produzido pelo contato incessante com as partículas de éter refinou continuamente a capacidade de resposta dos elementos sensíveis da retina, até que eles suscitaram os primeiros sinais de percepção de cor" (MAGNUS, 1877a, p. 19; MAGNUS, 1877b, p. 50; cf. tb. MAGNUS, 1877b, p. 47). Essas melhorias adquiridas foram herdadas pela geração seguinte, cuja própria sensibilidade foi aumentada ainda mais por meio das situações concretas, e assim por diante.

Magnus então combinou os achados de Gladstone sobre a primazia da oposição entre luz e escuridão com a sequência cronológica de Geiger para a sensibilidade emergente às cores prismáticas. Ele declarou saber por que a sensibilidade à cor começou com o vermelho e progrediu gradualmente ao longo do espectro. A razão era simplesmente que a luz vermelha de onda longa é "a cor mais intensa", aquela com a maior energia. A energia da luz, disse ele, diminui à medida que se caminha ao longo do espectro do vermelho ao violeta, e assim as cores mais frias, "menos intensas", só poderiam aparecer quando a sensibilidade da retina se refinasse consideravelmente. No período homérico, a sensibilidade tinha atingido apenas as cercanias do amarelo: vermelho, laranja e amarelo eram claramente identificados, a percepção do verde era ainda incipiente, enquanto o azul e o violeta, as cores menos intensas, eram "ainda tão insondáveis e invisíveis ao olho humano quanto a cor ultravioleta é hoje" (MAGNUS, 1877a, p. 9). Mas o processo teve sequência nos últimos milênios, de modo que, gradualmente, o verde, o azul e o violeta passaram a ser notados com a mesma clareza do vermelho e do amarelo. Magnus levantou a hipótese de que o processo ainda poderia estar em curso, de modo que nos séculos futuros a retina estenderá sua sensibilidade à luz ultravioleta também.

A teoria de Magnus tornou-se uma das questões científicas mais ardentemente discutidas da época e recebeu apoio de uma série de figuras proeminentes em diferentes disciplinas. Friedrich Nietzsche, por exemplo, integrou o daltonismo dos gregos a seu edifício filosófico e extraiu dele ideias fundamentais acerca de sua teologia e visão de mundo (NIETZSCHE, 2005, p. 261)[28]. Gladstone, agora um ex-primeiro-ministro e no auge de sua fama, ficou satisfeito ao encontrar uma autoridade científica defendendo com tamanho entusiasmo seus achados de 20 anos antes e escreveu uma resenha favorável no popular periódico *The Nineteenth Century*, que assegurou que o debate se estendesse a outras revistas populares e mesmo à imprensa diária (GLADSTONE, 1877).

A alegação de que o sentido da cor evoluiu apenas nos últimos milênios também recebeu uma quantidade considerável de apoio de cientistas eminentes, incluindo alguns dos luminares mais brilhantes do movimento evolutivo. Alfred Russel Wallace, o codescobridor, ao lado de Darwin, do princípio da evolução por seleção natural, escreveu em 1877 que "se a capacidade de distinguir cores aumentou em tempos históricos, talvez possamos considerar o daltonismo um sobrevivente de uma condição outrora quase universal; enquanto o fato de que ainda é tão prevalente está em harmonia com a visão de que nossa alta percepção e apreciação da cor é uma conquista comparativamente recente" (WALLACE, 1877, p. 471n. 1)[29]. Outro convertido estelar foi Ernst Haeckel, o biólogo que propôs a teoria de que um embrião recapitula o desenvolvimento evolutivo da espécie. Em uma palestra para o Clube Científico de Viena em 1878, Haeckel explicou que "os cones mais delicados da retina, que transmitem o sentido de cor mais alto, provavelmente se desen-

---

28. Orsucci (1996, p. 244ss.) mostrou que Nietzsche seguiu o debate sobre o livro de Magnus no primeiro volume da revista *Kosmos*.

29. Wallace mudou de ideia no ano seguinte, porém (WALLACE, 1878, p. 246).

volveram gradualmente apenas durante os últimos milênios"
(HAECKEL, 1878, p. 114)[30].

O pescoço da girafa

Olhando para a teoria de Magnus da perspectiva atual, não
podemos deixar de nos perguntar como tais cientistas eminentes puderam ter deixado passar tantas coisas estranhas que a
povoavam. Temos, porém, que nos posicionar no horizonte
mental de fins do século XIX e nos lembrar de que muito do
que tomamos por certo hoje em dia a respeito, por exemplo, da
física da luz ou da anatomia ocular era um completo mistério
para os cientistas há pouco mais de um século. A distância entre
nós e os contemporâneos de Magnus é ainda maior em tudo o
que diz respeito ao conhecimento da hereditariedade biológica
ou, como a chamamos hoje, da genética. E, uma vez que a hereditariedade é o pivô de todo o debate a respeito do lugar da
linguagem entre a natureza e a cultura, se quisermos entender
esse debate precisamos parar por um momento e tentar primeiro galgar a lacuna da imaginação que nos separa da década de
1870. É uma tarefa que está longe de ser fácil, uma vez que a
lacuna é tão longa quanto o pescoço de uma girafa.

Estamos todos familiarizados com a lógica das grandes
narrativas explicativas carentes de comprovação: a girafa tem
o pescoço comprido porque seus ancestrais o esticaram em um
enorme esforço para alcançar galhos mais altos, o elefante de
Kipling tem a tromba comprida porque o crocodilo puxou-lhe
o nariz até que este se espichou, e a lebre apaixonada de Ted
Hughes tem as orelhas compridas de ouvir a noite inteira o que
sua amada, a lua, lhe dizia do alto do céu. As crianças de hoje
percebem em um estágio bastante precoce que todas essas explicações não passam de contos da carochinha. A principal razão pela qual a lógica de tais histórias está confinada ao quarto
das crianças é uma verdade tão universalmente reconhecida

---

30. Palestra proferida em 25 de março de 1878.

que quase ninguém se preocupa em dizê-la explicitamente hoje em dia. Trata-se do entendimento de que as mudanças físicas que vivemos durante a vida não serão transmitidas a nossos descendentes. Mesmo que sejamos capazes de esticar o pescoço como as mulheres padaung da Birmânia, com os seus anéis no pescoço, disso não resultará que nossas filhas nasçam com pescoços mais longos. Se passarmos horas a fio levantando pesos, isso não fará com que nossos filhos nasçam com músculos protuberantes. Caso desperdicemos nossas vidas olhando para telas de computador, é possível que arruinemos nossos olhos, mas o dano não será repassado para os nossos filhos. E, do mesmo modo, treinar o olho para reconhecer os mais belos matizes de cor pode nos transformar em grandes conhecedores de arte, mas isso não terá efeito sobre a percepção das cores de nossos filhos recém-nascidos.

Mas o que – parafraseando Gladstone – qualquer criança é capaz de entender hoje em dia em nossos berçários não era nem remotamente óbvio no século XIX. Na verdade, a herança de características adquiridas não foi classificada como fantasia senão no adiantado do século XX. Em nossos dias, sob a luz de néon do laboratório de genética, em um tempo em que o genoma humano já se encontra mapeado, os cientistas manejam suas pinças para clonar ovelhas e soja transgênica, e o DNA é apresentado às crianças na escola primária, é difícil imaginar a escuridão completa em que, há pouco mais de um século, até mesmo as maiores mentes tateavam no que tocava à receita da vida. Ninguém sabia quais propriedades poderiam ou não poderiam ser herdadas, e ninguém tinha qualquer ideia sobre os mecanismos biológicos responsáveis pela transmissão de características ao longo de gerações. Muitas teorias conflitantes sobre o funcionamento da hereditariedade circulavam então, mas nessa grande nuvem de desconhecimento parecia haver apenas uma coisa com a qual todos concordavam: que as propriedades adquiridas durante a vida de um indivíduo poderiam ser herdadas pela progênie.

De fato, antes da chegada da seleção natural, a herança de características adquiridas havia sido o único modelo disponível para explicar a origem das espécies. O naturalista francês Jean-Baptiste Lamarck propôs esse modelo em 1802 e argumentou que as espécies evoluem porque certos animais começam a produzir esforços particulares e, ao fazê-lo, melhoram o funcionamento de órgãos específicos. Essas melhorias sucessivas são, então, transmitidas ao longo das gerações e, por fim, levam à formação de novas espécies. A girafa, escreveu Lamarck, tinha o hábito de se esticar para alcançar os galhos altos, "e os resultados desse hábito em todos os indivíduos da raça, e ao longo de muitas gerações, foi que seu pescoço ficou tão alongado que ela se tornou capaz de erguer a cabeça a uma altura de seis metros acima do solo" (LAMARCK, 1970, p. 256-257).

Em 1858, Charles Darwin e Alfred Russel Wallace publicaram conjuntamente artigos que davam contornos à ideia de evolução por seleção natural e propuseram um mecanismo alternativo à evolução por alongamento de Lamarck: a combinação de variações acidentais e seleção natural. A girafa, explicavam os autores, não obteve seu longo pescoço ao buscar a folhagem de arbustos mais altos e esticar constantemente seu pescoço para tanto, mas porque algumas de suas ancestrais que nasceram com pescoços mais longos do que o habitual garantiram alguma vantagem no acasalamento ou sobrevivência sobre seus pares de pescoço mais curto, e assim, quando as coisas ficaram difíceis, as girafas de pescoço mais longo foram capazes de sobreviver às de pescoço mais curto (WALLACE, 1858, p. 61). Aos artigos assinados conjuntamente por Darwin e Wallace sucedeu-se a publicação, um ano depois, de *Origem das espécies*, de Darwin, e – assim a maioria das pessoas compreenderia nos dias de hoje – a evolução lamarckiana foi imediatamente despachada para o berçário.

Estranhamente, contudo, uma das únicas coisas que a revolução darwiniana não mudou (quer dizer, não por meio século) foi a crença universal na herança de características adquiridas[31].

---

31. A crença universal na herança de características adquiridas: Mayr (1991, p. 119). Para uma avaliação de Weismann, cf. Mayr (1991, p. 111).

Até mesmo Darwin estava convencido de que o resultado de esforços em órgãos específicos poderia ser transmitido a gerações vindouras. Embora afirmasse que a seleção natural era o principal mecanismo que impulsiona a evolução, ele também atribuiu ao modelo lamarckiano um papel na evolução, ainda que secundário. Na verdade, Darwin chegou a acreditar até o fim de sua vida que lesões e mutilações poderiam ser herdadas. Em 1881, ele publicou um pequeno artigo sobre "herança" no qual incluiu relatos acerca de um cavalheiro que, "quando menino, tinha a pele de ambos os polegares rachada pela exposição ao frio, combinada com algumas doenças de pele. Seus polegares incharam muito, e quando se curaram estavam deformados, e as unhas passaram a crescer posteriormente sempre particularmente estreitas, curtas e grossas. Este senhor teve quatro filhos, dos quais o mais velho tinha os polegares e as unhas como os do pai" (DARWIN, 1881, p. 257)[32]. Do ponto de vista da ciência moderna, a única explicação para a história é que o homem em questão tinha uma disposição genética para uma determinada doença, que permaneceu latente até que sofreu congelamento. O que sua filha herdou, portanto, não foi sua lesão, mas esse traço genético preexistente. Mas como Darwin nada sabia de genética, ele pensava que a explicação mais plausível para tais histórias era que as lesões em si eram transmitidas à prole. De acordo com a própria teoria da hereditariedade de Darwin, essa suposição era absolutamente plausível, pois ele acreditava que cada órgão do corpo fabricava seu próprio "material germinal" com informações sobre suas próprias propriedades hereditárias. Assim, era natural concluir que, se um determinado órgão sofre ferimentos durante a vida de um indivíduo, é possível que ele deixe de enviar seu material germinal para o sistema reprodutivo, e assim a prole pode nascer sem a informação adequada para a formação do órgão em questão.

---

32. Darwin também cita com aprovação "as famosas experiências de Brown-Sequard" em cobaias, feitas na época com o intuito de provar que os resultados de operações em certos nervos da mãe foram herdados pela geração seguinte.

A crença na herança de características adquiridas era praticamente universal até meados da década de 1880. Foi somente após a morte de Darwin, em 1882, que as dúvidas começaram a ser levantadas, a princípio por uma voz solitária no deserto, a do biólogo alemão August Weismann. Em 1887, Weismann embarcou em seu mais notório – e mais frequentemente ridicularizado – projeto de pesquisa, aquele que George Bernard Shaw satirizou como o experimento dos "três ratos cegos". "Weismann começou a investigar o assunto ao se comportar como a esposa do açougueiro na velha cantiga", explicou Shaw (SHAW, 1921, p. xlix)[33]. "Ele apanhou uma colônia de ratos e cortou-lhes os rabos. Em seguida, esperou para ver se os seus filhos nasceriam sem cauda. Não nasceram. Ele então cortou as caudas dos filhotes e esperou para ver se os netos nasceriam ao menos com caudas curtas. Eles não nasceram, como eu poderia ter-lhe dito de antemão. Assim, com a paciência e a indústria de que os homens de ciência se orgulham, ele também cortou as caudas dos netos e esperou, cheio de esperança, pelo nascimento de bisnetos de rabos curtos. Mas suas caudas nasceram normalmente, como qualquer tolo poderia ter dito a ele de antemão. Weismann então extraiu a séria conclusão de que os hábitos adquiridos não podem ser transmitidos."

O caso foi que Shaw subestimou muito a paciência e a indústria de Weismann. Pois este foi muito além da terceira geração: cinco anos depois, em 1892, ele realizou registros do experimento ainda em andamento (WEISMANN, 1892, p. 523n. 1, 514, 526-527), então na décima oitava geração de camundongos, e explicou que nem um único dos 800 animais criados até então havia nascido com uma cauda mesmo ligeiramente mais curta. E mesmo assim, com todo o respeito a Shaw, não era Weismann o tolo, mas o mundo ao seu redor. Weismann, talvez o maior cientista evolucionista depois de Darwin, nunca por um momento acreditou que as caudas dos ratos ficariam

---

33. Introdução a *Back to Methuselah*. Shaw, de fato, tinha forte aversão ao (neo) darwinismo e acreditava apaixonadamente na evolução lamarckiana.

mais curtas. O objetivo de sua experiência perversa era provar esse ponto óbvio a uma comunidade científica incrédula, que insistia em sua convicção de que características adquiridas e até lesões eram herdadas. A inspiração de Weismann para o experimento dos ratos não foi a esposa da velha cantiga, mas sim um gato sem cauda que foi exposto com grande aclamação diante da Assembleia de Cientistas e Médicos Naturalistas Alemães em 1877 (o mesmo ano em que o livro de Hugo Magnus foi publicado). Esse gato sem cauda foi exposto como prova de que as lesões podiam ser herdadas, pois sua mãe teria perdido a cauda em um acidente e o filhote teria nascido sem cauda em consequência disso.

A opinião aceita na época era que, mesmo que as mutilações não afetassem a prole imediata, elas surgiriam em algum lugar mais abaixo na descendência. Foi por isso que Weismann se sentiu obrigado a não limitar seu experimento a filhos e netos, mas a mutilar os pobres ratos geração após geração. Mesmo assim, por mais bizarro que nos possa parecer hoje em dia, mesmo as genealogias intermináveis de ratos com caudas de comprimento total criadas por Weismann não conseguiram desiludir a comunidade científica da crença na hereditariedade de ferimentos e mutilações. Nem a enorme variedade de argumentos de Weismann encontrou muita aprovação, como sua invocação de pelo menos 100 gerações de homens judeus circuncidados, que não davam indícios de qualquer disposição para nascer sem o ofensivo apêndice e tinham de passar por operação para removê-lo sempre a cada nova geração. Weismann permaneceu uma voz minoritária por pelo menos mais duas décadas, até o século XX.

O olho da mente

Ao longo da segunda metade do século XIX, o debate sobre a evolução da percepção da cor foi assim conduzido inteiramente à sombra da suposição de que se podem herdar características adquiridas. Quando Gladstone publicou seus *Studies on Homer*, um ano antes de *Origem das espécies* aparecer, o mecanismo que ele propôs para o refinamento da percepção da cor se baseou no único modelo evolutivo disponível então: a evolução por alongamento de Lamarck. A afirmação de Gladstone de que "as aptidões adquiridas de uma geração podem se tornar as aptidões herdadas e inatas de outra" era simplesmente jorrar sabedoria recebida (GLADSTONE, 1858, p. 426)[34]. Vinte anos depois, quando Hugo Magnus apresentou sua explicação anatômica para o surgimento da percepção da cor, a revolução darwiniana já estava em pleno curso. Mas o modelo evolutivo de Magnus em 1877 ainda era idêntico ao proposto por Gladstone duas décadas antes: supunha que a capacidade da retina de identificar cores aumentava mediante o treinamento e a prática, e que esse treinamento progressivo era então passado de geração a geração. Embora essa dependência do modelo lamarckiano nos pareça um grande buraco bem no meio da teoria de Magnus, a falha não era visível na época (MAGNUS, 1877b, p. 44, 50). A evolução por alongamento não era compreendida como uma contradição direta ao darwinismo, e assim a natureza lamarckiana da teoria de Magnus não levantou suspeições e não foi atacada nem mesmo por seus críticos[35].

No entanto, alguns eminentes darwinistas, em particular o próprio Darwin, sentiram que o cenário de Magnus era problemático por outros motivos, principalmente em razão do período muito curto que adotava para o desenvolvimento da visão colorida. Parecia implausível para esses cientistas que um mecanismo anatômico tão complexo pudesse ter evoluído tão radicalmente no espaço de apenas alguns milênios. As revisões críticas do cenário de Magnus não demoraram a surgir[36].

---

34. Formulação semelhante alguns anos depois: "O conhecimento adquirido de uma geração torna-se, com o tempo, a aptidão herdada de outra" (GLADSTONE, 2005, p. 539).

35. Em 1907, por exemplo, Oskar Hertwig, diretor do Instituto Anatômico e Biológico de Berlim, ainda previu que, no final, o mecanismo lamarckiano se provaria o correto (HERTWIG, 1907, p. 37). Cf. tb. Mayr (1991, p. 119ss.).

36. O crítico mais antigo e mais pronunciado da teoria de Magnus foi Ernst Krause, um dos primeiros seguidores e divulgadores de Darwin na Alemanha (KRAUSE,

Mas se – como argumentaram os críticos – a visão em si não havia mudado em tempos históricos, como se poderia explicar as deficiências nas línguas antigas que Gladstone e Geiger haviam descoberto? A única solução foi reconsiderar a questão que Geiger havia levantado na década anterior: é possível que as pessoas que podiam perceber as cores, assim como nós, ainda não conseguiam estabelecer distinções, mesmo entre as cores mais elementares, em sua linguagem? Pela primeira vez, a questão estava sendo debatida a sério. Os conceitos de cor são diretamente determinados pela natureza de nossa anatomia – como Gladstone, Geiger e Magnus acreditavam – ou são apenas convenções culturais? O debate em torno do livro de Magnus foi, portanto, o início da guerra aberta entre as reivindicações da natureza e da cultura sobre os conceitos da língua.

A opinião dos críticos de Magnus era que, uma vez que a visão não poderia ter mudado, a única explicação devia ser que as deficiências nas antigas descrições de cores tinham raiz em "imperfeições" das próprias línguas. Seu argumento, em outras palavras, era que não se pode inferir da linguagem quais cores

---

1877). O próprio Darwin sentiu que o cenário de Magnus era problemático. Em 30 de junho de 1877, Darwin escreveu a Krause: "Fiquei muito interessado em seu hábil argumento contra a crença de que o senso de cor foi recentemente adquirido pelo homem". Outro crítico vocal foi o escritor de ciência Grant Allen, que argumentou que "há todas as razões para se pensar que a percepção das cores é uma faculdade que o homem compartilha com todos os membros superiores do mundo animal. De nenhuma outra forma podemos explicar os variados matizes de flores, frutas, insetos, pássaros e mamíferos, todos os quais parecem ter sido desenvolvidos como seduções para os olhos, guiando-os em direção à comida ou ao sexo oposto" (ALLEN, 1878, p. 129-132; ALLEN, 1879). Mas o argumento sobre as cores brilhantes dos animais era mais fraco exatamente onde era mais necessário, porque a coloração dos mamíferos, ao contrário de pássaros e insetos, é extremamente menos intensa, dominada por preto, branco e tons de marrom e cinza. Na época, havia poucas evidências diretas sobre quais cores os animais podiam ver: as abelhas e outros insetos tinham demonstrado responder à cor, mas a evidência se exauria quando se tratava dos animais superiores e especialmente dos mamíferos, cujo senso de cor, segundo se demonstrou (cf. GRABER, 1884), era menos desenvolvido do que o do homem. Cf. tb. Donders (1884, p. 89-90) e, para um relato detalhado do debate, Hochegger (1884, p. 132).

os antigos eram capazes de perceber. A primeira pessoa a argumentar explicitamente nesse sentido foi Ernst Krause, um dos primeiros discípulos alemães de Darwin. Foi um estudioso da Bíblia, porém, Franz Delitzsch, que colocou a ideia de forma lapidar quando escreveu em 1878 que "vemos em essência não com dois olhos, mas com três: com os dois olhos do corpo e com o olho da mente que está por trás deles. E é nesse olho da mente que ocorre o desenvolvimento histórico-cultural progressivo da percepção da cor" (DELITZSCH, 1878, p. 267).

O problema para os críticos – a quem podemos apelidar de forma um tanto anacrônica de "culturalistas" – era que a explicação proposta parecia tão implausível quanto o cenário anatômico de Magnus, talvez até mais. Pois como se pode imaginar que as pessoas que viam a diferença entre roxo e preto, ou verde e amarelo, ou verde e azul, simplesmente não se preocupassem em diferenciar essas cores em sua linguagem? Os culturalistas tentaram tornar a ideia mais atraente, apontando que, mesmo nas línguas modernas, usamos expressões bastante imprecisas para as cores. Não falamos em "vinho branco", por exemplo, mesmo que possamos ver perfeitamente bem que ele é, de fato, verde-amarelado? Não temos "cerejas pretas" que são de um vermelho escuro e "cerejas brancas" que são vermelhas-amareladas? Os esquilos-vermelhos não são, em verdade, castanhos? Os italianos não chamam a gema de um ovo de "vermelha" (*il rosso*)? Não chamamos a cor do suco de laranja de "laranja", embora na verdade ele seja perfeitamente amarelo? (Preste atenção da próxima vez.) E outro exemplo que não ocorreria às pessoas no século XIX: as relações raciais entre os "marrons-escuros" e os "marrons-rosados" não haviam sido distorcidas a ponto de criar "negros" e "brancos"?

Umas poucas expressões idiomáticas escolhidas ao acaso ainda estão, contudo, muito longe dos "defeitos" recorrentes dos textos antigos; desse modo, por si só, esse argumento não se revelou muito convincente. Os culturalistas, portanto, buscaram evidências comprobatórias caminhando em uma direção distinta: não em direção à linguagem em si, mas a fatos materiais que demonstrassem que os antigos viam todas as cores. De fato, uma cultura antiga parecia oferecer tais evidências em abundância (ALLEN, 1879, p. 204). Como um dos culturalistas explicou, uma curta visita ao Museu Britânico é suficiente para demonstrar que os antigos egípcios usavam tinta azul. Acontece que Lazarus Geiger já havia reconhecido em sua palestra de 1867 que os egípcios eram uma exceção à cegueira quase universal dos antigos em face do azul. Ele reconheceu que os egípcios tinham um vocabulário de cores muito mais refinado do que outras culturas antigas e que sua língua tinha palavras para "verde" e "azul". Mas isso apenas mostrava, segundo ele argumentou, que o refinamento progressivo da visão de cores começou muito antes no Egito do que em outros lugares. Afinal, "quem gostaria de tomar os arquitetos do templo em Karnak como representantes da humanidade em um estágio primitivo?"

Uma evidência mais preciosa foi o lápis-lazúli, uma gema das montanhas do Afeganistão que era muitíssimo valorizada em todo o antigo Oriente próximo. Os babilônios, por exemplo, referiam-se a ele como "o tesouro das montanhas" e o valorizavam tanto que suplicavam a seus deuses "que a minha vida seja tão preciosa para ti como o lápis-lazúli". Escavações arqueológicas do palácio em Micenas, de um período muito anterior ao de Homero, provaram que a realeza grega também dispunha de pequenas quantidades dessa pedra. E enquanto muitas outras pedras preciosas são ao menos parcialmente translúcidas e, portanto, podem mostrar vários efeitos derivados do reflexo, o lápis-lazúli é totalmente opaco. Seu principal apelo à beleza é a sua magnífica cor azul-marinho. Mas se os habitantes do palácio micênico não eram capazes de ver o azul, por que eles teriam se dado ao trabalho de obter uma pedra que se lhes teria parecido não distinta de qualquer outra pedra polida?

Todos esses argumentos, contudo, não chegaram a causar espécie em Magnus e seus seguidores. Em suas respostas aos culturalistas, Magnus parecia estar apenas recorrendo a uma perspectiva derivada do senso comum quando afirmou que "não parece plausível para nós que uma linguagem que, como a de Homero, possuía um vocabulário tão rico para os efeitos mais variados e sutis da luz não tivesse sido capaz de criar para si palavras para as cores mais importantes" (MAGNUS, 1877c, p. 427; cf. tb. MAGNUS, 1880, p. 10; MAGNUS, 1883, p. 21).

Os culturalistas precisavam de mais – de um argumento decisivo. Eles precisavam de provas incontestáveis de que alguém que visse todas as cores ainda pudesse chamar mel e ouro de "verde", cavalos e vacas de "vermelho" e ovelhas de "violeta". E assim eles finalmente tiveram a ideia de se voltar aos "selvagens".

3
As populações incivilizadas que habitam terras estrangeiras

Os transeuntes da elegante Kurfürstendamm[37], em Berlim, na manhã de 21 de outubro de 1878, se depararam com uma visão bastante engraçada. Em frente à entrada do zoológico havia um grande grupo de cientistas eminentemente barbudos esperando por uma visita privada. Esses cavalheiros eram os insignes membros da Sociedade de Antropologia, Etnologia e Pré-História de Berlim, e eles tinham um compromisso especial para assistir ao grande espetáculo da cidade. Naquele dia não estavam expostas as estrelas do zoológico regular ou Knut, o fofinho filhote de urso-polar, mas criaturas ainda mais exóticas, nunca antes exibidas na Europa. Eles haviam sido importados pelo empresário de circo e comerciante de animais Carl Hagenbeck e tinham sido colocados à vista em zoológicos em todo o país, causando sensação onde quer que estivessem. Apenas em Berlim, cerca de 62 mil pessoas assistiram ao espetáculo em um único dia.

O que as multidões de espectadores em frenesi se reuniam para ver era um grupo de cerca de 30 selvagens de pele escura e seus estranhos trajes (ou a falta deles). Eles eram chamados de "núbios" e compunham, de fato, um grupo de homens, mulheres e crianças do Sudão (ROTHFELS, 2002, p. 84). Evidentemente, a

---

37. Desde 1925, essa parte da rua tem sido chamada Budapester Strasse.

sociedade antropológica não queria compartilhar seus negócios com as massas, então Herr Hagenbeck gentilmente lhes ofereceu uma visita privada. E foi assim que, naquela manhã de segunda-feira de outono, os cavalheiros barbudos, armados de fitas métricas, réguas e amarrados coloridos de lã, chegaram ao zoológico para satisfazer sua curiosidade científica. Como praticantes do que hoje seria conhecido como antropologia física, os cientistas estavam interessados principalmente em medir tamanhos de narizes e lóbulos das orelhas, formas de órgãos genitais e outras estatísticas vitais dos espécimes raros em exibição. Outra coisa que todos estavam ansiosos para examinar, porém, era a noção de cor dos núbios (VIRCHOW, 1878[38]; VIRCHOW, 1879). Pois a controvérsia em torno do livro de Magnus andava então a pleno vapor, e a comunidade científica havia finalmente se dado conta de que os "povos incivilizados que habitam terras estrangeiras", como formulou um etnólogo norte-americano, poderiam conter a chave para o mistério (GATSCHET, 1879, p. 475).

Por acaso, havia pistas espalhadas por quase uma década que sugeriam que grupos étnicos de todo o mundo poderiam resolver a questão do senso de cor dos antigos. Em 1869, dois anos depois de Geiger ter revelado os notáveis paralelos entre os vocabulários de cores de diferentes culturas antigas, a recém-criada *Revista de Etnologia* dos alemães publicou uma pequena nota de Adolf Bastian, um antropólogo e escritor de viagens bastante popular. Bastian argumentava que as esquisitices na descrição das cores não se limitavam aos épicos antigos, já que havia povos que ainda marcavam a fronteira entre o verde e o azul de maneira diferente dos europeus. Seu criado na Birmânia, escreveu ele, "pediu desculpas uma vez que não conseguiu encontrar uma garrafa que chamei de azul (*pya*), porque era de fato verde (*zehn*). A fim de puni-lo, tornando-o objeto de ridículo ante seus pares, eu o repreendi na presença dos outros criados, mas rapidamente notei que o objeto de ridículo não era ele, mas eu mesmo" (BASTIAN, 1869, p. 89-90). Bastian

---

38. Visita realizada em 19.10.1878.

também argumentou que os falantes de tagalo nas Filipinas não faziam distinção entre verde e azul até a chegada dos colonizadores espanhóis, pois as palavras tagalo para "verde" e "azul" eram claramente empréstimos recentes de verde e azul do espanhol. E ele afirmava que a língua da tribo teda, do Chade, ainda não distinguia o verde do azul.

Nos idos de 1869, ninguém deu muita atenção às histórias de Bastian. Mas tão logo o debate sobre a teoria de Magnus se inflamara, a relevância dessa informação fez-se visível aos culturalistas e, assim, inferiu-se que mais elementos deveriam ser obtidos de povos de cantos remotos do globo[39]. E foi assim que Rudolf Virchow, fundador e presidente da Sociedade de Antropologia, Etnologia e Pré-História de Berlim, aceitou o desafio, liderando toda a sua sociedade na árdua caminhada pelo Tiergarten até o Zoológico de Berlim, a fim de verificar os núbios em primeira mão. Estudiosos mais intrépidos estavam estendendo a pesquisa para além dos limites do zoológico para examinar o senso de cor dos povos primitivos *in situ*. A primeira investigação desse tipo foi levada a cabo no mesmo ano, 1878, por Ernst Almquist, um médico a bordo de um navio de expedição sueco que se encontrava preso entre blocos de gelo no Ártico. Como o navio foi forçado a passar o inverno próximo à Península de Chukchi, no leste da Sibéria, Almquist transformou as circunstâncias em oportunidade testando o senso das cores dos chukchis, os nômades que habitavam a região pastoreando renas e caçando focas. Os norte-americanos tiveram mais facilidade, porque tinham muitos selvagens vivendo bem debaixo de seus narizes. Os médicos do exército foram instruídos a testar o senso de cor das tribos indígenas com as quais travavam contato, e suas evidências foram compiladas em um relatório detalhado por Albert Gatschet, etnólogo do Serviço

---

39. Darwin, por exemplo, sugeriu em uma carta a Gladstone (DE BEER, 1958, p. 89) que se deve verificar se "baixos selvagens" tinham nomes para tons de cor: "Minha expectativa é que não tivessem, e seria notável que os indígenas do Chile e da Terra do Fogo tivessem nomes para cada ligeiro promontório e colina – mesmo em um grau estupendo".

Geológico dos Estados Unidos. Na Grã-Bretanha, o escritor científico Grant Allen criou questionários a serem enviados a missionários e exploradores solicitando que eles fornecessem dados sobre o senso de cor dos nativos que encontrassem. E, por fim, diante desse desafio direto às suas afirmações, o próprio Magnus decidiu conduzir pesquisa própria e enviou questionários acompanhados de gráficos de cor para centenas de consulados, missionários e médicos em todo o mundo.

Quando os resultados começaram a chegar, eles constituíram – em certo sentido – a confirmação mais espetacular da perspicácia de Gladstone e Geiger. Ninguém poderia mais simplesmente descartar seus achados como a reação exagerada de filólogos excessivamente literais, e ninguém poderia descartar as peculiaridades nas descrições de cores de textos antigos como meras instâncias de licença poética. As deficiências que Gladstone e Geiger haviam descoberto estavam precisamente replicadas em línguas vivas de todo o mundo. Os núbios que Virchow e seus colegas investigaram no zoológico de Berlim não tinham nenhuma palavra para "azul". Quando lhes foi mostrado um novelo azul de lã, alguns deles o chamaram de "preto" e outros de "verde". Alguns deles nem sequer faziam distinções entre amarelo, verde e cinza, chamando as três cores pela mesma palavra.

Nos Estados Unidos, Albert Gatschet escreveu que aos indígenas klamath, no Oregon, bastava usar o mesmo termo para "a cor de qualquer relvado, erva daninha ou planta, e embora a planta passe do verde da primavera e do verão ao amarelo desbotado do outono, o nome da cor não se altera" (GATSCHET, 1879, p. 475, 477, 481). Os sioux de Dakota usavam a mesma palavra, *toto*, para azul e verde. Essa "curiosa e frequente coincidência de verde e amarelo, e de azul e verde" era comum entre outras línguas de povos nativos da América do Norte.

Histórias semelhantes emergiram dos questionários enviados por missionários e viajantes de outras partes do mundo. Quando falavam sobre cores, muitos dos selvagens – ou "povos da natureza", como os alemães gentilmente os chamavam –

revelavam exatamente as mesmas confusões que Gladstone e Geiger encontraram em textos antigos. Mesmo a ousada sequência evolutiva de Geiger, que ele deduzira dos mais frágeis fragmentos etimológicos de evidência, recebeu dramática corroboração. Assim como Geiger havia antecipado, o vermelho sempre foi a primeira das cores prismáticas a receber um nome. De fato, verificou-se que havia povos, mesmo no século XIX, que ainda não haviam progredido para além do estágio vermelho. Ernst Almquist, o médico da expedição sueca no Ártico, relatou que aos chukchis na Sibéria bastava o uso de apenas três termos – preto, branco e vermelho – para descrever qualquer cor. A palavra para "preto", *nukin*, era usada também para azul e todas as cores escuras, desde que não contivessem traço de vermelho; *nidlikin* era utilizada para branco e todas as cores claras; e *tschetlju*, para vermelho e qualquer coisa com um traço de tonalidade avermelhada (ALMQUIST, 1883, p. 46-47)[40].

Descobriram-se outras línguas que correspondiam exatamente aos estágios subsequentes de desenvolvimento que Geiger havia previsto: relatou-se que os habitantes da Ilha de Nias, em Sumatra, por exemplo, conheciam apenas quatro palavras básicas de cor: preto, branco, vermelho e amarelo (MAGNUS, 1880, p. 8). Verde, azul e violeta foram todos chamados de "preto". E algumas línguas tinham preto, branco, vermelho, amarelo e verde, mas nada que designasse azul, exatamente como Geiger havia presumido.

* * *

Geiger, que tinha morrido em 1870, não pôde colher os louros de sua glória póstuma, no entanto. E ninguém fazia fila para cumprimentar o septuagenário Gladstone. Em verdade, Geiger, Gladstone e especialmente Magnus permaneceram sob fogo cerrado, pois acabaram por ser tão míopes

---

40. Quando pressionados, os chukchis também produziram outros termos, mas estes pareciam ser variáveis. Em Berlim, Rudolf Virchow chegou à conclusão semelhante sobre a terminologia de cor de alguns dos núbios (VIRCHOW, 1878, p. 353).

quanto perspicazes. Era possível encontrar justificativa para seus achados filológicos, pois as línguas em todo o mundo se comportavam exatamente como o previsto. Mas os relatórios sobre a *visão* dos nativos contradiziam diretamente a suposição de que o vocabulário defeituoso refletia uma percepção de cores defeituosa, pois não foi encontrado nenhum povo incapaz de ver as diferenças entre as cores. Virchow e os cavalheiros da sociedade antropológica de Berlim submeteram os núbios a um teste de Holmgren e pediram-lhes que escolhessem entre uma pilha de lãs as que correspondessem à cor de uma lã mestra. Nenhum dos núbios deixou de escolher as cores certas (VIRCHOW, 1878, p. 351n. 1). O mesmo se deu com outros grupos étnicos. Reconhecidamente, alguns relatos sobre várias tribos mencionaram hesitação muito maior em diferenciar as cores mais frias em comparação com vermelhos e amarelos. Mas nenhuma população, por mais rústica que fosse, era cega a essas distinções. O missionário que viveu entre os ovaherero na Namíbia, por exemplo, escreveu que eles podiam ver a diferença entre verde e azul, mas simplesmente achavam ridículo que houvesse nomes diferentes para esses dois tons da mesma cor (MAGNUS, 1880, p. 9).

O que parecia quase impossível de contemplar alguns anos antes acabou sendo um fato simples: as pessoas podem detectar a diferença entre cores diferentes, mas ainda podem deixar de dar nomes distintos. E, certamente, se esse foi o caso das tribos primitivas no século XIX, também era o que havia se passado com Homero e todos os outros antigos. A única conclusão possível era que, se Homero tivesse sido submetido a um teste de Holmgren, ele teria sido capaz de detectar a diferença entre verde e amarelo, assim como teria sido capaz de distinguir as lãs roxas das marrons, caso tivesse sido solicitado a fazê-lo por um antropólogo alemão.

Mas por que então ele atribuiu o "verde" ao seu mel e a "púrpura" a suas ovelhas? Os culturalistas podem ter tido sua prova de que os antigos eram capazes de distinguir todas as cores, mas tiveram menos sucesso na formulação de uma explicação alternativa convincente, pois o ataque da cultura aos conceitos de cor ainda tinha por obstáculo uma sólida barreira de descrença. Magnus modificou então seu contra-argumento e declarou que era implausível que esses povos primitivos percebessem todas as cores *tão vividamente* quanto os europeus. Em vez de entregar as cores ao campo da cultura, portanto, Magnus ofereceu uma explicação anatômica revisada (MAGNUS, 1880, p. 34ss.; MAGNUS, 1881, p. 195ss.). Ele admitiu que os antigos e os nativos de sua época podiam identificar a diferença entre todas as cores, mas argumentou que as cores mais frias ainda lhes pareciam menos nítidas do que aos europeus modernos (cf. Figura 3 para uma ilustração de sua teoria revisada). Essa falta de vivacidade, disse ele, explicaria sua falta de interesse em encontrar nomes separados para essas cores, e também explicaria os relatórios dos entrevistados aos questionários, que frequentemente mencionavam maior hesitação entre os nativos em distinguir as cores mais frias para as quais eles não tinham nomes.

Na época, era impossível confirmar ou refutar tais alegações empiricamente, pois, embora seja fácil testar se alguém pode detectar a diferença entre duas cores ou não, é muito mais difícil conceber experimentos capazes de dizer com precisão quão vividamente essas diferenças se colocam entre pessoas. Certamente, era impossível decidir a questão com base nas evidências disponíveis, coletadas, sobretudo, de questionários. Como nenhuma nova evidência decisiva estava por vir, a discussão acalorada pouco a pouco arrefeceu ao longo dos anos seguintes, e a questão do senso da cor permaneceu no limbo por quase duas décadas, até a primeira tentativa de realizar experimentos sofisticados em torno das características mentais dos nativos *in loco*. Um progresso substancial teve de esperar pela expedição antropológica de Cambridge de 1898 ao Estreito de Torres e por um homem notável que, por fim, conseguiu estabelecer um consenso em favor da cultura – muito contra sua vontade.

Rivers e seus apuros

Para a maioria das pessoas que ouviram falar dele[41], W.H.R. Rivers é o psiquiatra dotado de imensa empatia que tratou Siegfried Sassoon durante a Primeira Guerra Mundial.

Rivers trabalhou no Hospital Craiglockhart, próximo a Edimburgo, onde foi pioneiro na aplicação de técnicas psicanalíticas para ajudar os oficiais que sofriam de neuroses de guerra. Sassoon lhe foi enviado em 1917, depois de ser declarado louco por questionar publicamente a sanidade da guerra, jogando sua Cruz Militar no Rio Mersey e recusando-se a retornar ao seu regimento. Rivers o tratou com empatia e compreensão e, por fim, Sassoon retornou voluntariamente à França. O afeto, até mesmo a devoção, que Rivers inspirou em muitos de seus pacientes parece não ter perdido nada de sua intensidade anos depois da guerra. Sassoon, um homem tão destemido em batalha que foi apelidado de Mad Jack, desmaiou de tristeza no funeral de Rivers em 1922. E cerca de 40 anos depois, em julho de 1963, um frágil senhor de idade visitou a biblioteca de St. John's, o antigo *college* que Rivers cursara em Cambridge, e pediu para ver seu retrato, explicando que havia sido tratado por Rivers no Hospital Craiglockhart em 1917. De acordo com o relato do bibliotecário, o homem ficou diante da foto em posição de saudação militar e agradeceu a Rivers por tudo o que ele havia feito por ele. O visitante retornou em pelo menos duas outras ocasiões, e todas as vezes ele pedia para ver o retrato. Em sua última visita, ele demonstrava estar com a saúde claramente debilitada e terminou com as palavras "adeus meu amigo – acho que nunca mais nos encontraremos" (WHITTLE, 1997).

Mas a vocação de Rivers a bálsamo das almas traumatizadas pela guerra só veio mais tarde na vida, depois de uma carreira de distinção em dois outros campos do saber: a psicologia experimental e depois a antropologia. Foi o psicólogo experimental Rivers que foi convidado em 1898 para se unir

---

41. Para a vida e obra de Rivers, cf. Slobodín (1978).

à expedição antropológica da Universidade de Cambridge às ilhas do Estreito de Torres, entre a Austrália e a Nova Guiné. Em sua permanência nas ilhas, porém, ele desenvolveu seu interesse em instituições humanas, e foi ali que ele iniciou seus estudos seminais sobre relações de parentesco e organização social, que são amplamente celebrados como fundamento para a disciplina de antropologia social e representam o que levou Claude Lévi-Strauss a apelidá-lo de "Galileu da antropologia" (LÉVI-STRAUSS, 1968, p. 162).

W.H.R. Rivers com amigos

O objetivo da expedição de Cambridge ao Estreito de Torres era lançar luzes sobre as características mentais dos povos primitivos. A disciplina da antropologia, então nascente, lutava para definir seu assunto, a "cultura", e para determinar as fronteiras entre aspectos adquiridos e inatos do comportamento humano. A fim de deslindar essa questão, era essencial determinar em que medida os traços cognitivos das pessoas primitivas diferiam dos das pessoas civilizadas, e o papel da expedição era avançar além das evidências sobretudo anedóticas que haviam estado à disposição anteriormente. Como o líder da expedição explicou: "Pela primeira vez, psicólogos experimentais treinados investigaram mediante o uso de equipamentos laboratoriais adequados um povo em baixo estágio de cultura sob suas condições comuns de vida" (HADDON, 1910, p. 86). Os relatórios meticulosos de vários volumes publicados por Rivers e outros membros nos anos subsequentes ajudaram a tornar mais clara a distinção entre traços naturais e culturais, e a expedição ao Estreito de Torres é amplamente creditada como o evento que transformou a antropologia em uma ciência séria.

A razão pela qual Rivers se uniu à expedição em 1898 foi a oportunidade de realizar experimentos detalhados sobre a visão dos nativos. Durante a década de 1890, ele estava imerso no estudo da visão e, portanto, interessado em resolver a controvérsia sobre o sentido da cor, que não havia progredido muito nas duas décadas anteriores. Ele queria ver com os próprios olhos como a visão das cores dos nativos se relacionava com seu vocabulário de cores e se a capacidade de observar as diferenças ligava-se ao poder de expressar essas diferenças na linguagem.

Rivers passou quatro meses na remota Ilha Murray, no extremo leste do Estreito de Torres, na ponta norte da Grande Barreira de Coral. Com uma população de cerca de 450 habitantes, a ilha oferecia uma pequena comunidade de nativos amistosos que eram "suficientemente civilizados" para permitir que ele fizesse todas as suas observações e, no entanto, como ele disse, "se encontravam suficientemente próximos de sua condição primitiva para serem absolutamente interessantes. Não há dúvida de que 30 anos atrás eles estavam em um estágio completamente selvagem, de todo intocados pela civilização".

O que Rivers encontrou no vocabulário de cores dos ilhéus se encaixava bem com os trabalhos dos 20 anos anteriores. As descrições de cor eram geralmente vagas e indefinidas, e às vezes causavam muita incerteza. Os nomes mais definidos se aplicavam ao preto, ao branco e ao vermelho. A palavra para "preto", *golegole*, derivada de *gole*, o molusco choco (Rivers sugeriu que ela se referia à tinta escura secretada pelo animal), "branco" era *kakekakek* (sem etimologia clara), e a palavra para "vermelho", *mamamamam*, era claramente derivada de *mam*, "sangue". A maioria das pessoas usava *mamamamam* também para rosa e marrom. Outras cores tinham nomes progressivamente menos definidos e convencionais. Amarelo e laranja eram chamados por muitas pessoas de *bambam* (de *bam*, "açafrão da terra"), mas por outros *siusiu* (de *siu*, "ocre amarelo"). O verde era chamado por muitos de *soskepusoskep* (de *soskep*, "bile", "vesícula biliar"), mas outros usavam "cor de folha" ou "cor de pus". O vocabulário para tons de azul e violeta era ainda mais vago. Alguns falantes mais jovens usaram a palavra *bulubulu*, obviamente um empréstimo recente do inglês "blue". Mas Rivers relata que "os velhos concordaram que sua própria palavra adequada para azul era *golegole* (preto)". O violeta também era chamado de *golegole*.

Rivers observou que muitas vezes "discussões animadas foram iniciadas entre os nativos quanto ao nome correto de uma cor" (RIVERS, 1901a, p. 53). Quando solicitados a indicar os nomes de certas cores, muitos ilhéus disseram precisar consultar homens mais sábios. E quando pressionados a dar uma resposta, no entanto, eles simplesmente tendiam a pensar em nomes de objetos particulares. Por exemplo, quando mostrado um tom verde-amarelado, um homem chamou de "verde-água" e apontou para a posição de um grande recife à vista.

O vocabulário dos ilhéus era claramente "defeituoso", mas e o que dizer de sua visão? Rivers examinou mais de 200 deles quanto à sua capacidade de distinguir cores, submetendo-os a testes rigorosos. Ele usou uma versão melhorada e estendida do teste de lã de Holmgren e concebeu uma série de experimentos próprios para detectar qualquer sinal de incapacidade de perceber as diferenças. Mas ele não encontrou um só caso de daltonismo. Não só os ilhéus eram capazes de distinguir entre todas as cores primárias, mas também podiam distinguir diferentes tons de azul e de qualquer outra cor. Os experimentos meticulosos de Rivers demonstraram, além de qualquer dúvida possível, que as pessoas podem ver as diferenças entre todos os tons imagináveis de cores e, no entanto, não ter nomes padrão em sua língua mesmo para cores básicas, como verde ou azul.

Só poderia haver uma conclusão possível para um pesquisador tão perspicaz tirar de suas próprias descobertas: as diferenças no vocabulário de cores não têm nada a ver com fatores biológicos. E, no entanto, houve uma experiência que causou tamanho impacto em Rivers que acabou por despistá-lo completamente. Essa foi o confronto com a mais estranha de todas as estranhezas, um fenômeno que os filólogos poderiam inferir apenas a partir de textos antigos, mas com o qual ele se deparou cara a cara: pessoas que chamam o céu de "negro". Como Rivers aponta com espanto em seus relatórios de expedição, ele simplesmente não conseguia entender como os velhos da Ilha Murray consideravam natural aplicar o termo "preto" (*golegole*) ao azul brilhante do céu e do mar. Ele menciona com igual descrença que um dos ilhéus, "um nativo inteligente", satisfez-se ao comparar a cor do céu com a da água escura e suja. Esse comportamento, escreve Rivers, "parecia quase inexplicável, se o azul não fosse para esses nativos uma cor mais indistinta e mais escura do que é para nós" (RIVERS, 1901b, p. 51; cf. tb. RIVERS, 1901b, p. 46-47).

Rivers concluiu, desse modo, que Magnus estava certo em supor que os nativos ainda devem sofrer de "certo grau de insensibilidade ao azul (e provavelmente ao verde) em comparação com os europeus" (RIVERS, 1901a, p. 94)[42]. Sendo um cientista tão escrupuloso, Rivers não estava apenas ciente das fraquezas de seu próprio argumento, mas tinha o cuidado de

---

42. Rivers também tentou mostrar experimentalmente, usando um dispositivo chamado tintômetro de Lovibond, que os limiares nos quais os nativos podiam reconhecer o vidro azul muito claro eram mais altos do que os dos europeus. Sérios problemas com seus experimentos foram apontados por Woodworth (1910b), Titchener (1916) e Bancroft (1924). Recentemente, dois cientistas britânicos (LINDSEY; BROWN, 2002) propuseram uma ideia semelhante à de Rivers, sugerindo que as pessoas mais próximas do equador sofrem de radiação UV mais forte, o que faz com que sua retina perca a sensibilidade ao verde e ao azul. Os graves problemas dessa alegação foram apontados por Regier e Kay (2004).

expô-las ele mesmo. Ele explica que seus próprios resultados provaram que não se pode deduzir da língua o que os falantes podem ver. Ele chega a mencionar que a geração mais jovem de falantes, que tomou de empréstimo a palavra *bulubulu* para "azul", a usa sem qualquer confusão aparente. E mesmo assim, depois de reconhecer todas essas objeções, ele as analisa com um fato, como se fosse suficiente para minar todo o resto: "Não se pode, no entanto, ignorar totalmente o fato de que os nativos inteligentes considerariam perfeitamente natural aplicar o nome que eles dão ao preto mais profundo ao azul brilhante do céu e do mar" (RIVERS, 1901a, p. 94).

Fruto do legado e outros experimentos de pensamento

No último obstáculo, portanto, a imaginação de Rivers simplesmente titubeou e rejeitou a ideia de que o "azul" seja, em última análise, uma convenção cultural. Ele não podia aceitar que as pessoas que viam o azul tão vividamente quanto ele ainda julgavam natural considerá-lo um tom de preto. E, com toda a justiça, é difícil culpá-lo, pois mesmo com a riqueza de evidências incontestáveis à nossa disposição hoje, ainda é muito difícil para nós reunirmos a imaginação necessária para aceitar que o azul e o preto parecem cores separadas apenas por causa das convenções culturais em que fomos criados. Nossos instintos mais profundos e os sentimentos mais viscerais nos dizem aos brados que o azul e o preto são cores *de fato* distintas, assim como o verde e o azul, enquanto o azul-marinho e o azul-celeste, por exemplo, são *de fato* apenas tons diferentes da mesma cor. Então, antes de continuarmos com o episódio final da busca pela origem do senso da cor, podemos fazer uma pequena pausa na narrativa histórica e embarcar em três experimentos de pensamento que podem ajudar a fazer o poder das convenções culturais afundar.

O primeiro experimento é um exercício de história contrafactual. Vamos imaginar como o debate do senso de cor poderia ter se desdobrado se tivesse sido conduzido não na Inglaterra e na Alemanha, mas na Rússia. Imagine que um antropólogo russo do século XIX, Yuri Magnovievitch Gladonov, sai em uma expedição para as remotas Ilhas Britânicas ao largo da costa norte da Europa, onde ele passa alguns meses entre os reclusos nativos e realiza testes psicológicos detalhados em suas habilidades físicas e mentais. Em seu retorno, ele surpreende a Academia Real de Ciências em São Petersburgo com um relatório sensacional. Acontece que os nativos da Grã-Bretanha apresentam uma confusão das mais curiosas em sua terminologia de cor na área do espectro correspondente a *siniy* e *goluboy* (CORBETT; MORGAN, 1988). Na verdade, a população aborígene dessas ilhas varridas pelas nuvens não faz distinção entre *siniy* e *goluboy* e os chama pelo mesmo nome! No início, diz Gladonov, ele formulou a hipótese de que os nativos tinham um defeito na visão, talvez por causa da insuficiência de luz solar durante a maior parte do ano. Mas quando ele testou a visão deles, descobriu que eles podiam distinguir perfeitamente bem entre *siniy* e *goluboy*. O caso era que eles insistiam em chamar essas duas cores de "azul". Se pressionados para explicar a diferença entre essas duas cores, eles diziam que uma era "*navy blue*" ("azul-escuro") e a outra "*sky blue*" ("azul-claro"). Mas frisavam que era "ridículo" chamar esses dois tons de cores diferentes.

Agora, quando o espelho se volta à nossa própria imprecisão linguística, a ideia de que nosso vocabulário "defeituoso" de cores tem algo a ver com uma visão defeituosa parece imediatamente ridícula. É claro que os falantes de inglês podem ver a diferença entre azul-marinho e azul-celeste. Apenas acontece que suas convenções culturais as consideram tons da mesma cor (ainda que as duas cores de fato difiram pelo comprimento das ondas na mesma medida que o azul do céu difere do verde, como se pode ver na imagem do espectro na Figura 11). Mas se pudermos nos colocar em posição de ver o espectro através dos olhos russos e olhar para *siniy* e *goluboy* como duas cores separadas, também pode se tornar um pouco mais fácil ter empatia com aqueles primitivos sem noção que não separam "azul" de "verde", por exemplo. Assim como o inglês engloba *goluboy* e *siniy* sob um só conceito, "*blue*", outras línguas estendem esse princípio de agrupamento a toda a faixa verde-azul. E se você crescesse em uma cultura em que esse pedaço do espectro tivesse apenas um rótulo, digamos "verdanil", não pareceria bobo que algumas línguas tratassem o "verdanil-folha" e o "verdanil-marinho" como duas cores separadas, em vez de dois tons da mesma cor?

* * *

O segundo experimento mental pode exigir menos imaginação do que o primeiro, mas exige instrumentos preciosos. Rivers não tinha filhos, mas é tentador pensar que, se ele tivesse examinado as discussões das crianças ocidentais em torno das cores, talvez ele não tivesse se sentido tão confuso diante dos ilhéus do Estreito de Torres. Os cientistas sabem há muito tempo que a aquisição infantil do vocabulário de cores é notavelmente lenta e trabalhosa. E, no entanto, a agudeza das dificuldades nunca deixa de surpreender. Charles Darwin escreveu que havia "prestado especial atenção ao desenvolvimento mental de meus filhos pequenos, e com dois, ou como creio eu, com três deles, logo depois de terem chegado à idade em que conheciam os nomes de todos os objetos comuns, fiquei surpreso ao observar que eles pareciam bastante incapazes de atribuir os nomes certos para as cores em gravuras coloridas, embora eu tentasse repetidamente ensiná-los. Lembro-me perfeitamente de declarar que eles eram daltônicos, mas esse se provou um medo infundado"[43]. As estimativas da idade em que as crianças podem nomear de forma confiável as principais cores caíram consideravelmente desde os primeiros estudos de um século atrás, que relataram os números incrivelmente altos de sete a oito anos de idade. De acordo com pesquisas modernas, as crianças aprendem a usar as principais palavras referentes às cores de forma confiável muito mais cedo, no terceiro ano (PITCHFORD; MULLEN, 2002, p. 1.362; ROBERSON *et al.*, 2006). No entanto, o que parece tão estranho é que, em uma idade em que a capacidade linguística das crianças já está bastante desenvolvida, elas ainda ficam inteiramente

---

43. Carta de Darwin a E. Krause, 30 de junho de 1877.

perdidas com as cores. É surpreendente ver como crianças que facilmente encontrariam um círculo ou quadrado ou triângulo quando solicitadas a apontar para suas respectivas figuras, ainda reagem com total perplexidade quando solicitadas a escolher o "amarelo" em meio a um grupo de objetos e alcançar de forma completamente aleatória o matiz mais próximo. Com treinamento intenso, as crianças em seu segundo ano podem indicar e usar palavras referentes às cores com precisão, mas as repetições necessárias para o aprendizado do conceito de cor como um atributo independente de objetos específicos contrastam dramaticamente com a absoluta facilidade com que as crianças aprendem os nomes dos próprios objetos – geralmente depois de ouvir-lhes os nomes apenas uma vez.

Então, o que acontece com as crianças que crescem não em uma cultura que lhes empurra brinquedos de plástico coloridos diante dos olhos e lhes enche os ouvidos com nomes de cores, mas em uma cultura em que as cores artificialmente fabricadas são escassas, e a cor é de importância comunicativa muito limitada? Dois antropólogos dinamarqueses que certa feita mergulharam na sociedade de um atol polinésio chamado Bellona descreveram sua surpresa com a raridade com que os beloneses falavam sobre cores com seus filhos (KUSCHEL; MONBERG, 1974). Ao explicar as diferenças entre objetos como frutas ou peixes, que em nossa mente seriam mais facilmente classificados por sua cor, os beloneses quase nunca pareciam mencionar a cor. Os antropólogos não resistiram a perguntar a razão, mas a única resposta que obtiveram foi "não falamos muito sobre cor aqui". Sem esse treinamento em cores, talvez não seja tão surpreendente que as crianças belonenses acabem se contentando com um inventário muito "defeituoso" de nomes de cores.

Iniciei as pesquisas para este livro enquanto minha filha mais velha aprendia a falar, e minha obsessão com as cores significou que ela foi intensamente treinada e, portanto, aprendeu a reconhecer nomes de cores relativamente cedo. Como houve um "fracasso" em particular que atingiu fortemente Gladstone, Geiger e, mais do que todos, Rivers, decidi realizar um experimento inofensivo. Gladstone não conseguia conceber como Homero não era capaz de perceber o "exemplo mais perfeito de azul", o céu mediterrâneo. Geiger passou páginas impressionado com a ausência do azul do céu em textos antigos, e Rivers não conseguiu superar a cor preta com que os nativos designaram o céu. Eu quis, então, testar o quão óbvia a cor do céu realmente era para uma pessoa que ainda não havia sido culturalmente doutrinada. Decidi que nunca mencionaria a cor do céu para minha filha, embora eu falasse sobre a cor de todos os objetos imagináveis à exaustão. Quando é que ela atinaria para isso?

Alma passou a reconhecer objetos azuis corretamente a partir dos 18 meses de idade, e começou a usar a palavra "*boo*" ("*blue*") por volta dos 19 meses. Ela estava acostumada a jogos que envolviam apontar para objetos e perguntar de que cor eles eram, então comecei ocasionalmente a apontar para cima e perguntar de que cor era o céu. Ela sabia o que era o céu, e eu me certificava de que a pergunta sempre fosse feita quando o céu estivesse verdadeiramente azul. Mas, embora ela não tivesse problemas em nomear a cor de objetos azuis, ela apenas olhava para cima com perplexidade sempre que eu perguntava sobre o céu, e sua única resposta era um olhar do gênero: "Do que você está falando?" Somente aos 23 meses de idade ela finalmente se dignou a responder à pergunta, mas a resposta foi... "branco" (confesso, era um dia claro). Demorou mais um mês até que ela chamasse o céu de "azul" pela primeira vez, e mesmo assim ele ainda não havia se tornado canonicamente azul: um dia ela disse "azul", outro dia "branco", e em outra ocasião ela não conseguia se decidir: "azul", depois "branco", e então "azul" novamente. Em suma, mais de seis meses haviam se passado, desde o momento em que ela se mostrara capaz de reconhecer pela primeira vez com confiança objetos azuis, até ela nomear o azul do céu. E parece que suas indefinições não cessaram de todo mesmo na idade de quatro anos, porque foi a essa altura que ela uma vez apontou para um céu escuro como breu tarde da noite e declarou que era azul.

Consideremos agora o quão mais fácil era a tarefa dela se comparada à de Homero ou à dos habitantes da Ilha Murray. Afinal, Alma tinha sido ativamente treinada para reconhecer o azul em objetos e tinha sido explicitamente orientada a ver no azul uma cor diferente do branco ou do preto ou do verde. As únicas coisas que lhe eram pedidas, portanto, eram em primeiro lugar reconhecer que o céu tinha uma cor e, em seguida, descobrir que essa cor era semelhante aos numerosos objetos azuis dos quais ela estava cercada, em vez de objetos pretos ou brancos ou verdes. No entanto, ela ainda levou seis meses para resolver isso.

É difícil dizer ao certo onde exatamente a dificuldade estava. Terá sido, principalmente, a estranha noção de que um vasto espaço vazio, em vez de um objeto tangível, pode ter uma cor? Ou terá sido que o azul-claro não saturado do céu é realmente muito diferente dos azuis altamente saturados de objetos artificiais? Talvez minha evidência anedótica inspire outros a examinar essa questão de forma mais sistemática. Mas mesmo sem o benefício de tal pesquisa, o simples fato de Alma ter encontrado tantos desafios no reconhecimento desse azul particular torna mais fácil imaginar por que as pessoas que talvez nunca tenham batido os olhos em objetos azuis não percam o sono com a cor do céu. Se essa quintessência do azul, esse "exemplo mais perfeito de azul", está de fato longe de ser óbvia, mesmo sob circunstâncias condutivas, então parece muito menos surpreendente que as pessoas que nunca viram um objeto de cor semelhante à do céu não consigam encontrar um nome especial para essa grande extensão de nada. E se eles, não obstante, forem pressionados a dar alguma resposta a um antropólogo irritante, não é natural que eles escolham o rótulo de cor mais próximo em sua paleta de cores e digam "preto" ou "verde"?

* * *

O exercício final que pode ajudar a demonstrar o poder das convenções culturais é um pouco de fantasia de ficção científica. Imagine que nos encontramos em algum futuro distante, quando todas as casas estão equipadas com uma máquina que se parece um pouco com um micro-ondas, mas que na verdade faz muito mais do que apenas aquecer a comida. Ela cria comida do nada – ou melhor, de cubos congelados que teletransporta diretamente do supermercado. Coloque um cubo de caldo de frutas na máquina, por exemplo, e ao toque de alguns botões você poderá produzir qualquer fruta imaginável: um botão dá-lhe um abacate perfeitamente maduro, outro botão uma toranja suculenta.

Mas essa é uma maneira totalmente inadequada de descrever o que essa máquina maravilhosa pode fazer, porque ela não se limita de forma alguma aos poucos "frutos legados" disponíveis no início do século XXI. A máquina pode criar milhares de frutas diferentes, manipulando o sabor e a consistência em muitos e variados eixos, como firmeza, suculência, cremosidade, leveza, viscosidade, doçura, paladar e muitos outros que não temos palavras precisas para descrever. Pressione um botão e você terá uma fruta que é um pouco como um abacate em sua consistência gordurosa, mas com um sabor a meio-caminho entre uma cenoura e uma manga. Gire um botão, e você obterá uma fruta viscosa semelhante a uma lichia com um sabor em algum lugar entre pêssego e melancia.

Na verdade, mesmo aproximações grosseiras do gênero "um pouco como X" ou "a meio-caminho entre Y e Z" não fazem justiça à riqueza de diferentes sabores que estarão disponíveis. Em vez disso, nossos sucessores terão desenvolvido um vocabulário rico e refinado para cobrir todo o espaço de possíveis sabores e consistências. Eles terão nomes específicos para centenas de áreas distintas nesse espaço e não serão limitados pelos poucos sabores particulares da fruta com os quais estamos familiarizados hoje.

Imagine, então, que uma antropóloga especializada em culturas primitivas se teletransporta para os nativos do Vale do Silício, cujo modo de vida não avançou um *kilobyte* além da era do Google e cujas ferramentas permaneceram tão primitivas quanto eram no século XXI. Ela traz consigo uma bandeja de amostras de sabor chamada Munsell Taste System. Nela estão amostras representativas de toda a amplitude de sabor, 1.024 pequenos cubos de frutas que se reconstituem automaticamente na bandeja no momento em que os pegamos. Ela pede aos nativos que experimentem cada um deles e digam o nome do sabor que sentem na língua, e ela fica espantada com a pobreza abjeta de seu vocabulário frutífero. Ela não consegue entender por que eles estão lutando para descrever as amostras de sabor, por que seus únicos conceitos abstratos de sabor são limitados às oposições mais grosseiras, como "doce" e "azedo", e por que as únicas outras descrições que eles conseguem criar são "é um pouco como um X", sendo X o nome de um certo fruto legado. Ela começa a suspeitar que suas papilas gustativas ainda não evoluíram completamente. Mas quando ela testa os nativos, ela crava que eles são totalmente capazes de dizer a diferença entre quaisquer dois cubos em sua amostra. Obviamente não há nada de errado com a língua deles, mas por que então seu idioma é tão defeituoso?

Vamos tentar ajudá-la. Suponha que você é um desses nativos, e ela acabou de lhe dar um cubo cujo sabor não remonta a qualquer coisa que você tenha experimentado antes. Mesmo assim, lembra vagamente alguma coisa. Por um tempo, você luta para se lembrar, e então lhe ocorre que esse sabor é levemente similar ao dos morangos silvestres que você comeu em um restaurante parisiense certa vez, só que esse sabor parece dez vezes mais pronunciado e é misturado com algumas outras coisas que você não consegue identificar. Então, finalmente, você diz, muito hesitante, que "parece um pouco com morangos silvestres". Como você parece um nativo particularmente inteligente e articulado, a antropóloga não pode resistir a colocar uma metaquestão: não parece estranho e limitante, pergunta a antropóloga, não ter vocabulário preciso para descrever sabores na região de morangos silvestres? Você diz a ela que as únicas coisas "na região dos morangos silvestres" que você já provou antes eram morangos silvestres, e que nunca lhe passou pela cabeça que o sabor dos morangos silvestres deveria precisar de uma descrição mais geral ou abstrata do que "o sabor dos morangos silvestres". Ela sorri com desconcertante incompreensão.

Se tudo isso parecer absurdo, basta substituir "gosto" por "cor" e você verá que o paralelo está bastante próximo. Não temos a oportunidade de manipular o sabor e a consistência da fruta, e não estamos expostos a uma matriz sistemática de sabores altamente "saturados" (isto é, puros), apenas a alguns sabores aleatórios que ocorrem nas frutas que, por acaso, conhecemos. Portanto, não desenvolvemos um vocabulário refinado para descrever diferentes faixas de sabor frutado na abstração de uma fruta específica. Da mesma forma, as pessoas em culturas primitivas – como Gladstone tinha observado no início do debate acerca das cores – não têm ocasião de manipular cores artificialmente e não estão expostas a uma matriz sistemática de cores altamente saturadas, apenas a cores aleatórias se muitas vezes não saturadas apresentadas pela natureza. Portanto, eles não desenvolveram um vocabulário refinado para descrever tons precisos de matiz. Não vemos a necessidade de falar sobre o sabor de um pêssego na abstração do objeto particular, ou seja, um pêssego. Eles não veem a necessidade de falar sobre a cor de um determinado peixe ou pássaro ou folha a partir de uma abstração de um peixe ou pássaro ou folha em particular. Quando falamos sobre o sabor na abstração de uma determinada fruta, valemo-nos de oposições das mais vagas, como "doce" e "azedo". Quando eles falam sobre a cor a partir de abstrações de um objeto, eles se valem de opostos vagos como "branco/claro" e "preto/escuro". Não encontramos nada de estranho em usar o termo "doce" para uma ampla gama de sabores diferentes, e ficamos felizes em dizer "doce, um pouco como uma manga", ou "doce como uma banana", ou "doce como uma melancia". Eles não acham nada estranho usar "preto" para uma ampla gama de cores e ficam felizes em dizer "preto como uma folha" ou "preto como o mar além da área do recife".

Em suma, temos um vocabulário refinado de cores, mas um vocabulário vago para o paladar. Achamos o refinamento do primeiro e a imprecisão do último igualmente naturais, mas isso se dá apenas em razão das convenções culturais em que nascemos. Um dia, outros, criados em diferentes circunstâncias, podem julgar nosso vocabulário de paladar tão antinatural e desconcertantemente deficiente quanto o sistema de cores de Homero nos parece.

Triunfo da cultura

Se agora parece um pouco mais fácil apreciar o poder da cultura sobre os conceitos de linguagem, então podemos retornar à nossa história a tempo de testemunhar o triunfo absoluto da cultura no início do século XX. Pois é uma ironia da história que, embora o próprio Rivers fosse incapaz de compreender toda a força da cultura, seu trabalho foi em grande parte responsável por garantir a vitória da cultura. Por fim, o que deixou real impressão não foi a interpretação aflitiva de Rivers dos fatos que ele então relatava, mas a força dos próprios fatos. Seus relatórios de expedição foram tão honestos e tão meticulosamente completos que outros puderam examinar sua argumentação (WOODWORTH, 1910b; TITCHENER, 1916; BANCROFT, 1924) e chegar exatamente à conclusão oposta dos fatos: que os ilhéus podiam ver o azul e todas as outras cores tão clara e vividamente quanto nós e que seu vocabulário indistinto de cores não tinha nada a ver com sua visão. Nos anos seguintes, algumas revisões influentes do trabalho de Rivers apareceram nos Estados Unidos, onde a vanguarda da pesquisa antropológica estava se formando. Essas revisões finalmente estabeleceram um consenso sobre a universalidade da visão de cores entre diferentes povos e, por implicação, sobre a estabilidade da visão de cores nos milênios anteriores.

Esse consenso em desenvolvimento também foi corroborado pelos avanços na física e na biologia, que expuseram as falhas críticas no cenário de Magnus de refinamentos recentes na visão das cores. A natureza lamarckiana do modelo de Magnus emergiu, então, como apenas um dos buracos escancarados do queijo suíço de sua teoria. A física da luz de Magnus, por exemplo, acabou por ser posta inteiramente de cabeça – ou melhor, de vermelho – para baixo. Ele havia sugerido que a luz vermelha era a cor mais fácil de se perceber porque tinha a energia mais alta. Em 1900, porém, ficou claro, por meio do trabalho de Wilhelm Wien e Max Planck, que a luz vermelha de ondas longas tem, em verdade, a energia mais baixa. O vermelho é, na realidade, a luz mais fria: uma barra de ferro brilha em vermelho apenas porque ainda não está quente o bastante. Estrelas mais velhas e mais frias brilham em vermelho (anãs vermelhas), enquanto estrelas realmente quentes brilham em azul (gigantes azuis). Na verdade, é a extremidade violeta do espectro que tem a energia elevada, e a luz ultravioleta tem energia ainda maior, o suficiente para danificar a pele, como somos constantemente lembrados hoje em dia. A crença de Magnus de que a sensibilidade da retina às cores aumentou continuamente ao longo do espectro também se provou equivocada, uma vez que, como explicado no Apêndice, nossa percepção da cor está baseada em apenas três tipos distintos de células na retina, chamadas cones, e tudo sugere que o desenvolvimento desses cones se deu não continuamente, mas a saltos discretos.

Em suma, nas primeiras décadas do século XX, ficou claro que a história sobre as recentes mudanças fisiológicas na visão não tinham sido mais do que um embuste. Os antigos podiam ver as cores tão bem quanto nós, e as diferenças no vocabulário das cores refletem um desenvolvimento puramente cultural, não biológico. Ao mesmo tempo que uma Grande Guerra estava começando na arena política, outra grande guerra parecia ter terminado no reino das ideias. E a cultura foi a vencedora.

Mas o triunfo da cultura não resolveu todos os mistérios. Em particular, deixou um enigma em aberto: a sequência de Geiger. Ou melhor, deveria ter deixado.

* * *

til-la ša-du -ba-ta ud-da an-ga-me-a.
[A vida de ontem se repetiu hoje.]

Provérbio sumério, início do segundo milênio a.C. (LAMBERT, 1960, p. 244)[44].

---

44. A cópia presente dessa tábua é tardia, da biblioteca de Assurbanipal (século VII a.C.). Mas, embora nenhuma cópia anterior desse provérbio particular tenha

ḥr ntt rf wḥmw ḏddwt, iw ḏddwt ḏd(w).

[O que é dito é apenas repetição, o que foi dito foi dito.]

"As Queixas de Khakheperre-seneb", poema egípcio, início do segundo milênio a.C. (PARKINSON, 1996, p. 649).

מַה שֶּׁהָיָה הוּא שֶׁיִּהְיֶה וּמַה שֶּׁנַּעֲשָׂה הוּא שֶׁיֵּעָשֶׂה וְאֵין כָּל חָדָשׁ
תַּחַת הַשָּׁמֶשׁ. יֵשׁ דָּבָר שֶׁיֹּאמַר רְאֵה זֶה חָדָשׁ הוּא כְּבָר הָיָה
לְעֹלָמִים אֲשֶׁר הָיָה מִלְּפָנֵנוּ. אֵין זִכְרוֹן לָרִאשֹׁנִים וְגַם לָאַחֲרֹנִים
שֶׁיִּהְיוּ לֹא יִהְיֶה לָהֶם זִכָּרוֹן עִם שֶׁיִּהְיוּ לָאַחֲרֹנָה

[O que foi é o que será, e o que foi feito é o que será feito; não há nada de novo sob o sol. Mesmo que haja alguma coisa sobre a qual se possa dizer: "Veja isso, é novo", ela já existiu em eras que nos precederam. Não há memória daqueles no passado; daqueles no futuro não haverá memória entre aqueles que virão depois.]

Eclesiastes 1,9-11 – c. terceiro século a.C.

Nullum est iam dictum, quod non dictum sit prius.
[Nada se diz agora que não se tenha dito antes.]

Terêncio, *O eunuco*, 161 a.C.

Pereant qui ante nos nostra dixerunt.
[Morram aqueles que disseram as nossas coisas antes de nós.]

Aélio Donato, comentário sobre Terêncio, século IV d.C.[45].

---

sido encontrada até agora, os provérbios sumérios em geral remontam pelo menos ao período babilônico antigo (2000-1600 a.C.).

45. A frase de Donato foi mencionada por seu aluno São Jerônimo no comentário de Jerônimo ao Eclesiastes (MIGNE, 1845, p. 1.019): "*Comicus ait: Nihil est dictum, quod non sit dictum prius, unde et præceptor meum Donatus, cum ipsum versiculum exponeret, Pereant, inquit, qui ante nos nostra dixerunt*".

4
Aqueles que disseram nossas coisas antes de nós

O ano de 1969 foi particularmente agraciado com importantes eventos históricos: o homem pousou na Lua, eu nasci, e um pequeno livro chamado *Basic color terms: their universality and evolution* foi publicado em Berkeley e tornou-se sensação instantânea na linguística e na antropologia. Tamanho foi o seu impacto revolucionário que, 40 anos depois, a maioria dos estudiosos acredita que o estudo da cor começou no verão de 1969. E mesmo aqueles que estão vagamente conscientes de que alguém havia pensado no assunto antes de *Basic color terms* ainda considerariam o período pré-1969 como uma pré-história distante, uma Idade das Trevas sem relevância ou consequência, exceto talvez para os historiadores antigos. Para que se examine a razão de um livro ter efeito tão impactante, precisamos voltar para onde nossa história parou e testemunhar o curioso destino que se abateu sobre a sequência de Geiger nas primeiras décadas do século XX. Ou, para ser mais preciso, precisamos diagnosticar um dos casos mais graves de amnésia coletiva na história da ciência.

Seria natural esperar que, uma vez que a cultura tivesse afirmado sua autoridade sobre os conceitos de cor, uma pergunta óbvia passasse a ocupar o topo da lista de tarefas de todos: Por que os nomes de cores de tantas línguas não relacionadas evoluem, não obstante, em uma ordem tão previsível? Se cada cultura pode refinar seu vocabulário de cores de acordo com seus caprichos e circunstâncias especiais, então por que povos tanto das regiões polares quanto dos trópicos, da África ou da América, sempre têm uma palavra para vermelho, por exemplo, ainda que não tenham nomes para nenhuma outra cor prismática? Por que não há línguas do deserto com um nome apenas para amarelo, mas não para qualquer outra coisa? Por que não há línguas da selva com nomes apenas para verde, marrom e azul? A velha explicação para a sequência de Geiger, que culpou a evolução da retina durante os últimos milênios, já se encontrava fora de questão. Mas se não foi o refinamento gradual da visão que determinou a ordem em que os nomes de cores emergiram, uma explicação alternativa para a progressão evolutiva de Geiger era necessária. A busca por essa explicação se tornaria, então, a tarefa mais urgente da agenda.

Linguistas e antropólogos, porém, tinham outros interesses. Em vez de tentar resolver a questão, optaram por ignorá-la. Era como se toda a comunidade acadêmica tivesse caído sob um encantamento de esquecimento, pois no intervalo de uns poucos anos a sequência de Geiger simplesmente desapareceu da consciência e nunca mais deu as caras. Essa guinada pode parecer pouco compreensível a princípio, mas deve ser vista no contexto das grandiosas mudanças de perspectiva pelas quais as ciências humanas passavam à época: as profundas mudanças de postura em face dos chamados selvagens e a crescente aversão a quaisquer hierarquias que classificassem grupos étnicos de acordo com seu suposto grau de evolução, termo que entre os antropólogos rapidamente se tornava palavra de baixo calão.

A opinião aceita no século XIX fora a de que os "selvagens" eram anatomicamente inferiores aos povos civilizados, e que não eram seres humanos totalmente evoluídos. Era amplamente aceito que vários grupos étnicos em todo o mundo simplesmente representavam estágios anteriores na evolução biológica do homem europeu. As posturas do século que se acabava foram em nenhum lugar mais bem resumidas do que na enorme exposição ocorrida nos primeiros anos do novo século – a Louisiana Purchase Exposition de 1904. Esse grande evento, a maior feira mundial até então, foi realizado em St. Louis, Missouri, para comemorar o centenário da compra da Louisiana (aquisição de Thomas Jefferson a Napoleão Bonaparte de uma grande porção do continente norte-americano). Um dos principais destaques da Louisiana Purchase Exposition foi uma grande exibição antropológica sem precedentes. Grupos étnicos exóticos de todo o mundo foram levados a St. Louis e exibidos em "aldeias" separadas, organizadas segundo seu suposto grau de evolução. O relatório oficial da exposição explicava a escolha da gama de raças em exibição nos seguintes termos (respire fundo!): "Os tipos físicos escolhidos para representação foram aqueles menos distantes da forma sub-humana ou quadrúmana [primata], começando com os aborígenes pigmeus da África e incluindo o povo negrito do interior de Mindanao [Filipinas]; os ainu da ilha do norte do Arquipélago Japonês e variados tipos físicos entre os nativos da América do Norte" (FRANCIS, 1913, p. 524).

Ainda que, em retrospectiva, sejam sentimentos de difícil apreensão, eles não estavam em desacordo com as hipóteses científicas da época. Dada a crença geral na herança de características adquiridas, era natural concluir que a primitividade era um estado *com* o qual, não *no* qual, se nasce. Pois se as atitudes mentais de uma geração afetam a hereditariedade da prole, segue-se logicamente daí que a primitividade é uma condição biologicamente herdada, não somente um estado de educação. Foi amplamente aceito, por exemplo, mesmo entre os mais esclarecidos dos cientistas, que traços mentais como tendência à superstição, falta de inibição e falta de poderes de abstração eram todos traços hereditários que caracterizavam os "selvagens inferiores".

Tudo isso começou a mudar, porém, nos primeiros anos do novo século. À medida que as dúvidas sobre a herança das características adquiridas aumentavam, a crença na primitividade biológica foi pouco a pouco abandonada e abriu caminho para uma nova compreensão da soberania da cultura sobre as características mentais. Na América do Norte, era então explicitamente proclamado como fundamento da ciência antropológica que a cultura constituía o único fator admissível para a explicação das diferenças mentais entre os grupos étnicos. O abismo entre as velhas e as novas atitudes não fica em parte alguma mais evidente do que nas diferenças entre o relatório oficial da Louisiana Purchase Exposition e um relato alternativo do psicólogo Robert Woodworth, da Universidade de Colúmbia, o centro da nova antropologia norte-americana. Woodworth encontrara inspiração nos métodos experimentais de Rivers junto aos ilhéus do Estreito de Torres (embora a interpretação de Rivers de seus resultados não o convencesse de todo) e decidiu usar a reunião de tantos grupos étnicos diferentes em St. Louis para conduzir seus próprios exames. Ele testou centenas de pessoas de diferentes raças e tipos étnicos, não apenas em relação à visão, mas também em relação a muitos outros processos mentais. Suas descobertas sobre aqueles que o relatório oficial caracterizava como "menos afastados do sub-humano" foram publicadas na revista *Science* em 1910 e hoje podem parecer a própria declaração do óbvio ululante, mas à época soavam tão radicais que tiveram de ser recobertas de uma profusão de talvezes, possivelmentes e provavelmentes. A mensagem subjacente, por sua vez, era cristalina: "Provavelmente estamos autorizados a inferir que os processos sensoriais e motores, e as atividades cerebrais elementares, embora diferindo em grau de um indivíduo para outro, são aproximadamente as mesmas de uma raça para outra" (WOODWORTH, 1910a, p. 179).

Embora esse novo entendimento possa não ter adentrado de pronto a consciência pública, na comunidade científica as mudanças de postura foram bastante rápidas. A nova antropologia exigia que cada cultura fosse compreendida em seus próprios termos, como um produto de seu próprio desenvolvimento e não como um mero estágio anterior na ascensão rumo à civilização ocidental. Gradações de diferentes culturas foram decididamente eliminadas, e qualquer coisa que recendesse à velha hierarquia evolutiva do macaco ao homem europeu agora estava sendo tratada com suspeita e repulsa.

* * *

Infelizmente, a progressão evolutiva de Geiger foi sentida precisamente como essa ressaca indesejada. A hipótese de uma ordem comum no desenvolvimento do vocabulário de cores (preto e branco > vermelho > amarelo > verde > azul) parecia estar prenhe dos piores pecados do passado: colocava diferentes idiomas em uma hierarquia direta na qual as culturas mais simples, com o menor número de nomes de cores, permaneciam no fundo, e as línguas europeias, com seu vocabulário de cores refinado e sofisticado, ocupavam o topo. O que é pior, a sequência de Geiger inevitavelmente fez com que os sistemas de cores dos povos primitivos parecessem meros estágios no caminho para a civilização europeia. No novo clima intelectual, tal hierarquia evolutiva era um embaraço. E a ideia de que neste caso em particular a hierarquia podia realmente ser verdadeira deve ter tornado o constrangimento ainda mais doloroso. Era difícil resistir à tentação de deixá-la de lado e, como se viu, não era muito complicado encontrar uma desculpa para fazê-lo. Foi feita uma sugestão de que a sequência de Geiger pode ter sido apenas uma coincidência: a precedência do vermelho sobre o amarelo, por exemplo, pode ter sido apenas um acidente da amostra de idiomas para os quais a informação estava disponível (WOODWORTH, 1910a). Talvez quando um número maior de idiomas fosse examinado, assim dizia o novo argumento, verificar-se-ia que alguns teriam adquirido um nome para amarelo antes do nome para o vermelho. Não que alguém tenha encontrado tais línguas, à época ou mais tarde (embora um aspecto da sequência de Geiger tenha em dado momento exigido modificação, como veremos a seguir). Mas apenas a esperança de que contraexemplos pudessem surgir um dia foi considerada uma razão boa o bastante para evitar a preocupação de explicar os paralelos inconvenientes no desenvolvimento do vocabulário de cores entre tantas línguas não relacionadas. Geiger foi assim jogado pelo ralo com a água suja do banho doutrinário do século XIX.

Nas décadas seguintes à Primeira Guerra Mundial, a sequência de Geiger foi simplesmente apagada da memória, assim como todo o debate prolongado do século XIX. Tudo o que restava agora era um mantra: os vocabulários de cores variam muito entre as culturas. Já não parecia valer a pena mencionar as semelhanças profundas que fundamentam essas diferenças, e a cada cultura foi então permitido dividir o espectro totalmente segundo sua vontade. Em 1933, o principal linguista norte-americano da geração, Leonard Bloomfield, declarou com confiança o credo então estabelecido: "Os físicos veem o espectro de cores como uma escala contínua, mas as línguas marcam diferentes partes dessa escala de forma bastante arbitrária" (BLOOMFIELD, 1933, p. 140). O linguista dinamarquês igualmente eminente Louis Hjelmslev fez eco à declaração de Bloomfield uma década depois, afirmando que cada língua "estabelece arbitrariamente suas fronteiras" no espectro (HJELMSLEV, 1943, p. 48). Na década de 1950, as formulações tornaram-se ainda mais extremas. O antropólogo norte-americano Verne Ray declarou em 1953 que "não existe algo como uma divisão 'natural' do espectro. Os sistemas de cores do homem não se baseiam em fatores psicológicos, fisiológicos ou anatômicos. Cada cultura tomou o contínuo espectral e dividiu-o sobre uma base que é bastante arbitrária" (RAY, 1953; cf. tb. RAY, 1952, p. 258).

Como poderia tamanha bobagem ser espalhada por cientistas sóbrios? Basta imaginar o que essas declarações realmente significariam se fossem verdadeiras. Suponhamos que os conceitos de cor de cada língua fossem realmente arbitrários e não houvesse nada de natural neles. Poderíamos então esperar que qualquer maneira aleatória de dividir o espectro teria a mesma probabilidade de ser adotada por idiomas em todo o mundo. Mas é assim que acontece? Tomemos um exemplo simples. O inglês tem três conceitos de cores, "amarelo", "verde", "azul", que dividem a parte relevante do espaço de cores aproximadamente como mostrado na Figura 4a. Agora, se essa divisão fosse meramente arbitrária, esperaríamos que não fosse mais comum entre as línguas do mundo do que, digamos, a divisão em: "verdamarelo" (verde + amarelo), "turquesa" e "safira", aproximadamente como na Figura 4b.

Então, por que existem dezenas de idiomas que fazem coisas mais ou menos como o inglês, e nenhum se apresenta com divisão alternativa?

Se o exemplo soa muito anglocêntrico, consideremos um mais exótico. Já vimos que existem línguas que dividem todo o espaço de cores em apenas três conceitos. Se as cores realmente fossem arbitrárias, então seria de se esperar que qualquer partição em três do espaço de cores tivesse a mesma probabilidade de ser adotada por idiomas em todo o mundo. Em particular, esperaríamos que as duas opções a seguir fossem encontradas com uma frequência aproximadamente igual. A primeira opção (Figura 5a) é representada pela língua de Bellona, o atol polinésio que mencionei anteriormente. Os três conceitos do belonês dividem o espaço de cores da seguinte forma: "branco", que inclui também todas as cores muito brilhantes; "preto", que também inclui roxo, azul, marrom e verde; e "vermelho", que também inclui laranja, rosa e amarelo-escuro (KUSCHEL; MONBERG, 1974). A segunda opção (Figura 5b) se pode encontrar em outra língua insular com a qual também estamos familiarizados. Em zift, a divisão difere do belonês em um detalhe importante: o verde permanece junto do "vermelho" e não com o "preto". Em outras palavras, o conceito "vermelho" em zift inclui vermelho, laranja, rosa, amarelo-escuro e verde, enquanto o conceito "preto" inclui apenas preto, púrpura, azul e marrom. Agora, se cada cultura realmente estabelecesse as fronteiras entre as cores "de forma bastante arbitrária", então esperaríamos que o esquema zift fosse tão comum quanto o belonês. Então, por que é que existem dezenas de línguas que se comportam como o belonês, mas nem uma única é conhecida por se comportar como o proverbial zift?

Durante décadas, tais fatos foram considerados sob a observação de estudiosos sérios, e as afirmações sobre os conceitos arbitrários de cor foram promulgadas incontestes em livros didáticos e salas de aula. A teoria da arbitrariedade pode não ter tido pernas para se apoiar, nem assento, nem espaldar, mas, tal como acontece com a cadeira da cantiga, a teoria apenas se sentou, ignorando esses pequenos detalhes (cf. BERLIN; KAY, 1969, p. 159-160n. 1).

* * *

Tudo isso mudou em 1969, quando um pequeno livro de dois pesquisadores de Berkeley, Brent Berlin e Paul Kay, interrompeu grosseiramente meio século de oblívio feliz e reinventou o espectro. Tendo sentido o absurdo das afirmações sobre arbitrariedade no vocabulário de cores, Berlin e Kay se propuseram a fazer algumas comparações sistemáticas: eles coligiram julgamentos sobre nomes de cores de informantes em 20 idiomas diferentes, usando uma série de fichas coloridas como na Figura 6.

Sua análise os levou a duas descobertas surpreendentes e, à medida que as notícias dessas descobertas começaram a se espalhar, seu livro foi anunciado como uma renovação do estudo da linguagem, um avanço revolucionário, uma torrente de água que transformaria tanto a linguística quanto a antropologia. Um resenhista escreveu: "Não parece exagero reivindicar aos *Basic color terms* de Berlin e Kay um lugar entre as descobertas mais notáveis da ciência antropológica" (SAHLINS, 1976, p. 1). E outro acrescentou: "Apenas muito ocasionalmente uma descoberta é tão ostensivamente significativa e importante quanto a relatada em *Basic color terms*. Os dois principais achados de Berlin e Kay seriam por si surpreendentes, mas encontrá-los ambos em um único livrinho é realmente incrível" (NEWCOMER; FARIS, 1971, p. 270).

Quais foram essas duas descobertas surpreendentes? Em primeiro lugar, Berlin e Kay descobriram que os termos de cor não eram tão arbitrários, afinal. Embora existam variações consideráveis entre os sistemas de cores de diferentes línguas, algumas maneiras de dividir o espectro ainda são muito mais naturais do que outras: algumas são adotadas por muitas línguas não relacionadas, enquanto outras não são adotadas por nenhuma.

Foi a segunda descoberta da dupla, porém, que deixou a comunidade acadêmica cambaleante. Tratava-se da revelação, que Berlin e Kay chamaram de "descoberta totalmente inesperada", de que as línguas constituem os nomes das cores em uma ordem previsível. Para ser mais preciso, Berlin e Kay depararam-se com a sequência que Lazarus Geiger havia postulado 101 anos antes e que, nas mãos de Magnus, se tornara objeto de intenso e prolongado debate nas últimas décadas do século XIX.

Claro que a sequência evolutiva de Berlin e Kay diferia da de seus antecessores em alguns detalhes. Primeiramente, eles refinaram a previsão de Geiger sobre o amarelo e o verde. Geiger julgava que o amarelo sempre recebia um nome antes do verde, mas os dados de Berlin e Kay revelaram que algumas línguas na verdade desenvolvem um nome para o verde antes do amarelo. Eles acrescentaram, então, uma sequência alternativa e permitiram dois caminhos diferentes de evolução:

preto e branco > vermelho > amarelo > verde > azul

preto e branco > vermelho > verde > amarelo > azul

Por outro lado, Berlin e Kay também tentaram fazer alguns acréscimos à sequência de Geiger que por fim acabaram não configurando avanços. Eles acreditavam, por exemplo, que a sequência universal pode ser estendida a outras cores, e afirmavam que o marrom é a cor que sempre recebe um nome específico após o azul e que rosa, roxo, laranja ou cinza são sempre as cores que vêm depois do marrom.

A despeito de tais diferenças cosméticas, Berlin e Kay redescobriram essencialmente inalterada a bela adormecida de 101 anos de Geiger e a acordaram com um grande beijo. Claro, ninguém mais sonhava em chamá-la de sequência de Geiger, visto que as reivindicações de Geiger sobre ela haviam sido apagadas da consciência coletiva. Em vez disso, a progressão é agora universalmente conhecida como "Berlin e Kay, 1969" (BERLIN; KAY, 1969, p. 32)[46]. Mas questões de direitos autorais à parte, a sequência que havia ficado no ar no século XIX de repente voltou à cena e exigiu explicações: Por que tantas línguas adquirem palavras para cor na mesma ordem, e por que – subjacente à va-

---

46. Mais detalhes (do manuscrito não publicado de Berlin) em Maclaury (1997, p. 32, 258-259, 97-104).

riação – ainda há tanta semelhança entre os conceitos de cores em diferentes idiomas?

A resposta de Berlin e Kay a essas perguntas fez o pêndulo balançar inteiramente de volta à natureza. Depois de meio século em que a cultura não apenas se regalou dos frutos de sua legítima vitória, como foi celebrada monarca absoluta de ilimitados poderes, Berlin e Kay fizeram quase que todo o caminho de volta à crença original de Gladstone de que "nossas próprias cores primárias nos foram dadas pela natureza". Eles não negaram, é claro, que as culturas podem variar na forma como estabelecem os limites entre as cores. Mas argumentaram que, subjacente à divergência superficial quanto aos limites, há uma comunalidade muito mais profunda, na verdade uma universalidade, que foi revelada no que eles chamaram de "focos" das diferentes cores[47].

Sua noção de "foco" foi baseada em uma intuição que todos partilhamos, ou seja, que alguns tons são exemplos melhores ou "mais típicos" de uma determinada cor do que outros. Pode haver milhões de tons diferentes de vermelho, por exemplo, mas ainda sentimos que alguns deles são mais vermelhos do que outros. Se você fosse solicitado a escolher o melhor exemplo de vermelho do gráfico na Figura 6, é improvável que você escolhesse uma cor bordô como H5 ou um vermelho-rosado-claro como D1. Embora ambos sejam, sem dúvida, manifestações do vermelho, você provavelmente apontaria para algum matiz na área do G1 como um melhor exemplo. De forma semelhante, sentimos que um verde-relvado na região de F17 é mais verde do que alguns outros verdes. Berlin e Kay definiram assim o

---

47. As alegações de Berlin e Kay sobre a universalidade dos focos logo receberam um impulso da psicóloga de Berkeley Eleanor Rosch Heider, que argumentou que os focos têm um *status* especial para a memória na medida em que são lembrados mais facilmente até mesmo por falantes de línguas que não têm nomes distintos para eles (HEIDER, 1972). No entanto, a interpretação de Rosch Heider de seus resultados tem sido questionada e, nos últimos anos, as pesquisas não conseguiram replicá-los (ROBERSON *et al.*, 2005).

foco de cada cor como a tonalidade particular que as pessoas sentem ser o melhor exemplo de determinada cor.

Quando pediram aos falantes de diferentes idiomas que apontassem os melhores exemplos de várias cores, houve uma surpreendente semelhança transcultural na escolha dos focos. O caso do azul e do verde foi particularmente marcante. Existem muitas línguas que não fazem distinção entre verde e azul e as tratam como tons de uma só cor. Uma delas é o tzeltal, uma língua maia do México que usa um termo, *yaš*, para toda a área "verdanil". Pode-se esperar que, quando os falantes de tzeltal são convidados a escolher o melhor exemplo de *yaš*, eles assinalem algo bem no meio dessa faixa, um perfeito turquesa a meio-caminho entre verde e azul, digamos em torno de F24. Mas dos 40 falantes de tzeltal testados, nenhum escolheu um foco turquesa. Em vez disso, a maioria apontou para tons verde-claros (principalmente na área entre G18-20, um foco mais escuro do que o que os falantes de inglês tendem a escolher para o verde, porém um verde puro, em vez de um verde-azulado), e uma minoria de falantes de tzeltal assinalou tonalidades azul-claras como o melhor exemplo de *yaš* (principalmente na área de G-H/28-30). Berlin e Kay concluíram a partir desse comportamento que havia por fim algo natural e universal em nosso "verde" e nosso "azul", já que mesmo falantes de línguas que tratam ambos como uma única cor ainda escolhem verde-claro ou azul-claro como exemplos prototípicos, enquanto ninguém sente que haja algo especial sobre o turquesa.

Uma vez que Berlin e Kay também encontraram forte concordância sobre os focos de outras cores entre os informantes das 20 línguas testadas, eles concluíram que esses focos eram constantes universais da raça humana, biologicamente determinadas e independentes da cultura. Em termos precisos, ambos propõem um inventário de 11 focos naturais, correspondentes às 11 cores básicas do inglês: *white* (branco), *black* (preto), *red* (vermelho), *green* (verde), *yellow* (amarelo), *blue* (azul), *brown* (marrom), *purple* (roxo), *pink* (rosa), *orange* (laranja) e *grey* (cinza).

Berlin e Kay não forneceram uma explicação real para a ordem particular em que os focos recebem nomes. Isso, disseram eles, era uma questão para pesquisas futuras. Mas eles afirmaram saber onde a explicação deveria ser buscada: na natureza da visão humana. A única coisa que a cultura era livre para escolher, disseram eles, dizia respeito a quantos desses focos recebem nomes separados (e quais rótulos dar a eles, é claro). Uma vez que uma cultura tenha decidido sobre um número, a natureza cuida de todo o resto: ela dita quais focos receberão nomes, dita em que ordem e traça os ásperos limites em torno desses focos de acordo com um desenho predeterminado.

* * *

Como qualquer pêndulo digno de seu peso, a opinião aceita dificilmente balança de uma posição extrema e se estabelece de pronto no meio sem antes se lançar ao extremo oposto. Nos anos que se sucederam à revolução de 1969, as salas de aula ressoaram com o novo credo, e os livros didáticos proclamaram – tão ardentemente quanto haviam pregado a posição diametralmente oposta em anos anteriores – que os termos referentes à cor eram, afinal, naturais e universais. A cor foi agora aclamada como o exemplo mais marcante para a unidade conceitual da humanidade, e a linguagem da cor foi declarada como um trunfo no debate mais amplo natureza *vs.* cultura, que agora estava sendo resolvido sem mais em favor da natureza.

O livro de Berlin e Kay inspirou muitos pesquisadores a reexaminar os conceitos de cor em muitos outros idiomas, e com muito mais detalhes e precisão do que qualquer coisa tentada antes de 1969. Nas décadas seguintes, as intuições dos falantes sobre fronteiras e focos em dezenas de línguas foram sistematicamente coletadas e comparadas. Mas à medida que o número de línguas cresceu a partir das 20 da amostragem original de Berlin e Kay, e à medida que os métodos de produção de respostas se tornaram mais sofisticados, aos poucos veio à tona que a situação era menos direta do que Berlin e Kay haviam proposto inicialmente. Na verdade, a maioria das afirmações categóricas de 1969 sobre universais absolutos na nomenclatura de cores teve de ser diluída nos anos subsequentes.

Para começar, descobriu-se que muitas línguas contradizem os acréscimos de Berlin e Kay à sequência de Geiger, pois mostram que o marrom nem sempre é a primeira cor a receber um nome após o azul. Além disso, revisões posteriores tiveram de abandonar a alegação de que existem exatamente 11 focos universais que correspondem perfeitamente a branco, preto, vermelho, verde, amarelo, azul, marrom, roxo, rosa, laranja e cinza. À luz dos novos dados, o suposto estatuto universal de cinco dos focos – marrom, roxo, rosa, laranja e cinza – não encontrava mais sustentação, e a teoria revisada concentrou-se apenas nos seis focos "principais": branco, preto, vermelho, verde, amarelo e azul. Mas mesmo com essas cores principais, os focos acabaram sendo menos uniformes em todas as línguas do que Berlin e Kay haviam inicialmente concluído, já que as escolhas dos falantes em algumas línguas se desviaram significativamente do que deveriam ser os focos universais (ROBERSON *et al.*, 2000; ROBERSON *et al.*, 2005; LEVINSON, 2000, p. 27). E, finalmente, um banco de dados maior revelou línguas que agrupam sob um único conceito combinações de focos que eram consideradas impossíveis no modelo original de Berlin e Kay. Existem línguas, por exemplo, que têm um termo de cor que cobre as cores claras amarelo, verde-claro e azul-claro. Em suma, embora algumas das regras originais formuladas por Berlin e Kay ainda se sustentem como fortes tendências entre as línguas, quase nenhuma de suas afirmações permaneceu intacta como lei universal sem qualquer exceção.

Liberdade dentro das restrições

Depois de tanto ir e vir, da natureza à cultura, e de volta, e mais uma vez, onde o debate acabou? A crença de que a nomenclatura de cores segue leis naturais absolutas acabou por ser uma ilusão, pois há exceções a quase todas as regras. E, no entanto, as semelhanças entre as línguas na escolha dos focos ainda são persuasivas demais para serem percebidas enquanto aleatoriedade: a grande maioria das línguas ainda se comporta de uma maneira altamente previsível que seria difícil de explicar se as culturas fossem livres para dividir os conceitos de cor inteiramente por capricho. Esse equilíbrio desconfortável entre conformidade e divergência é particularmente evidente na ordem em que os nomes das cores se desenvolvem em diferentes idiomas. Por um lado, a maior amostra de línguas revela exceções a quase todas as predições: a única regra que permaneceu verdadeiramente sem exceções é que o vermelho é sempre a primeira cor (depois do preto e do branco) a receber um nome. Por outro lado, a grande maioria das línguas está em conformidade com a sequência de Geiger ou com a alternativa do verde antecedendo o amarelo, e isso não pode ser uma mera coincidência (KAY; MAFFI, 1999).

Assim, os dados que surgiram nas últimas décadas não deixam nenhum dos lados do debate – nem os abutres da cultura, nem os *nerds* nativistas – totalmente satisfeitos. Ou melhor, ambos os lados estão felizes e ativos, uma vez que podem continuar argumentando para a alegria de seus corações sobre se os conceitos de cor são determinados *antes de tudo* pela cultura ou *antes de tudo* pela natureza (ROBERSON *et al.*, 2000; ROBERSON *et al.*, 2005; LEVINSON, 2000; REGIER *et al.*, 2005; KAY; REGIER, 2006a; KAY; REGIER, 2006b)[48]. (Os acadêmicos não fazem carreiras concordando entre si.) Mas qualquer um que revise as evidências com um mínimo de imparcialidade perceberá que cada lado simplesmente reivindica uma parte da verdade: tanto a cultura quanto a natureza têm reivindicações legítimas sobre os conceitos de cor, e nenhum dos lados goza de hegemonia completa.

À luz de todas as evidências, parece-me que o equilíbrio de poder entre cultura e natureza pode ser caracterizado mais apropriadamente por uma simples máxima: a cultura goza de

---

48. Um debate relacionado sobre a categorização da cor infantil: ÖZGEN (2004); FRANKLIN *et al.* (2005); ROBERSON *et al.* (2006).

liberdade dentro de restrições. A cultura tem um considerável grau de liberdade na dissecação do espectro, mas ainda dentro de restrições flexíveis estabelecidas pela natureza. Embora a base anatômica precisa dessas restrições ainda esteja longe de ser compreendida, é claro que a natureza dificilmente estabelece leis invioláveis sobre como o espaço de cores deve ser dividido[49]. Em vez disso, a natureza sugere protótipos ideais: partições sensíveis dadas as idiossincrasias da anatomia do olho. Os sistemas de cores que são comuns entre as línguas do mundo orbitam a uma distância razoável dessas partições ideais, mas as línguas não precisam seguir os protótipos ao pé da letra, de modo que as diretrizes da natureza podem ser complementadas ou talvez até anuladas por escolhas culturais.

A explicação para a sequência de Geiger também deve ser buscada em um equilíbrio entre restrições naturais e fatores culturais (REGIER *et al.*, 2007; cf. tb. KOMAROVA *et al.*, 2007)[50]. Há, sem dúvida, algo biologicamente especial sobre a

---

49. Em 2007, três pesquisadores, Terry Regier, Naveen Khetarpal e Paul Kay (o mesmo), fizeram uma sugestão provisória de explicação da natureza dessas restrições anatômicas. Eles partiram da ideia de que um conceito é "natural" uma vez que agrupe coisas que a nós parecem similares, e argumentaram que uma divisão natural do espaço de cores é aquela em que as tonalidades dentro de cada categoria de cor são tão semelhantes entre si quanto podem ser e tão diferentes quanto possível das tonalidades em outras categorias. Ou, dito de forma mais precisa, uma divisão natural maximiza a semelhança percebida entre as tonalidades dentro de cada conceito e minimiza a semelhança entre as tonalidades que pertencem a conceitos diferentes. Pode-se imaginar que qualquer divisão do espectro em segmentos contínuos seria igualmente natural nesse sentido, porque as tonalidades vizinhas sempre parecem semelhantes. Mas, na prática, os acidentes de nossa anatomia tornam nosso espaço de cores assimétrico, porque nossa sensibilidade à luz é maior em certas extensões de onda do que em outras. (Mais detalhes podem ser encontrados no Apêndice.) Devido a essas não uniformidades, algumas divisões do espectro de cores são melhores do que outras no sentido de aumentar a similaridade dentro dos conceitos e diminuí-la entre os conceitos.

50. Em algumas áreas do espaço de cores, especialmente em torno de azul/roxo, as partições ideais, de acordo com o modelo de Regier, Khetarpal e Kay, desviam-se sistematicamente das organizações reais encontradas na maioria das línguas do mundo. Isso se pode dar devido a imperfeições em seu modelo ou à substituição de fatores culturais.

nossa relação com o vermelho: como outros macacos do Velho Mundo, os seres humanos parecem projetados para se deixarem excitar por ele (WILSON, 1966; JACOBS; HUSTMYER, 1974; VALDEZ; MEHRABIAN, 1994). Certa vez vi uma placa em um zoológico que avisava as pessoas vestidas de vermelho para que não se aventurassem perto demais da jaula de um gorila. E experimentos com humanos mostraram que a exposição ao vermelho induz efeitos fisiológicos, como o aumento da resistência elétrica da pele, que é uma medida de excitação emocional. Há razões evolutivas sólidas para isso, uma vez que o vermelho é um sinal para muitas coisas vitais, mais notadamente o perigo (sangue) e o sexo (a grande bunda vermelha do babuíno-fêmea, por exemplo, sinaliza que ela está pronta para a reprodução).

Mas as razões culturais também contribuem para o lugar especial do vermelho e, em última análise, se resumem ao fato de que as pessoas encontram nomes para coisas sobre as quais sentem a necessidade de falar. A importância cultural do vermelho é primordial nas sociedades simples, acima de tudo como a cor do sangue[51]. Além disso, como Gladstone sugeriu em 1858, o interesse pela cor como propriedade abstrata provavelmente se desenvolverá de mãos dadas com a manipulação artificial das cores, quando a cor passa a ser vista como elemento destacável de um objeto específico. Os corantes vermelhos são os mais comuns e menos difíceis de fabricar, e há muitas culturas que usam apenas preto, branco e vermelho como cores artificiais. Em suma, tanto a natureza quanto a cultura dão destaque ao vermelho em relação a outras cores, e essa convergência deve ser a razão pela qual o vermelho é sempre a primeira cor prismática a receber um nome.

---

51. Em muitas línguas, o nome da cor vermelha na verdade deriva da palavra "sangue". E o caso é que essa conexão linguística exercitou o raciocínio de gerações de exegetas bíblicos, porque carrega o nome de ninguém menos que o pai da humanidade. De acordo com a etimologia bíblica, Adão deve seu nome ao solo vermelho lavrado, *adamah*, do qual ele foi feito. Mas *adamah* deriva da palavra semítica para "vermelho", *adam*, que em si vem da palavra *dam*, "sangue".

Depois do vermelho, amarelo e verde são os próximos na fila, enquanto o azul chega apenas mais tarde. Tanto o amarelo quanto o verde parecem mais luzidios para nós do que o azul, com o amarelo de longe o mais brilhante. (Como explicado no Apêndice, a mutação na linhagem de primatas que provocou a sensibilidade especial ao amarelo aumentou a capacidade de nossos ancestrais de detectar frutos amarelados maduros contra um fundo de folhagem verde.) Mas se fosse simplesmente o brilho que determinasse o interesse em nomear as cores, então certamente o amarelo, em vez do vermelho, teria sido a primeira cor a receber um nome próprio. Como esse não é o caso, devemos buscar a explicação para a precedência do amarelo e do verde sobre o azul no significado cultural dessas duas cores. Amarelo e verde são as cores da vegetação, e a diferença entre elas (por exemplo, no que toca a frutas maduras e não maduras) tem consequências práticas sobre as quais se pode querer falar. Corantes amarelos também são relativamente fáceis de produzir. O significado cultural do azul, por outro lado, é muito limitado. Como observado anteriormente, o azul é extremamente raro como cor de materiais da natureza, e os corantes azuis são extremamente difíceis de produzir. Pessoas em culturas simples podem passar a vida inteira sem ver objetos que sejam verdadeiramente azuis. Claro, o azul é a cor do céu (e, para alguns de nós, do mar). Mas, na ausência de materiais azuis de qualquer significado prático, a necessidade de encontrar um nome especial para essa grande extensão de nada não é particularmente importante.

* * *

Muita água correu pelo Escamandro desde que um grande homericista, que incidentalmente nutria tênue interesse pelo primeiro-ministério, partiu em uma odisseia pelo mar escuro como vinho em busca do senso de cor da humanidade. A expedição que ele lançou em 1858 já contornou o globo várias vezes, foi varrida para cá e para lá por poderosas correntes ideológicas e tragada pelas mais tempestuosas controvérsias científicas da época. Mas quanto progresso real de fato se fez?

É coisa a se pensar que, em um nível, não nos encontramos muito distantes hoje da análise original de Gladstone de 1858. É coisa tão digna de reflexão, na verdade, que você teria muita dificuldade em encontrar relatos contemporâneos que o admitissem. Se você pesquisar o assunto em discussões linguísticas, terá sorte se encontrar qualquer menção a Gladstone. Se ele aparecer alguma vez, será relegado a uma nota superficial de "esforços pioneiros", reservada àqueles ante os quais o sentimento é de que se deve mencionar, mas cuja leitura é dispensável. E, no entanto, o relato de Gladstone sobre Homero e suas "concepções grosseiras de cor derivadas dos elementos" (GLADSTONE, 1858, vol. 3, p. 491) era tão nítido e perspicaz que muito do que ele escreveu há um século e meio dificilmente pode ser melhorado hoje, não apenas como análise do grego homérico, mas também como descrição da situação em muitas sociedades contemporâneas: "Para Homero, as cores não eram fatos, mas imagens: suas palavras descrevendo-as são palavras figurativas, emprestadas de objetos naturais. Não havia uma terminologia fixa de cor; e cabia ao gênio de cada verdadeiro poeta escolher um vocabulário para si mesmo" (GLADSTONE, 1877, p. 386). Em uma passagem frequentemente citada, por exemplo, o antropólogo Harold Conklin explicou por que a língua hanunoo, falada nas Filipinas, chama uma seção viva e marrom de bambu recém-cortado de "verde" – essencialmente, porque é "fresco", que é o principal significado da palavra "verde" (CONKLIN, 1955)[52]. Conklin provavelmente nunca botou os olhos na explicação de Gladstone de por que Homero usava *chlôros* para galhos frescos acastanhados. Mas qualquer um que compare suas análises pode ser perdoado por pensar que Conklin simplesmente retirou sua passagem a atacado dos *Studies on Homer and the Homeric Age*.

Além disso, a visão fundamental de Gladstone de que a oposição entre claro e escuro era a base primária para o sistema

---

52. Não se refere a Gladstone. Sobre a semelhança entre o grego antigo e o hanunoo, cf. tb. Lyons (1999).

da cor homérica também poderia se sustentar praticamente sem melhorias na vanguarda do pensamento atual sobre o desenvolvimento do vocabulário de cores. Não que alguém admita hoje em dia que a ideia é de Gladstone, lembremo-nos. Em exposições modernas, a ideia de que as linguagens mudam a ênfase de um sistema baseado em brilho para matiz é apresentada como uma brilhante teoria nova e ultramoderna. Mas, embora essa teoria moderna cause muito mais impacto do que a antiga na complexidade de sua terminologia, no conteúdo real ela oferece pouco que não possa ser encontrado na análise original de Gladstone.

Mas talvez a maior ironia de toda a história seja que até mesmo o modelo evolutivo aparentemente infantil que Gladstone invocou no início do debate sobre as cores estava realmente certo. O mecanismo de evolução por alongamento de Lamarck é uma maneira perfeita de explicar as mudanças entre o tempo de Homero e o nosso – desde que fechemos os olhos a um pequeno detalhe, ou seja, que Gladstone pensou que estava descrevendo desenvolvimentos biológicos. Pois, embora o modelo lamarckiano, pelo qual as aptidões adquiridas de uma geração podem se tornar as aptidões herdadas e inatas de outra, seja uma maneira ridícula de explicar as mudanças anatômicas, ela é uma maneira perfeitamente sensata de entender a evolução cultural. Na biologia, as características adquiridas durante a vida de um indivíduo não são transmitidas à prole, portanto, mesmo que o exercício do olho pudesse melhorar a própria sensibilidade às cores, a melhoria não seria transmitida geneticamente para a próxima geração. Mas o modelo lamarckiano bate perfeitamente com a realidade dos desenvolvimentos culturais. Se uma geração exerce sua língua e "estica" a linguagem para criar um novo nome convencional para uma cor, então as crianças realmente "herdarão" esse recurso quando aprenderem a língua de seus pais (GLADSTONE, 1858, vol. 3, p. 426).

Assim, a afirmação de Gladstone de que os desenvolvimentos no vocabulário da cor envolviam a "educação progressiva" (GLADSTONE, 1858, vol. 3, p. 495) da humanidade é, na verdade, inteiramente correta, assim como sua crença de que o "órgão de Homero" ainda precisava ser treinado na identificação de cores. O problema foi que Gladstone não percebeu qual faculdade humana passou por essa educação progressiva e que órgão era preciso treinar. E é exatamente ao esclarecer essa questão problemática, ao distinguir o olho da língua, a educação da anatomia, a cultura da natureza, que substanciais progressos se fizeram no debate de um século e meio. Esse é o ponto em que nossa visão se aguçou desde a cegueira cultural de Gladstone em 1858, de Geiger em 1869, de Magnus em 1878 e de Rivers em 1903; mas também desde a cegueira da natureza de Leonard Bloomfield em 1933 (as línguas marcam os limites das cores "de forma bastante arbitrária") e de Verne Ray em 1953 ("não existe uma divisão 'natural' do espectro"), e mesmo desde a miopia cultural de Berlin e Kay em 1969.

Além da cor

A luta pelo arco-íris pode ter sido mais feroz e mais prolongada do que por quaisquer outros conceitos, mas as ideias que emergiram do debate podem ser aplicadas com igual benefício a outras partes da linguagem. A estrutura de liberdade dentro de limites, que sugeri acima, fornece a melhor maneira de compreender o papel da cultura na formação dos conceitos da língua de forma mais geral e até mesmo seu sistema gramatical.

Diferentes culturas certamente não têm a liberdade de dividir o mundo inteiramente por capricho, pois estão vinculadas às restrições estabelecidas pela natureza – tanto a natureza do cérebro humano quanto a natureza do mundo exterior. Quanto mais decisiva tem sido a natureza em demarcar suas fronteiras, menor é a margem de manobra para a cultura. Com gatos e cães e pássaros e rosas, por exemplo, a cultura dificilmente tem liberdade de expressão. Podemos ter certeza de que em qualquer sociedade em que haja pássaros e rosas, haverá palavras que correspondem ao nosso "pássaro" e "rosa", e não haverá palavras que correspondam ao "róssaro" e "pasa" do zift. Mesmo se alguém tentasse construir uma língua artificial repleta de conceitos antinaturais do zift, não está claro que as crianças seriam capazes de aprendê-los. Por razões humanitárias óbvias, o experimento não foi conduzido, mas se alguém for cruel o suficiente para criar crianças pequenas com uma dieta monolíngue de róssaros e pasas, catos e gachorros, pelhas e fodras, o resultado provavelmente será que as pobres crianças não aprenderão esses conceitos "corretamente" e, em vez disso, imporão uma interpretação "incorreta" com significados mais sensatos e mais naturais, que corresponderão aos nossos pássaros e rosas, gatos e cães, folhas e pedras.

Por outro lado, quando a natureza mostrou até mesmo a menor hesitação ou imprecisão na demarcação de seus limites, diferentes culturas tiveram muito mais influência sobre a divisão de conceitos do que qualquer pessoa exposta apenas às convenções de uma sociedade poderia imaginar. É claro que os conceitos devem ser baseados em alguma lógica sensata e coerência interna para que sejam úteis e aprendíveis. Mas dentro desses limites ainda existem muitas maneiras de dissecar o mundo que são perfeitamente sensatas, perfeitamente acessíveis às crianças, perfeitamente adequadas às necessidades comunicativas dos falantes – e mesmo assim totalmente diferentes do que estamos acostumados.

O campo da cor tornou flagrantemente óbvio que o não familiar nem sempre é inatural. Uma linguagem na qual amarelo, verde-claro e azul-claro são tratados como matizes de uma cor, por exemplo, pode nos parecer quase incompreensivelmente estranha, mas essa divisão faz sentido dentro de um sistema cuja ênfase principal incide sobre o brilho e não sobre a tonalidade, e no qual a cor prismática principal a ser separada é a vermelha, de modo que todos os tons brilhantes que não têm matiz de vermelhidão pertencem naturalmente ao mesmo conceito (cf. WAXMAN; SENGHAS, 1992).

Mas há muitos outros exemplos da discrepância entre o que é inatural e o que é meramente não familiar. Encontraremos um caso marcante, mas pouco conhecido, em um capítulo posterior:

os conceitos usados para descrever o espaço e as relações espaciais. Um exemplo mais famoso são os termos de parentesco. A língua dos indígenas ianomâmi no Brasil, por exemplo, parece-nos incompreensivelmente nebulosa, porque ela aglomera relações de tipos totalmente distintos sob um só conceito. Usar um único termo, *šoriwə*, para primos e cunhados já pode parecer bastante peculiar. Mas isso não é nada comparado com a unificação de irmãos e certos primos: o termo ianomâmi não faz distinções entre os próprios irmãos e os filhos de um tio paterno ou de uma tia materna! Por outro lado, os ianomâmi considerariam o inglês insuportavelmente vago por ter apenas um termo, *"cousin"* (primo), que reúne nada menos que quatro tipos distintos de parentes: *amiwə* (filha de um tio paterno ou de uma tia materna), *εiwə* (filho de tio paterno ou de tia materna), *suwəbiyə* (filha de tio materno ou de tia paterna) e *šoriwə* (filho de tio materno ou de tia paterna) (LIZOT, 1971). Existem sistemas ainda mais estranhos de termos de parentesco, como aquele que os antropólogos chamam o sistema *crow*, no qual o mesmo conceito é usado para o próprio pai e para alguns dos primos (filhos de uma tia paterna). Todas essas maneiras de dividir os parentes têm sua própria lógica e coerência internas, mas, no entanto, divergem radicalmente das categorias que consideramos naturais.

A liberdade da cultura é ainda mais pronunciada no domínio da gramática, uma vez que as estruturas gramaticais são, por natureza, mais abstratas e, como vimos, o domínio da natureza se afrouxa consideravelmente nos domínios da abstração. Um aspecto marcante do sistema gramatical que varia mesmo entre as línguas amplamente usadas é a ordem das palavras. Japonês e turco, por exemplo, organizam palavras e elementos gramaticais de uma maneira que nos parece perversamente de trás para a frente. Em *The unfolding of language*, discuti exemplos como a sentença turca *Padişah vezirini ordular-ı-nın baş-ı-na getirdi*, cuja tradução literal de cada elemento – *"Sultan vizier his troops his of head their to brought"* [Sultão vizir suas tropas suas de frente deles trouxe] – é quase tão pouco esclarecedora para um falante de inglês quanto o próprio turco. Mas para um falante de turco que encontra o inglês pela primeira vez, o arranjo em inglês – "*The Sultan brought his vizier to the head of the troops*" [O sultão trouxe seu vizir à frente das tropas] – pareceria igualmente peculiar.

Embora a extensão da variação entre diferentes gramáticas não seja contestada, violentas discussões têm ocorrido sobre como interpretá-la. A divergência entre sistemas gramaticais coloca um desafio particular à ideia nativista de uma gramática universal inata, porque se as regras da gramática estão codificadas nos genes, então se poderia esperar que a gramática de todas as línguas fosse a mesma, e é então difícil explicar por que as gramáticas quedem por variar em quaisquer aspectos fundamentais. Uma resposta nativista influente a esse desafio tem sido a teoria das "variações paramétricas" dentro da gramática universal. De acordo com essa ideia, a gramática geneticamente codificada contém alguns "parâmetros", ou seja, um pequeno conjunto de opções pré-programadas que podem ser pensadas como interruptores "liga-desliga". As crianças que adquirem sua língua materna, segundo reza o argumento, não precisam *aprender* suas regras gramaticais – seus cérebros simplesmente definem os parâmetros pré-programados de acordo com a língua a que estão expostas. Os nativistas alegam que diferentes configurações desses poucos interruptores devem ser responsáveis por toda a variação de estruturas gramaticais em todas as línguas do mundo. A única liberdade a que diferentes culturas convergem é, portanto, decidir sobre como definir cada um dos parâmetros: pressione alguns interruptores de uma maneira, e você vai ter a gramática do inglês; conserve alguns interruptores do outro lado, e você encontrará a gramática do italiano; e reposicionando alguns outros mais, você vai ter a gramática do japonês[53].

---

53. A exposição mais eloquente da visão nativista está em *The language instinct* (1994), de Steven Pinker. *The "Language instinct" debate* (2005), de Geofrey Sampson, oferece uma refutação metódica dos argumentos em favor da gramática inata, bem como referências à volumosa literatura acadêmica sobre o assunto.

A teoria dos parâmetros encontrou muitas críticas e algum ridículo entre os não nativistas, que sustentam que o escopo da variação entre as línguas do mundo é amplo demais para ser coberto por alguns parâmetros, e que, de uma perspectiva evolutiva, é extremamente improvável que uma gramática geneticamente determinada emergiria com tal conjunto de interruptores (para quê?). Mas o principal argumento contra a teoria dos parâmetros é que é apenas uma maneira complicada de explicar a variação gramatical que pode ser exposta muito mais simplesmente e muito mais facilmente se não insistirmos em acreditar que regras gramaticais específicas são inatas.

Em suma, as afirmações inflexíveis dos nativistas sobre o caráter inato da gramática encontraram oposição igualmente resoluta dos culturalistas. A controvérsia em torno da gramática produziu, assim, uma impressionante pilha de papel nas últimas décadas, e muitas prateleiras de bibliotecas em todo o mundo gemem silenciosamente sob seu fardo. Este livro não acrescentará muito peso ao debate, porque se concentra nos conceitos de língua e não na gramática. Mas há um aspecto do sistema gramatical que, no entanto, clama por atenção, precisamente porque – de forma totalmente injustificável – escapou quase inteiramente à controvérsia: a complexidade do sistema gramatical. Sobre esse assunto, um consenso assustador prevalece entre linguistas de todos os credos e persuasões, que se unem em subestimar severamente a influência da cultura.

5
Platão e o porcariço macedônio

Pergunte a Joe o Encanador, Piers o Homem do Arado, ou Tom o Filho do Flautista que espécie de línguas as tribos seminuas na Floresta Amazônica falam, e eles, sem dúvida, lhe dirão que "os povos primitivos falam línguas primitivas". Faça a mesma pergunta aos linguistas profissionais, e eles lhe dirão algo bem diferente. Na verdade, você nem precisa perguntar – eles vão lhe dizer de qualquer maneira: "Todas as línguas são igualmente complexas". Esse grito de guerra é uma das doutrinas mais frequentemente declaradas da disciplina moderna da linguística. Há décadas ele tem sido professado a partir de leitores em todo o mundo, proclamado em livros introdutórios, e apregoado em qualquer oportunidade para o público em geral.

Então, quem está certo: o homem das ruas ou a congregação de linguistas? A complexidade da linguagem é uma constante universal que reflete a natureza da raça humana, como afirmam os linguistas, ou é uma variável que reflete a cultura e a sociedade dos falantes, como pensam Joe, Piers e Tom? Nas páginas seguintes tentarei convencê-lo de que nenhum dos lados acertou, mas que os linguistas caíram no erro mais grave.

Línguas primitivas?

O linguista R.M.W. Dixon, pioneiro no estudo detido das línguas aborígines australianas, relata em suas memórias as posturas com que se deparou na década de 1960 em suas primeiras viagens de campo à região norte de Queensland. Não muito longe de Cairns, um fazendeiro branco perguntou-lhe em que exatamente ele estava trabalhando. Dixon explicou que estava tentando escrever uma gramática da língua aborígine local. "Ah, mas isso deve ser muito fácil", disse o fazendeiro. "Todos sabem que eles não têm gramática." Em Cairns, Dixon foi entrevistado sobre as suas atividades numa estação de rádio local. O apresentador, espantado, não podia acreditar no que ouvia: "Você realmente quer dizer que os aborígines têm uma língua? Eu pensei que eram apenas alguns grunhidos e gemidos". Quando Dixon contestou o apresentador, retrucando que eles tinham muito mais do que grunhidos e gemidos, o apresentador exclamou: "Mas eles não têm mais do que umas 200 palavras, certo?" Dixon respondeu que, naquela mesma manhã, ele havia coletado de dois informantes mais de 500 nomes apenas para animais e plantas, então o vocabulário geral devia ser muito maior. Mas o maior choque para o apresentador se deu no final, quando ele perguntou a qual língua conhecida o dialeto local era mais semelhante. Dixon respondeu que algumas estruturas gramaticais na língua aborígene que ele estava estudando eram mais semelhantes às do latim do que às do inglês.

Hoje, as posturas que Dixon encontrou nos anos 1960 podem não ser mais tão comuns, pelo menos não de forma tão grosseira. No entanto, ainda parece haver uma crença generalizada nas ruas – mesmo em ruas muito boas – de que as línguas dos aborígenes na Austrália, dos indígenas na América do Sul, dos bosquímanos na África e de outros povos simples ao redor do mundo são tão singelas quanto suas sociedades. Como a sabedoria popular diria, um modo de vida subdesenvolvido se reflete em uma maneira subdesenvolvida de falar, as ferramentas primitivas da Idade da Pedra são indicativas de estruturas gramaticais primitivas, a nudez e a ingenuidade estão espelhadas na fala infantil e inarticulada.

Há uma razão bastante simples pela qual esse equívoco é tão comum. Nossa percepção de uma língua é baseada em grande parte em nossa exposição aos seus falantes, e para a maioria de nós a exposição a línguas aborígenes de todos os tipos vêm principalmente da literatura popular, de filmes e televisão. E o que podemos ouvir em tais representações, de Tintin aos *westerns*, é invariavelmente indígenas, africanos e diversos outros "nativos" falando à maneira rudimentar de um "mim ir não, Sahib". O problema, então, é que simplesmente fomos enganados pela literatura popular? A fala estropiada que associamos aos aborígines de diversos continentes é apenas um preconceito, uma invenção da imaginação distorcida de mentes chauvinistas imperialistas? Se alguém se desse ao trabalho de viajar para o norte de Queensland para verificar por si mesmo, descobriria que todos os nativos realmente discursam em torrentes de eloquência shakespeariana?

Não é bem assim. Embora os relatos populares nem sempre estejam em conformidade com o mais alto padrão de precisão acadêmica, suas representações são baseadas na realidade. Acontece que os aborígenes muitas vezes usam um tipo de linguagem áspera e agramatical: "*no money no come*", "*no can do*", "*too much me been sleep*", "*before long time me no got trouble*", "*mifela go go go too dark*" ("caminhamos até que ficou muito escuro"). Todos esses são exemplos autênticos de "fala nativa".

Mas você reparou em um probleminha aqui? A língua primitiva que ouvimos essas pessoas falarem é sempre o inglês. E embora seja verdade que, quando elas se valem da língua inglesa, elas usam uma versão reduzida, agramatical, rudimentar, inarticulada – em suma, "primitiva" – da língua, isso se dá simplesmente porque o inglês não é sua língua. Imagine-se por um momento, criatura eloquente, sutil e gramaticalmente sofisticada que você é, tentando se fazer entender numa língua que nunca lhe foi ensinada. Você chega a um vilarejo esquecido por Deus em algum lugar onde ninguém fala inglês e está desesperado para encontrar um lugar para dormir. Tudo o que tem é um dicionário de bolso. De repente, todas as camadas de sofisticação e refinamento do seu discurso vêm sem qualquer cerimônia por terra. Nada de "você me faria a gentileza de dizer se poderia haver algum lugar nesta aldeia onde eu pudesse encontrar um quarto para passar a noite?" Nada disso: você se encontraria linguisticamente nu e gaguejaria um "*yo dormir aquí?*", "*ana alnoom hoona?*" ou o equivalente de "mim dormir aqui?" em qualquer idioma em que você estivesse tentando se fazer entender.

Quando se está tentando falar uma língua estrangeira sem anos de escolaridade em suas nuanças gramaticais, há uma estratégia de sobrevivência a que sempre recorremos: despir-se ao essencial, desfazer-se de tudo que não seja o conteúdo mais necessário, ignorar qualquer coisa que não seja crucial para que se obtenha o significado básico. Os aborígenes que tentam falar inglês fazem exatamente isso, não porque sua própria língua não tenha gramática, mas porque a sofisticação de sua própria língua materna é de pouca utilidade quando lutam com uma língua estrangeira que não aprenderam adequadamente. Os indígenas norte-americanos, por exemplo, cujas próprias línguas formavam palavras de tirar o fôlego, com uma arquitetura deslumbrante de terminações e prefixos, não conseguiam lidar sequer com o rudimentar -*s* da terminação dos verbos em inglês e diziam "*he come*", "*she work*" e assim por diante. E os indígenas sul-americanos, cujas próprias línguas costumam disponibilizar vários tempos passados diferentes para marcar diferentes graus de anterioridade, nem sequer são capazes de lidar com o tempo passado elementar do inglês ou do espanhol e dizem coisas como "ele vai ontem". Ou tomemos o povo amazônico, cuja língua exige que se especifique o estado epistemológico dos eventos com um grau de minúcia que deixaria até mesmo o advogado mais perspicaz gaguejando estupefato (falarei mais sobre eles no próximo capítulo). As mesmas pessoas, se tentassem falar espanhol ou inglês, seriam capazes de se valer apenas da linguagem mais rudimentar e, assim, pareceriam tagarelas inarticuladas.

Se definirmos uma "língua primitiva" como algo que se assemelha ao tipo rudimentar de inglês "*me sleep here*" – uma língua com apenas algumas centenas de palavras e sem os meios gramaticais de expressar quaisquer nuanças mais sutis – então é um fato empírico simples que nenhuma língua natural é primitiva. Centenas de idiomas de tribos simples já foram estudados em profundidade, mas nenhum deles, sejam eles falados por povos acometidos das maiores fragilidades tecnológicas e indumentárias, está no nível "*me sleep here*". Portanto, não há dúvida de que Joe, Piers e Tom entenderam mal a ideia de que "os povos primitivos falam línguas primitivas". A "tecnologia" linguística na forma de estruturas gramaticais sofisticadas não é uma prerrogativa de civilizações avançadas e se encontra mesmo nas línguas dos caçadores-coletores mais primitivos. Como o linguista Edward Sapir colocou de forma memorável em 1921, quando se trata da complexidade das estruturas gramaticais, "Platão caminha com o porcariço macedônio, Confúcio com o selvagem caçador de cabeças de Assam".

Mas será que tudo isso significa necessariamente que os linguistas estão certos ao afirmar que "todas as línguas são igualmente complexas"? Não há necessidade de um curso avançado de lógica para perceber que as duas afirmações "não existem línguas primitivas" e "todas as línguas são igualmente complexas" não são equivalentes, e que a primeira não implica a segunda. Duas línguas podem estar muito acima do nível "*me sleep here*", mas uma delas ainda pode ser muito mais complexa do que a outra. Como analogia, pense nos jovens pianistas que são aceitos na Juilliard School. Nenhum deles será um "pianista primitivo" capaz unicamente de tocar "Atirei o pau no gato" com um dedo. Mas isso não significa que todos sejam igualmente proficientes. Da mesma forma, nenhuma língua que tenha servido por gerações como meio de comunicação em uma sociedade pode carecer de um grau mínimo de complexidade, mas isso não implica que todas as línguas sejam igualmente complexas. Isso excluiria a possibilidade, por exemplo, de as línguas de civilizações sofisticadas serem, talvez, *mais* complexas do que as de sociedades simples? Ou, de outro modo, como sabemos que as línguas de culturas avançadas não são talvez *menos* complexas?

* * *

Nós sabemos porque os linguistas nos dizem. E certamente devemos estar em terra firme se as forças combinadas de toda uma disciplina acadêmica pronunciam a partir de todas as plataformas disponíveis que algo é o que é. De fato, uma idêntica complexidade está frequentemente entre os primeiros artigos de fé que os alunos leem em seus textos de introdução à disciplina. Um exemplo típico é o mais popular *Introduction to language* de todos os tempos, o compêndio básico de Victoria Fromkin e Robert Rodman em cujas numerosas edições gerações de estudantes nos Estados Unidos da América e em outros países se educaram, desde seu lançamento em 1974. Sob o auspicioso título "O que sabemos sobre a linguagem", o primeiro capítulo explica: "As investigações de linguistas remontam pelo menos a 1600 a.C. na Mesopotâmia. Aprendemos muito desde então. Podem-se afirmar vários fatos concernentes a todas as línguas". Em seguida, passa a professar os 12 fatos que qualquer estudante deve saber como ponto de partida. O primeiro afirma que "onde quer que humanos existam, a linguagem existe", e o segundo que "todas as línguas são igualmente complexas".

Um estudante com uma mente questionadora pode silenciosamente se perguntar quando e onde exatamente – durante essa longa história de investigações desde 1600 a.C. – "aprendemos" que todas as línguas são igualmente complexas. Quem fez essa descoberta espetacular? Naturalmente, não seria razoável esperar que um compêndio introdutório entrasse em tais detalhes no primeiro capítulo, e nosso aluno não é impaciente. Então ele continua lendo, totalmente confiante de que um capítulo posterior cumprirá a promessa – ou se não um capítulo posterior, pelo menos um livro mais avançado. Ele atravessa uma sequência de capítulos, cursos, compêndios, mas as informações desejadas nunca são fornecidas. O princípio da "idêntica complexidade" é repetido sucessivas vezes, mas em nenhum lugar a fonte dessa preciosa informação é divulgada. Nosso aluno agora começa a suspeitar que deve ter perdido algo óbvio ao longo do caminho. Constrangido demais para expor sua ignorância e admitir que não conhece algo tão elementar, ele continua em sua busca frenética.

Em algumas ocasiões, ele parece estar chegando perto da resposta. Em um livro de um linguista eminente, ele descobre que a idêntica complexidade é explicitamente relatada como um *achado*: "É um achado da linguística moderna que todas as línguas são aproximadamente iguais em termos de complexidade geral". O nosso aluno está emocionado. Até agora ele está familiarizado com as convenções da escrita acadêmica e sabe que sempre que se relata uma descoberta, é cláusula pétrea que, em vez de apenas uma afirmação ou uma opinião, deve-se fornecer uma referência para dizer ao leitor onde essa descoberta foi encontrada. Afinal, como seus tutores lhe disseram inúmeras vezes, a capacidade de respaldar reivindicações factuais com evidências sólidas é o princípio mais importante que distingue textos acadêmicos de escritos jornalísticos ou populares. Ele salta para as notas finais. Mas que estranho: deve haver algo de errado com a edição, porque não se encontra essa nota final em particular.

Alguns meses depois, nosso aluno experimenta outro momento de euforia ao encontrar um livro que eleva o princípio da igualdade a um *status* ainda mais alto: "Uma descoberta *central* da linguística foi que todas as línguas, antigas e modernas, faladas tanto por sociedades 'primitivas' quanto por sociedades 'avançadas', são igualmente complexas em sua estrutura". Mais uma vez ele corre para as notas finais, mas cada vez mais curioso: Como poderiam os editores terem incorrido nessa omissão mais uma vez? Vamos acabar com a tristeza de nosso pobre estudante? Ele pode continuar a procurar por anos a referência sem jamais a encontrar. Eu, por exemplo, já a procuro há 15 anos e ainda não a encontrei. Quando se trata da "descoberta central" sobre a idêntica complexidade de todas as línguas, os linguistas nunca se preocupam em revelar onde, quando ou como a descoberta foi feita. Eles dizem: "Apenas confiem em nós, nós sabemos". Bem, não confiem em nós. Porque não temos a menor ideia!

Acontece que o dogma da idêntica complexidade não se baseia em nenhuma evidência. Ninguém jamais mediu a complexidade geral de uma única língua, para não mencionar de todas elas. Ninguém tem ideia de como medir a complexidade geral de uma língua. (Voltaremos a esse problema em breve, mas, por enquanto, vamos apenas fingir que sabemos mais ou menos qual é a complexidade de uma língua.) O bordão da idêntica complexidade é apenas um mito, uma lenda urbana que os linguistas repetem porque ouviram outros linguistas repeti-la antes deles, enquanto estes por sua vez a ouviram ser repetida anteriormente.

Se, ao contrário de nosso aluno tímido, você pressionar os linguistas a revelarem qual é sua autoridade para esse princípio, a fonte mais provável a ser mencionada é uma passagem de um livro chamado *A course in modern linguistics*, escrito em 1958 por Charles Hockett, um dos pais da linguística estrutural norte-americana. O engraçado é que em tal passagem o próprio Hockett se esforçou para explicar que a idêntica complexidade não era uma descoberta, apenas sua impressão:

> A mensuração objetiva é difícil, mas em termos impressionistas parece que a complexidade gramatical total de qualquer linguagem, contando morfologia [estrutura da palavra] e sintaxe [estrutura da frase], é aproximadamente a mesma que a de qualquer outra. Isso não chega a surpreender, uma vez que todas as línguas têm tarefas igualmente complexas a realizar, e o que não é feito morfologicamente [isto é, dentro da palavra] tem de ser feito sintaticamente [na frase]. O fox [uma língua originária norte-americana do estado de Iowa], com uma morfologia mais complexa do que o inglês, logo deve ter uma sintaxe um pouco mais simples; e esse é o caso.

Uma vez que Hockett se esforça para enfatizar que está falando "em termos impressionistas", pode parecer injusto sujeitar sua passagem a um exame minucioso demais. Mas, dado seu impacto no curso da linguística moderna, e dado que, no processo de recontagem, a "impressão" de Hockett de alguma forma se metamorfoseou em uma "descoberta central" da disciplina, uma rápida verificação da realidade é, no entanto, necessária. Será que a impressão de Hockett, ou mesmo a lógica por trás dela, vem à tona? Hockett pressupõe, muito corretamente, que todas as línguas precisam satisfazer um grau mínimo de complexidade para cumprir suas tarefas complexas. A partir desse fato, ele infere que, se uma língua é menos complexa do que outra em uma área, ela tem de compensá-lo mediante o aumento da complexidade em outra área. Mas um momento de reflexão revelará que essa inferência é inválida, porque grande parte da complexidade da linguagem não é *necessária* para uma comunicação efetiva e, portanto, não há necessidade de compensar sua ausência. Qualquer um que tenha tentado aprender uma língua estrangeira sabe muito bem que as línguas podem estar cheias de irregularidades inúteis que aumentam consideravelmente a complexidade sem contribuir muito para a capacidade de expressar ideias. O inglês, por exemplo, não teria perdido nada de seu poder expressivo se alguns de seus verbos deixassem seu pretérito irregular para trás e se tornassem regulares. E o mesmo se aplica, em grau muito maior, a outras línguas europeias, que têm muito mais irregularidades nas suas estruturas de palavras.

Na verdade, se substituirmos o fox, o exemplo indígena norte-americano de Hockett, por uma das principais línguas da Europa, digamos o alemão, rapidamente se tornará evidente o quão falacioso é seu argumento. A estrutura da palavra alemã é muito mais complexa do que a do inglês. Os substantivos em inglês, por exemplo, geralmente formam seus plurais simplesmente adicionando um som *s* ou *z* (*books*, *tables*), e há apenas um punhado de exceções a essa regra. Em alemão, por outro lado, existem pelo menos sete maneiras diferentes de formar plurais: alguns substantivos, como *Auto*, recebem o acréscimo de um -*s* exatamente como em inglês; outros, como "cavalo", recebem o acréscimo de um -*e* (*Pferd*, *Pferde*); substantivos como "herói" recebem o acréscimo de um -*en* (*Held*, *Helden*); substantivos como "ovo" recebem o acréscimo de um -*er* (*Ei*, *Eier*); substantivos como "pássaro" não recebem o acréscimo de um sufixo, mas têm uma vogal transformada dentro da palavra (*Vogel*, *Vögel*); alguns substantivos, como "grama", mudam a vogal e recebem o acréscimo de um sufixo (*Gras*, *Gräser*); e, finalmente, alguns substantivos, como "janela", não sofrem alteração (*Fenster, Fenster*). Pode-se imaginar que o alemão compensaria essa enorme complexidade dos substantivos pela simplicidade exemplar de seus verbos, mas na verdade os verbos alemães têm muito mais formas do que os ingleses, então a morfologia do alemão é incomparavelmente mais complexa do que a do inglês. Parafraseando Hockett, então, poderíamos concluir que "o alemão, com uma morfologia mais complexa do que o inglês, deveria, portanto, ter uma sintaxe um pouco mais simples". Mas será? Na verdade, é o contrário: as regras de ordem de palavras no alemão, por exemplo, são muito mais complexas do que as do inglês.

De forma mais geral, a razão pela qual a lógica de Hockett falha é que muita complexidade é apenas excesso de bagagem que as línguas acumulam ao longo dos séculos. Portanto, quando parte dela desaparece por qualquer motivo (falaremos mais sobre isso adiante), não há necessidade particular de compensação mediante o aumento da complexidade em outras partes da linguagem. Por outro lado, não há necessidade premente de compensar um aumento na complexidade em uma área reduzindo-a em outra porque o cérebro de uma criança aprendendo uma língua pode lidar com uma quantidade incompreensível de complexidade linguística. O fato de milhões de crianças crescerem com pelo menos dois idiomas e dominarem perfeitamente cada um deles mostra que um único idioma nem chega perto de esgotar a capacidade linguística do cérebro de uma criança. Portanto, em suma, não há razão *a priori* para que diferentes línguas convirjam de forma misteriosa até aproximadamente o mesmo grau de complexidade.

* * *

Mas por que, você pode muito bem perguntar, devemos afinal perder tempo com essas especulações *a priori*? Qual é o sentido de discutir a questão da complexidade em abstrato, quando a maneira óbvia de saber se todas as línguas são iguais é simplesmente ir a campo com instrumentos de medição, comparar as estatísticas vitais das línguas e determinar precisamente a complexidade geral de cada uma?

Há uma piada a respeito dos dias de abundância na antiga União Soviética sobre uma mulher que vai ao açougue e pergunta: "Você poderia pesar 200 gramas de salame, por favor?" "Não há problema, senhora", responde o açougueiro. "Apenas me traga o salame." No nosso caso, o salame pode estar presente, mas falta o instrumento de medição. Eu ficaria feliz em medir para você a complexidade geral de qualquer idioma, mas não tenho ideia de onde encontrar uma escala, e tampouco há quem saiba. Acontece que nenhum dos linguistas que professam o dogma da idêntica complexidade jamais tentou definir o que poderia ser a complexidade geral de uma língua.

"Mas espere", posso ouvi-lo pensar. "Mesmo que ninguém tenha se dado ao trabalho de definir a complexidade até agora, certamente não pode ser muito difícil para nós o fazermos. Não poderíamos decidir, por exemplo, que a complexidade de uma língua se define como a dificuldade que ela representa para os estrangeiros que as aprendem?" Mas de que estudante estamos falando exatamente? O problema é que a dificuldade de aprender uma língua estrangeira depende crucialmente da língua materna do aprendiz. O sueco é um docinho de língua – se por acaso você é norueguês, e assim é o espanhol, se você for italiano. Mas nem o sueco nem o espanhol são fáceis se sua língua nativa for o inglês. Mesmo assim, ambos são incomparavelmente mais fáceis para um falante de inglês do que o árabe ou o chinês. Então, isso significa que o chinês e o árabe são objetivamente mais difíceis? Não, porque se sua língua materna é o hebraico, o árabe não é nada difícil, e se sua língua materna é o tailandês, o chinês é menos desafiador do que o sueco ou o espanhol. Em suma, não há uma maneira óbvia de generalizar uma medida de complexidade geral com base na dificuldade de aprender, porque – assim como o esforço necessário para viajar em algum lugar – tudo depende do seu ponto de partida. (Um inglês proverbial aprendeu isso da maneira mais difícil, quando certo dia se perdeu desesperadamente no interior da Irlanda. Depois de horas dirigindo sem rumo por estradas rurais desertas, ele finalmente avistou um homem idoso andando à beira da estrada e perguntou-lhe como voltar para Dublin. "Se eu fosse para Dublin", foi a resposta, "não partiria daqui.")

Posso sentir que você não está disposto a desistir tão facilmente. Se a noção de dificuldade não serve, você pode agora sugerir: Que tal basear a definição de complexidade em uma medida mais objetiva, como o número de partes no sistema da linguagem? Assim como um quebra-cabeça é mais complexo quanto mais peças ele tem, não poderíamos simplesmente dizer que a complexidade da linguagem é determinada pelo número de formas distintas que ela tem, ou o número de distinções que ela faz, ou o número de regras em sua gramática, ou algo nesse sentido? O problema aqui é que estaremos comparando maçãs e laranjas. As línguas têm partes de tipos muito distintos: sons, palavras, elementos gramaticais, como terminações, tipos de cláusulas, regras para a ordem das palavras. Como é possível comparar tais entidades? Suponha que a língua X tenha uma vogal a mais do que a língua Y, mas Y tenha um tempo verbal a mais do que X. Isso torna X e Y iguais em complexidade geral? Ou, se não, qual é a taxa de conversão? Quantas vogais valem um tempo verbal? Duas? Sete? Treze pelo preço de doze? É ainda pior do que maçãs e laranjas: é mais como comparar maçãs e orangotangos.

Para resumir, não há como elaborar uma medida objetiva e não arbitrária para comparar a complexidade geral de quaisquer duas línguas. Não se trata simplesmente de que ninguém se preocupou em fazê-lo: é inerentemente impossível, mesmo que alguém tente. Então, onde tudo isso deixa o dogma da igual complexidade? Quando Joe, Piers e Tom afirmam que "pessoas primitivas falam línguas primitivas", eles estão fazendo uma afirmação simples e eminentemente significativa, que por acaso está, na verdade, incorreta. Mas o artigo de fé que os linguistas professam é ainda pior do que errado: ele não faz sentido. O suposto achado central da disciplina não é nada mais do que um monte de nada, já que na ausência de uma definição para a complexidade geral de uma linguagem, a afirmação de que "todas as línguas são igualmente complexas" faz tanto sentido quanto a afirmação de que "todas as línguas são igualmente flocos de milho".

A campanha para convencer o público em geral da igualdade de todas as línguas pode ser pavimentada com as melhores intenções, pois é sem dúvida um empreendimento nobre desiludir as pessoas da crença de que as tribos primitivas falam línguas primitivas. Mas o caminho para o esclarecimento certamente não se dá pelo uso de bordões vazios contra erros factuais.

* * *

Embora a busca pela complexidade *geral* da linguagem seja uma busca inútil, tampouco há necessidade de desistir de todo da noção de complexidade. Na verdade, podemos melhorar consideravelmente nossas possibilidades de capturar algo substancioso se nos afastarmos do fantasma da complexidade geral e, em vez disso, apontarmos para a complexidade de áreas *específicas* da linguagem. Suponha que decidamos definir complexidade como o número de partes de um sistema. Se delinearmos áreas específicas da linguagem com bastante cuidado, torna-se eminentemente possível medir a complexidade de cada uma dessas áreas de forma individual. Por exemplo, podemos medir a amplitude do sistema sonoro simplesmente contando o número de fonemas (sons distintos) no inventário de uma língua. Ou podemos observar o sistema verbal e medir quantas distinções de tempo são marcadas no verbo. Quando as línguas são comparadas dessa maneira, logo se revela que elas variam muito na complexidade de áreas específicas em sua gramática. E enquanto a existência de tais variações dificilmente é notícia de última hora em si, a questão mais desafiadora é se as diferenças na complexidade de áreas específicas podem refletir a cultura dos falantes e a estrutura de sua sociedade.

Existe uma área da linguagem cuja complexidade costuma ser reconhecida como dependente da cultura: o tamanho do vocabulário. A linha divisória óbvia aqui é entre línguas de sociedades iletradas e as que dispõem de uma tradição escrita. As línguas aborígenes da Austrália, por exemplo, podem ter muito mais palavras do que as 200 que o apresentador de rádio de Cairns sugeriu, mas ainda não podem começar a competir com o tesouro vocabular das línguas europeias. Linguistas que descreveram línguas de pequenas sociedades iletradas estimam que o tamanho médio de seus léxicos fica entre 3 mil e 5 mil palavras. Em contraste, os dicionários bilíngues de tamanho pequeno das principais línguas europeias geralmente contêm ao menos 50 mil verbetes. Os maiores poderiam conter de 70 a 80 mil. Dicionários monolíngues de língua inglesa de um bom tamanho contêm cerca de 100 mil entradas. E a edição impressa completa do *Oxford English Dictionary* tem cerca de três vezes mais entradas. Claro, o *OED* contém muitas palavras obsoletas, e um falante médio de inglês reconheceria apenas uma fração das entradas. Alguns pesquisadores estimaram o vocabulário passivo de um estudante universitário de língua inglesa em cerca de 40 mil palavras – esse é o número de palavras cujo significado é reconhecido, ainda que não sejam usadas ativamente. Outra fonte estima o vocabulário passivo de um professor universitário em 73 mil palavras.

A razão para a grande diferença entre línguas com e sem tradição escrita é bastante óbvia. Em sociedades iletradas, o tamanho do vocabulário é severamente restrito precisamente porque não existe um "vocabulário passivo" – ou pelo menos o vocabulário passivo de uma geração não vive para ver a próxima: uma palavra que não é utilizada ativamente por uma geração não será ouvida pela próxima geração e então se perderá para sempre.

Morfologia

Embora a dependência cultural do vocabulário não seja surpreendente nem controversa, estamos entrando em águas mais conturbadas quando tentamos verificar se a estrutura da sociedade pode afetar a complexidade das áreas *gramaticais* de uma língua, por exemplo, sua morfologia. As línguas variam consideravelmente na quantidade de informação que transmitem nas palavras (e não com uma combinação de palavras independentes). Em inglês, por exemplo, verbos como "*walked*" ou "*wrote*" expressam o passado da ação dentro do próprio verbo, mas não revelam a "pessoa", que é indicada com uma palavra independente como "*you*" ou "*we*". Em árabe, tanto o tempo quanto a pessoa estão contidos no próprio verbo, de modo que uma forma como *katabnā* significa "escrevemos". Mas em chinês, nem o passado da ação nem a pessoa são transmitidos pelo próprio verbo.

Há também diferenças na quantidade de informação encapsulada dentro de substantivos. O havaiano não indica a distinção entre singular e plural no próprio substantivo e usa palavras independentes para esse propósito. Da mesma forma, no francês falado, a maioria dos substantivos soa igual no singular e no plural (*jour* e *jours* são pronunciados da mesma forma, e é preciso palavras independentes, como o artigo definido *le* ou *les*, para fazer a diferença ser ouvida). Em inglês, por outro lado, a distinção entre singular e plural é audível no próprio substantivo (*dog/dogs*, *man/men*). Algumas línguas fazem distinções ainda mais sutis de número e têm formas especiais também para o dual. O sorábio, uma língua eslava falada em um pequeno enclave no leste da Alemanha, distingue entre *hród*, "um castelo", *hródaj*, "dois castelos" e *hródy* "[três ou mais] castelos".

A informação especificada nos pronomes também varia entre os idiomas. O japonês, por exemplo, faz distinções mais precisas de distância em pronomes demonstrativos do que o inglês moderno. Ele diferencia não apenas entre "*this*" (para objetos próximos) e "*that*" (para objetos mais distantes), mas tem uma divisão tripartite entre *koko* (para um objeto perto do falante), *soko* (perto do ouvinte) e *asoko* (longe de ambos). O hebraico, por sua vez, não faz tais distinções de distância e usa apenas um pronome demonstrativo, independentemente da distância.

A quantidade de informação expressa na estrutura da palavra está relacionada à complexidade de uma sociedade? As tribos de caçadores-coletores, por exemplo, são mais propensas a falar palavras curtas e simples? E as palavras provavelmente encapsularão informações mais elaboradas em línguas de civilizações avançadas? Em 1992, o linguista Revere Perkins começou a testar exatamente essa questão, realizando um levantamento estatístico de 50 idiomas. Ele atribuiu às sociedades de sua amostra cinco amplas categorias de complexidade com base em uma combinação de critérios estabelecidos por antropólogos, incluindo o tamanho da população, a estratificação social, o tipo de economia de subsistência e a especialização em formas de artesanato. No nível mais simples, existem "grupos" que consistem em apenas algumas famílias, sem quaisquer assentamentos permanentes, dependendo exclusivamente da caça e coleta e sem estrutura de autoridade fora do âmbito familiar. A segunda categoria inclui grupos ligeiramente maiores, com uso incipiente da agricultura, assentamentos semipermanentes e organização social mínima. A terceira categoria é para "tribos" que produzem a maior parte de seus alimentos pela agricultura, têm assentamentos permanentes, especialistas em artesanato e alguma forma de figura de autoridade. A quarta categoria refere-se às chamadas, por vezes, "sociedades camponesas", com produção agrícola intensiva, pequenas cidades, especialização artesanal e autoridades regionais. A quinta categoria de complexidade refere-se a sociedades urbanas com grandes populações e organizações sociais, políticas e religiosas complexas.

Para comparar a complexidade das palavras nos idiomas da amostra, Perkins escolheu uma lista de características semânticas como as que mencionei acima: a indicação de pluralidade em substantivos, tempo marcado nos verbos e outras informações que identificam pessoa, tempo e local dos eventos. Ele verificou, então, quantas dessas características são expressas na estrutura da palavra, em lugar do uso de palavras independentes, em cada idioma. Sua análise mostrou que havia uma correlação significativa entre o nível de complexidade de uma sociedade e o número de distinções expressas na palavra. No entanto, ao contrário do que Joe, Piers e Tom poderiam esperar, o que se revelou não foi que sociedades sofisticadas tendem a ter estruturas sofisticadas de palavras. Muito pelo contrário: existe uma correlação *inversa* entre a complexidade da sociedade e da estrutura das palavras! Quanto mais simples a sociedade, mais informação estará provavelmente marcada na palavra; quanto mais complexa a sociedade, é provável que menos distinções semânticas estejam embutidas internamente na palavra.

O estudo de Perkins realmente não causou ruído na época, talvez porque os linguistas estivessem ocupados demais pregando a igualdade para prestar muita atenção. Mais recentemente, porém, o aumento da disponibilidade de informações, especialmente em bancos de dados eletrônicos de fenômenos gramaticais de centenas de línguas, tornou mais fácil testar um conjunto muito maior de idiomas, e assim, nos últimos anos, conduziram-se mais algumas pesquisas de natureza semelhante. Diferentemente do estudo de Perkins, no entanto, as pesquisas recentes não atribuem às sociedades algumas categorias amplas de complexidade cultural, mas optam por usar apenas uma medida, mais facilmente determinada e mais propícia à análise estatística: o número de falantes de cada idioma. É claro que o número de falantes é apenas uma indicação grosseira da complexidade das estruturas sociais, mas o ajuste é, no entanto, bastante cerrado: em um extremo, as línguas das sociedades mais simples são faladas por menos de 100 pessoas e, no outro, as línguas das sociedades urbanas complexas são tipicamente faladas por milhões. As pesquisas recentes apoiam fortemente as conclusões de Perkins e mostram que as línguas de grandes sociedades são mais propensas a ter uma estrutura de palavras mais simples, enquanto as línguas de sociedades menores são mais propensas a ter muitas distinções semânticas codificadas na estrutura da palavra.

Como essas correlações podem ser explicadas? Uma coisa é bastante clara. O grau de complexidade morfológica em uma língua não é geralmente uma questão de escolha consciente ou planejamento deliberado da parte dos falantes. Afinal, a questão de quantos finais deve haver em verbos ou substantivos dificilmente aparece nos debates político-partidários. Portanto, se as palavras tendem a ser mais elaboradas em sociedades simples, as razões devem ser buscadas nos caminhos naturais e não planejados de mudança que as línguas trilham ao longo do tempo. Em

The unfolding of language, mostrei que as palavras são constantemente acossadas por forças opostas de destruição e criação. As forças da destruição extraem sua energia de um traço humano pouco enérgico: a preguiça. A tendência de economizar esforço leva os falantes a tomar atalhos na pronúncia e, com o tempo, os efeitos acumulados de tais atalhos podem enfraquecer e até mesmo atenuar matrizes inteiras de terminações e, assim, tornar a estrutura das palavras muito mais simples. Ironicamente, a mesma lei do menor esforço também está por trás da criação de novas estruturas complexas de palavras. Por meio da moagem da repetição, duas palavras que muitas vezes aparecem juntas podem sofrer desgaste e, no processo, fundir-se em uma única palavra – basta pensar em "né", "você", "pra", "iria", "irá". Dessa forma, palavras mais complexas podem surgir.

O nível de complexidade morfológica será determinado, a longo prazo, pelo equilíbrio de poder entre as forças de destruição e criação. Se as forças da criação dominam, e pelo menos o mesmo número de sufixos e prefixos se cria e se perde, então a língua manterá ou aumentará a complexidade de sua estrutura de palavras. Mas se mais sufixos forem erodidos do que criados, as palavras se tornarão mais simples com o tempo.

A história das línguas indo-europeias ao longo dos últimos milênios é um exemplo notável deste último caso. O linguista alemão do século XIX August Schleicher comparou de forma memorável o verbo gótico polissilábico *habaidedeima* (primeira pessoa do plural do pretérito do subjuntivo de "ter") com seu primo em inglês moderno, o monossilábico "*had*", e comparou a forma moderna a uma estátua que rola ininterruptamente em um leito de rio e cujos membros sofreram desgaste, de modo que quase nada permanece além de um cilindro de pedra polida (SCHLEICHER, 1860, p. 34). Um padrão semelhante de simplificação é evidente também nos substantivos. Há cerca de 6 mil anos, o antigo ancestral, o protoindo-europeu, tinha uma matriz altamente complexa de terminações de casos que expressavam o papel preciso do substantivo na frase. Havia oito casos diferentes, e a maioria deles tinha formas distintas para singular, plural e dual, criando uma malha de quase 20 terminações para cada substantivo. Nos últimos milênios, contudo, essa malha elaborada de terminações erodiu em grande parte nas línguas derivadas, e a informação que antes era transmitida por meio de terminações agora é principalmente expressa com palavras independentes (como as preposições "de", "para", "por", "com"). Por alguma razão, então, a balança inclinou-se para a destruição da morfologia complexa: erodiram-se terminações antigas, materializaram-se fusões relativamente novas.

O equilíbrio entre criação e destruição pode ter algo a ver com a estrutura de uma sociedade? Há algo sobre a forma como as pessoas em pequenas sociedades se comunicam que favorece novas fusões? E quando as sociedades se tornam maiores e mais complexas, pode haver algo nos padrões de comunicação que faça o equilíbrio tender à simplificação das estruturas das palavras? Todas as respostas plausíveis sugeridas até agora remontam a um fator básico: a diferença na comunicação entre pessoas íntimas e entre pessoas estranhas (GIVÓN, 2002).

Para observar a frequência com que nós, que vivemos em sociedades maiores, nos comunicamos com estranhos, tente fazer uma contagem rápida da quantidade de pessoas desconhecidas com quem você travou contato na última semana. Se você vive uma vida normalmente ativa em uma cidade grande, haveria sem dúvida muita gente a ser lembrada: de atendentes de loja a motoristas de táxi, de funcionários de televendas a garçons, de bibliotecários a policiais, do contratado que veio consertar a caldeira à pessoa aleatória que lhe perguntou como chegar a tal e tal rua. Agora acrescente um segundo círculo de pessoas que podem não ser completas estranhas, mas que você ainda mal conhece: aqueles que você só ocasionalmente encontra no trabalho, na escola ou na academia. Por fim, se você adicionar a estes o número de pessoas que você ouviu sem falar ativamente, na rua ou no trem ou na televisão, ficará óbvio que você foi exposto às palavras de uma vasta multidão de estranhos – tudo em apenas uma semana.

Nas pequenas sociedades a situação é radicalmente diferente. Se você é um membro de uma tribo isolada que conta com algumas dezenas de pessoas, dificilmente encontrará estranhos; e, se o fizer, provavelmente vocês atacarão um ao outro antes de ter a oportunidade de conversar. Você conhece extremamente bem cada pessoa com quem trava contato, e todas as pessoas com quem conversa o conhecem extremamente bem. Eles também conhecem todos os seus amigos e parentes, eles conhecem todos os lugares que você frequenta e as coisas que você faz.

Mas por que isso importa? Um fator relevante é que a comunicação entre pessoas íntimas permite formas compactas de expressão com mais frequência do que a comunicação entre estranhos. Imagine que você esteja falando com um membro da família ou com um amigo íntimo e está relatando uma história sobre pessoas que ambos conhecem extremamente bem. Haverá uma enorme quantidade de informações compartilhadas que você não precisará fornecer explicitamente, porque se trata de informações a serem compreendidas a partir do contexto. Quando você diz "os dois voltaram para lá", seu ouvinte saberá perfeitamente bem quem são os dois, onde está "lá" e assim por diante. Mas agora imagine que você precisa contar a mesma história para um completo estranho que não o conhece de maneira alguma, que não sabe nada a respeito de onde você mora, e assim por diante. Em vez de apenas "os dois voltaram para lá", você agora terá que dizer "então o noivo da minha irmã Margaret e o marido da ex-namorada dele voltaram para a casa no bairro chique perto do rio, onde costumavam encontrar o treinador de tênis de Margaret antes de ela..."

Geralmente, ao se comunicar com pessoas íntimas sobre coisas que estão próximas, você pode ser mais conciso. Quanto mais terreno comum compartilhar com o seu ouvinte, mais frequentemente você será capaz de simplesmente "indicar" com as suas palavras os participantes, o local e hora dos eventos. E quanto maior a frequência com que tais expressões indicativas são utilizadas, mais é provável que elas se fundirão e se transformarão em sufixos e outros elementos morfológicos. Assim, em sociedades de proximidade entre seus membros, é provável que mais informações "indicadoras" acabem se tornando marcas estruturais da palavra. Por outro lado, em sociedades maiores, onde muita comunicação ocorre entre estranhos, mais informações precisam ser elaboradas explicitamente, em vez de tão somente indicadas. Por exemplo, uma oração relativa como "a casa [onde eles costumavam se encontrar...]" teria que substituir um mero "lá". E se expressões pontuais compactas são usadas com menos frequência, elas são menos propensas a se fundir e acabar como parte da palavra.

Outro fator que pode explicar as diferenças na complexidade morfológica entre sociedades pequenas e grandes é o grau de exposição a diferentes idiomas ou mesmo a diferentes variedades da mesma língua. Em uma pequena sociedade de íntimos, todos falam a língua de maneira muito semelhante, mas em uma grande sociedade estamos expostos a uma infinidade de diferentes variedades da língua. Entre a multidão de estranhos falantes de língua inglesa que você ouviu na semana passada, muitos falavam um tipo completamente distinto de inglês em relação ao seu – um dialeto regional diferente, um inglês de origem social diferente ou um inglês temperado com sotaque estrangeiro. Sabe-se que o contato entre diferentes variedades é um incentivo à simplificação na estrutura das palavras, uma vez que os aprendizes adultos de idiomas julgam sufixos, prefixos e outras alterações na palavra particularmente difíceis de lidar. Assim, situações que envolvem aprendizagem adulta generalizada geralmente resultam em uma simplificação considerável na estrutura das palavras. A língua inglesa após a conquista normanda é um exemplo: até o século XI, o inglês tinha uma elaborada estrutura de palavras semelhante à do alemão moderno, mas grande parte dessa complexidade foi eliminada no período após 1066, sem dúvida por causa do contato entre falantes das diferentes línguas.

Pressões para simplificação também podem surgir do contato entre diferentes variedades da mesma língua, uma vez que mesmo pequenas diferenças na composição das palavras podem causar problemas para a compreensão. Em grandes sociedades em que há comunicação frequente entre pessoas de diferentes dialetos e variedades de fala, portanto, as pressões para a simplificação da morfologia provavelmente serão maiores, enquanto em sociedades pequenas e homogêneas, em que há pouco contato com falantes de outras variedades, as pressões para a simplificação provavelmente serão menores.

Finalmente, um fator que pode retardar a criação de uma nova morfologia é a marca final de uma sociedade complexa: o letramento. Na fala fluente, não há espaços reais entre as palavras, portanto, quando duas palavras aparecem frequentemente juntas, elas podem facilmente se fundir em uma. Na variante escrita, no entanto, a palavra assume uma existência independente visível, reforçando a percepção dos falantes sobre a fronteira entre as palavras. Isso não significa que novas fusões nunca vão acontecer em sociedades letradas, mas a taxa de ocorrência das novas fusões pode passar por uma drástica redução. Em suma, a escrita pode ser uma força contrária a retardar a emergência de estruturas lexicais mais complexas.

Ninguém sabe se os três fatores acima são toda a verdade sobre a correlação inversa entre a complexidade da sociedade e da morfologia. Mas pelo menos há explicações plausíveis que tornam a relação entre a estrutura das palavras e a estrutura de uma sociedade algo menos do que um completo mistério. Infelizmente, o mesmo não pode ser dito de outra correlação estatística recentemente demonstrada em uma área diferente da língua.

Sistema de sons

As línguas variam consideravelmente na amplitude de seus inventários sonoros (MADDIESON, 1984; MADDIESON, 2005). O rotokas, de Papua Nova Guiné, tem apenas 6 consoantes marcadas (*p, t, k, b, d, g*), o havaiano tem 8, mas o !xóõ, falado em Botswana, tem 47 consoantes sem cliques e 78 cliques diferentes que aparecem em início de palavra. O número de vogais também varia consideravelmente: muitas línguas australianas têm apenas 3 (*u, a, i*), o rotokas e o havaiano têm 5 cada (*a, e, i, o, u*), enquanto o inglês tem cerca de 12 ou 13 vogais (dependendo da variedade) e 8 ditongos. O número total de sons do rotokas é, portanto, de apenas 11 (6 consoantes e 5 vogais), enquanto o !xóõ supera os 140.

Em 2007, as linguistas Jennifer Hay e Laurie Bauer publicaram os resultados de uma análise estatística dos inventários sonoros de mais de 200 línguas (HAY; BAUER, 2007)[54]. Elas descobriram que há uma correlação significativa entre o número de falantes e o tamanho do inventário sonoro: quanto menor a sociedade, menos vogais e consoantes marcadas a língua tende a ter; quanto maior o número de falantes, maior o número de sons. Não estamos falando, é claro, de mais do que uma correlação estatística: isso não significa que cada língua de pequenas sociedades deva ter um pequeno inventário sonoro e vice-versa. O malaio, falado por mais de 17 milhões de pessoas, tem apenas 6 vogais e 16 consoantes, portanto 22 sons no total. O feroês, por outro lado, tem menos de 50 mil falantes, mas ostenta cerca de 50 sons (39 consoantes e mais de 10 vogais), mais do dobro do número em malaio.

Mesmo assim, no que diz respeito às correlações estatísticas, essa parece bastante robusta. Daí que a única conclusão plausível é que há algo sobre os modos de comunicação em pequenas sociedades que favorecem inventários sonoros enxutos, enquanto algo sobre grandes sociedades tende a suscitar o surgimento de novos fonemas. O problema é que ninguém ainda se manifestou com qualquer explicação convincente para a razão disso.

Talvez um fator fosse o contato com outras línguas ou dialetos. Ao contrário da estrutura da palavra, que tende a ser simplificada como resultado do contato, o inventário sonoro de uma língua não raramente aumenta devido ao contato com outras

---

54. Para discussões anteriores, cf. Haudricourt (1961), Maddieson (1984) e Trudgill (1992).

línguas. Por exemplo, quando muitas palavras com um som "estrangeiro" são tomadas de empréstimo, o som pode eventualmente ser integrado ao sistema nativo. Se tais mudanças induzidas por contato são menos prováveis em sociedades menores e mais isoladas, esse fato pode de alguma forma explicar seu inventário menor de sons. Mas está claro que essa não é uma explicação satisfatória.

Subordinação

Finalmente, há uma área da linguagem cuja relação com a complexidade da sociedade pode, afinal, corresponder à opinião das ruas: é a complexidade das frases e, em particular, a recorrência de subordinação. A subordinação é um processo sintático frequentemente apresentado (pelos sintaticistas, pelo menos) como a joia da coroa da língua e o melhor exemplo da engenhosidade de seu *design*: a capacidade de subsumir uma oração inteira dentro de outra. Com a subordinação, podemos produzir expressões de complexidade crescente que, no entanto, permanecem coerentes e compreensíveis:

Eu devia ter-lhe contado sobre aquela foca

Eu devia ter-lhe contado sobre aquela foca [que estava de olho em um peixe]

Eu devia ter-lhe contado sobre aquela foca [que estava de olho em um peixe [que não parava de pular para dentro e para fora da água gelada]]

E não há necessidade de parar por aí, porque, em teoria, os mecanismos de subordinação permitem que a sentença se estenda indefinidamente, enquanto houver saliva para gastar:

Eu devia ter-lhe contado sobre aquela foca briguenta [que estava de olho em um peixe desiludido, porém bastante atraente, [que continuava entrando e saindo da água gelada [sem prestar a menor atenção ao debate acalorado, [conduzido que era por uma morsa fleumática e duas jovens ostras [que haviam sido recentemente avisadas por uma baleia muito bem relacionada nos altos escalões [que o governo estava prestes a introduzir limites de velocidade natatória na região do recife [devido à superlotação [causada pelo recente afluxo de novos atuns imigrantes do Oceano Índico, [onde as temperaturas subiram tanto no ano passado [que...]]]]]]]]]]

A subordinação torna possível transmitir informações elaboradas de maneira compacta, tecendo diferentes afirmações em vários níveis em um todo intrincado, mantendo cada um desses níveis sob controle. O parágrafo acima, por exemplo, tem apenas uma frase simples em seu nível primário: "Eu devia ter-lhe contado sobre aquela foca". Mas a partir daí, mais e mais informações são encadeadas mediante o uso de diferentes tipos de orações subordinadas.

Não existem registros confiáveis sobre qualquer idioma que não tenha subordinação[55]. Mas, embora todas as línguas conhecidas usem algum tipo de subordinação, as línguas variam muito na gama de subordinações à sua disposição e na medida em que dependem delas. Por exemplo, se você não tem nada melhor a fazer do seu tempo senão se debruçar sobre textos antigos, logo notará que o estilo narrativo de línguas antigas como o hitita, o acádio ou o hebraico bíblico muitas vezes parece sonolentamente repetitivo. A razão é que os mecanismos de subordinação eram menos desenvolvidos nessas línguas, de modo que a coerência de sua narrativa dependia muito mais de um tipo simples de concatenação coordenada ("e... e..."), em que as orações simplesmente seguiam a ordem temporal dos eventos. Aqui, por exemplo, está um pequeno texto hitita, um registro do Rei Mursili II, que reinou no século XIV a.C. de sua capital imperial Hatusa, no que é hoje a Turquia central. Mursili descreve em tons dramáticos como veio a ser afligido por uma doença grave que prejudicou sua capacidade de falar (um derrame?).

---

55. Tem havido muita agitação nos últimos anos sobre o pirahã, uma língua da Amazônia brasileira, e sua suposta falta de subordinação. Mas algumas orações subordinadas de pirahã conseguiram recentemente escapar da selva e telegrafar a linguistas confiáveis para dizer que os relatos sobre sua morte haviam sido muito exagerados (cf., mais recentemente, NEVINS *et al.*, 2009; EVERETT, 2009).

Mas para ouvidos modernos a substância vívida do registro contrasta fortemente com o *staccato* monótono do estilo.

Eis o que Mursili, o Grande Rei, disse:

Kunnuwa nannaḫḫun	Eu fui (em uma carruagem) para Kunnu
nu ḫaršiḫarši udaš	e uma tempestade veio
namma Tarḫunnaš ḫatuga tetḫiškit	então o Deus da Tempestade ficou trovejando terrivelmente
nu nāḫun	e eu senti medo
nu-mu-kan memiaš išši anda tepawešta	e as palavras na minha boca ficaram pequenas
nu-mu-kan memiaš tepu kuitki šarā iyattat	e elas vieram poucas
nu-kan aši memian arḫapat paškuwānun	e eu esqueci o assunto completamente
maḫḫan-ma uēr wittuš appanda pāir	mas depois os anos vieram e se foram
nu-mu wit aši memiaš tešḫaniškiuwān tiyat	e esse assunto veio a aparecer repetidamente nos meus sonhos
nu-mu-kan zazḫia anda keššar šiunaš araš	e a mão de Deus agarrou-me nos meus sonhos
aišš-a-mu-kan tapuša pait nu...	então minha boca ficou torta e...

Hoje tenderíamos a usar várias orações subordinadas e, portanto, não precisaríamos seguir a ordem dos eventos tão minuciosamente. Poderíamos dizer, por exemplo: "Houve uma vez uma tempestade terrível quando eu estava seguindo para Kunnu. Fiquei tão aterrorizado com o trovão do Deus da Tempestade que perdi minha fala, e minha voz soava apenas ligeiramente. Por um tempo, esqueci completamente o assunto, mas com o passar dos anos, esse episódio começou a aparecer em meus sonhos e, enquanto sonhava, fui atingido pela mão de Deus e minha boca ficou torta".

Aqui está outro exemplo, desta vez do acádio, a língua dos babilônios e assírios da antiga Mesopotâmia. O documento em questão, escrito algum tempo antes de 2000 a.C., relata o resultado de um processo legal. Somos informados de que certo Ubarum provou perante as autoridades que tinha dito a um Sr. Iribum que tomasse o campo de Kuli, e que ele (Ubarum) não sabia que Iribum, por sua própria iniciativa, havia tomado o campo de outra pessoa, Bazi. Mas, embora seja isso que, em essência, o documento diz, o texto acádio não o coloca assim. O que ele de fato diz é[56]:

ana Iribum Ubarum eqel Kuli šūlu'am iqbi	Ubarum disse a Iribum para tomar o campo de Kuli
šū libbiššuma	ele (Iribum) por iniciativa própria
eqel Bazi uštēli	tomou o campo de Bazi
Ubarum ula īde	Ubarum não sabia
mahar laputtî ukīnšu	ele provou (isso contra) ele na frente das autoridades

A diferença entre a formulação do acádio e a maneira como descreveríamos naturalmente a situação em inglês reside principalmente em nosso uso generalizado de construções como "*He didn't know that* [ele não sabia que...]" ou "*He proved that* [ele provou que...]". Esse tipo particular de oração subordinada é chamado de "complemento finito", mas embora o nome seja bastante sutil, a construção em si é o arroz com feijão da prosa inglesa. Em registros escritos e falados, podemos tomar praticamente qualquer oração (digamos "Iribum tomou o campo") e, sem alterar nada na própria frase, torná-la parte subordinada a outra frase:

He didn't know that [Iribum took the field]

Ele não sabia que [Iribum tomou o campo]

---

56. Cf. Foster (1990), que lê *šū li-pi-iš-ZU-ma* e traduz "para que ele possa trabalhar", mas Hilgert (2002, p. 484) e uma forma quase idêntica em Whiting (1987, n. 12, p. 17) provam a correção da tradução dada aqui.

E visto que é tão fácil estabelecer essa relação hierárquica uma vez, podemos fazê-lo novamente:

Ubarum proved that [he didn't know that [Iribum took the field]]

Ubarum provou que [não sabia que [Iribum tomou o campo]]

E ainda:

The tablet explained that [Ubarum proved that [he didn't know that [Iribum took the field]]]

A tabuleta explicou que [Ubarum provou que [não sabia que [Iribum tomou o campo]]]

E ainda:

The epigrapher discovered that [the tablet explained that [Ubarum proved that [he didn't know that [Iribum took the field]]]]

O epigrafista descobriu que [a tabuleta explicava que [Ubarum provou que [não sabia que [Iribum tomou o campo]]]]

O registro acádio não se vale desses complementos finitos. Na verdade, a maioria de suas orações não é hierarquicamente ordenada, mas simplesmente justaposta segundo a ordem temporal dos eventos. Essa não é uma coincidência de apenas um texto. Embora possamos entender os complementos finitos como algo dado nos dias de hoje, essa construção era ausente dos mais antigos estágios atestados do acádio (e do hitita). E há línguas vivas que ainda hoje não conhecem essa construção.

Não que os compêndios de linguística divulguem essa informação. Na verdade, alguns professarão ardentemente o contrário. Tomemos esse carro-chefe da educação linguística, o *Introduction to language* de Fromkin e Rodman, que mencionei anteriormente, e seus 12 artigos de fé que constituem "o que sabemos sobre a linguagem". A segunda afirmação, como você deve se lembrar, é que todas as línguas são igualmente complexas. Um pouco mais abaixo, a afirmação de número 11 diz:

> Os universais sintáticos revelam que toda língua tem uma maneira de formar frases como:
> • A linguística é um assunto interessante.
> • Eu sei que a linguística é um assunto interessante.

- Você sabe que eu sei que a linguística é um assunto interessante.
- Cecília sabe que você sabe que eu sei que a linguística é um assunto interessante.
- É um fato que Cecília sabe que você sabe que eu sei que a linguística é um assunto interessante?

Infelizmente, o livro didático não divulga a identidade precisa dos "universais sintáticos" que revelam que toda língua tem tais construções. Também não especifica quando e onde essa revelação foi transmitida à humanidade. Mas será que a afirmação é realmente verdadeira? Eu nunca tive o privilégio de travar contato com um universal sintático, mas a evidência de fontes mais mundanas, a saber, descrições de línguas reais, não deixa dúvida de que algumas línguas não têm uma maneira de formar tais orações (e não apenas porque elas não têm uma palavra para "linguística"). Muitas línguas aborígenes australianas, por exemplo, carecem de uma construção equivalente aos complementos finitos do inglês (cf. DIXON, 2006, p. 263; DENCH, 1991, p. 196-201), assim como algumas línguas indígenas da América do Sul, incluindo uma, matsés, que encontraremos no próximo capítulo (cf. FLECK, 2006; tb. DEUTSCHER, 2000, cap. 10). Em tais línguas, simplesmente não é possível formar frases como:

> É um fato que muitos estudantes não percebem que seus livros de linguística não sabem que algumas línguas não têm complementos finitos.

Em vez disso, esse estado de coisas teria de ser expresso por outros meios. Por exemplo, nos estágios iniciais do acádio, alguém faria isso da seguinte maneira:

> Algumas línguas não têm complementos finitos. Alguns livros de linguística não sabem disso. Muitos alunos não percebem a ignorância de seus livros didáticos. Isso é um fato.

Embora pesquisas estatísticas sistemáticas sobre subordinação ainda não tenham sido conduzidas, a impressão que temos é de que as línguas que têm um uso restrito de complementos (ou até mesmo não os têm de todo) são faladas principalmente em sociedades simples. Além disso, línguas antigas como o acádio e o hitita mostram que esse tipo de "tecnologia sintática" se desenvolveu em um período em que as sociedades em questão estavam crescendo em complexidade. Isso é somente coincidência?

Já argumentei em outros lugares que não é. Os complementos finitos são uma ferramenta mais eficaz para transmitir proposições elaboradas, especialmente quando menos informações podem ser legadas ao contexto e outras mais explícitas e precisas são necessárias. Lembremo-nos da sequência de eventos descritos no documento legal acadiano na página 122. É claro que é possível transmitir o conjunto de proposições descritas ali, assim como o texto acadiano o organiza, com uma simples justaposição de orações simples: X disse a Y para fazer algo; Y fez algo diferente; X não sabia disso; X provou isso na frente das autoridades. Mas quando a dependência entre as orações não é explicitamente marcada, alguma ambiguidade permanece. O que X provou, exatamente? Ele provou que Y fez algo diferente do que lhe foi dito? Ou X provou que ele *não* sabia que Y fez algo diferente? A justaposição não deixa isso claro, mas a estrutura hierárquica dos complementos finitos pode facilmente fazê-lo.

O jargão dos processos judiciais, com sua cuidadosa insistência em declarações precisas, explícitas e independentes de contexto, é um exemplo extremo do tipo de padrões comunicativos elaborados que são mais propensos a surgir em uma sociedade complexa. Contudo, não é o único exemplo. Como mencionei anteriormente, em uma grande sociedade de estranhos, haverá muitas outras ocasiões em que informações elaboradas terão de ser transmitidas sem depender de antecedentes e conhecimentos compartilhados. Os complementos finitos estão mais bem equipados para transmitir essas informações do que as construções alternativas (DEUTSCHER, 2000, cap. 11); daí que é plausível que os complementos finitos tenham maior probabilidade de surgir sob as pressões comunicativas de uma sociedade mais complexa. É claro que, como ainda não foram realizados levantamentos estatísticos sobre subordinação, as especulações sobre correlações entre subordinação e a complexidade de uma sociedade necessariamente permanecem em um nível muito impreciso. Mas há sinais de que as coisas podem estar mudando.

Durante décadas, os linguistas elevaram os bordões vazios de que "todas as línguas são igualmente complexas" a um princípio fundamental de sua disciplina, suprimindo com cuidado como heresia qualquer sugestão de que a complexidade de qualquer área da gramática poderia refletir aspectos da sociedade. Em consequência, relativamente pouco trabalho foi realizado sobre o assunto. Mas uma enxurrada de publicações dos últimos dois anos mostra que mais linguistas estão agora ousando explorar tais conexões[57].

Os resultados dessa pesquisa já revelaram algumas correlações estatísticas significativas. Algumas delas, como a tendência das sociedades menores de ter uma estrutura de palavras mais complexa, podem parecer surpreendentes à primeira vista, mas parecem plausíveis sob um exame mais detido. Outras conexões, como a maior recorrência à subordinação em sociedades complexas, ainda exigem pesquisas estatísticas detalhadas, no entanto, parecem intuitivamente convincentes. E, por fim, a relação entre a complexidade do sistema de sons e a estrutura da sociedade aguarda uma explicação satisfatória. Mas agora que o tabu está se desfazendo e mais pesquisas estão sendo feitas, há, sem dúvida, mais ideias e achados à disposição. Aguarde por mais informações.

* * *

Percorremos um longo caminho desde a visão aristotélica de como a natureza e a cultura se refletem na língua. Nosso ponto de partida foi que apenas os rótulos (ou, como Aristóteles os chamava, os "sons da fala") são convenções culturais, enquanto tudo por trás desses rótulos é um reflexo da natureza. Até agora, a cultura emergiu como uma força considerável cuja influência se estende para muito além de meramente conferir

---

57. Cf. a coletânea de artigos em Sampson, Gil e Trudgill (2009).

rótulos a uma lista predeterminada de conceitos e a um sistema predeterminado de regras gramaticais.

Na segunda parte do livro, passamos a uma questão que pode parecer um corolário bastante inócuo para as conclusões da primeira parte: Nossa língua materna influencia a maneira como pensamos? Uma vez que as convenções da cultura em que nascemos afetam a maneira como dividimos o mundo em conceitos e a maneira como organizamos esses conceitos em ideias elaboradas, parece natural perguntar se nossa cultura pode afetar nossos pensamentos por meio das idiossincrasias linguísticas que ela nos impôs. Embora levantar a questão pareça, contudo, bastante inofensivo em teoria, entre pesquisadores sérios o assunto tornou-se um anátema. O capítulo a seguir explica o porquê.

Parte II
A lente da língua

6
Crying Whorf[58]

Em 1924, Edward Sapir, o grande nome da linguística norte-americana, não alimentava ilusões sobre a atitude de estranhos em relação ao seu campo: "O homem de inteligência mediana tem certo desprezo pelos estudos linguísticos, convencido de que nada pode ser mais inútil. A utilidade menor que ele lhes concede é de natureza puramente instrumental. Vale a pena estudar francês porque há livros franceses que valem a pena ler. Vale a pena estudar o grego – se é que vale – porque algumas peças e algumas passagens poéticas, escritas naquele vernáculo curioso e extinto, ainda têm o poder de perturbar nossos corações – se é que têm. Para o resto, há excelentes traduções, mas quando Aquiles lamenta a morte de seu amado Pátroclo e Clitemnestra faz o seu pior, o que devemos fazer com os aoristos gregos que são deixados em nossas mãos? Existe um procedimento tradicional que os organiza em padrões. Chama-se gramática. O homem que está encarregado da gramática e é chamado de gramático é considerado por todos os homens medianos um pedante frígido e desumanizado" (SAPIR, 1963, p. 149).

Aos olhos de Sapir, no entanto, nada poderia estar mais longe da verdade. O que ele e os seus colegas estavam fazendo

---

58. Mantivemos o título do capítulo no original em razão da intradutibilidade do trocadilho entre "*wolf*" (lobo) e o nome do linguista Benjamin Lee Whorf no contexto da expressão idiomática "*cry wolf*", que significa "dar um alarme falso" [N.T.].

não se assemelhava nem remotamente à distinção pedante de subjuntivos e aoristos, ablativos mofados e instrumentais enferrujados. Os linguistas estavam fazendo descobertas dramáticas, capazes de mudar visões de mundo. Abria-se um vasto terreno inexplorado, o das línguas dos povos originários da América do Norte, e o que ali se revelava tinha o poder de virar de cabeça para baixo a sabedoria de milênios acerca das formas naturais de organizar pensamentos e ideias. Pois os nativos se expressavam de maneiras inimaginavelmente estranhas e, assim, demonstraram que muitos aspectos das línguas mais conhecidas, que antes haviam sido considerados simplesmente naturais e universais, eram de fato apenas traços acidentais de línguas europeias. O estudo minucioso do navajo, do nootka e do paiute e um panorama de outras línguas nativas catapultaram Sapir e seus colegas a alturas vertiginosas, de onde agora podiam contemplar as línguas do Velho Mundo como pessoas que veem sua casa de cima a uma grande distância pela primeira vez e de repente a reconhecem apenas como um pequeno ponto em uma paisagem vasta e variada. A experiência foi emocionante. Sapir descreveu-a como a libertação daquilo que "acorrenta a mente e entorpece o espírito [...] a aceitação obstinada de absolutos". E seu aluno em Yale, Benjamin Lee Whorf, entusiasmou-se: "Não poderemos mais ver alguns dialetos recentes da família indo-europeia [...] como o ápice da evolução da mente humana. Eles, e com eles nossos próprios processos de pensamento, não podem mais ser imaginados como se abrangessem a gama da razão e do conhecimento, mas apenas como uma constelação em uma expansão galáctica" (WHORF, 1956, p. 212).

Era difícil não se deixar levar pela vista. Sapir e Whorf se convenceram de que as profundas diferenças entre as línguas deviam ter consequências que iam muito além da mera organização gramatical e estariam relacionadas a profundas divergências nos modos de pensamento. E assim, nessa atmosfera inebriante de descoberta, uma ideia ousada a respeito do poder da linguagem ganhou destaque: a afirmação de que nossa língua materna determina a maneira como pensamos e percebemos o mundo. A ideia em si não era nova – estava em estado bruto havia mais de um século –, mas foi destilada na década de 1930 em um poderoso preparado que então intoxicou toda uma geração. Sapir classificou essa ideia como o princípio da "relatividade linguística", equiparando-a a nada menos que a teoria de Einstein que havia sacudido o mundo. A percepção que o observador tem do mundo – assim dizia a emenda de Sapir a Einstein – depende não apenas de seu quadro de referência inercial, mas também de sua língua materna.

As páginas a seguir contam a história da relatividade linguística – uma história de uma ideia desacreditada. Pois ela atingiu tão elevadas alturas quanto profundos precipícios, quando veio à luz que Sapir e, em especial, seu aluno Whorf atribuíram consequências cognitivas forçadas ao que eram de fato meras diferenças de organização gramatical. Hoje, qualquer menção à relatividade linguística fará com que a maioria dos linguistas se ajeite desconfortavelmente em suas cadeiras, e o "whorfianismo" tornou-se em grande medida um paraíso fiscal intelectual para filósofos místicos, fantasistas e charlatães pós-modernos.

Por que então alguém deveria se dar ao trabalho de contar a história de uma ideia desacreditada? A razão não é (apenas) ser presunçoso em retrospectiva e mostrar como até mesmo pessoas muito inteligentes às vezes podem ser tolas. Embora o prazer em tal exercício seja inegável, a verdadeira razão para expor os pecados do passado é esta: ainda que as afirmações intempestivas de Whorf fossem em grande parte falsas, tentarei convencê-lo mais tarde de que não se deve descartar a noção de que a língua pode influenciar os pensamentos. Mas se eu devo fazer uma defesa persuasiva de que vale a pena salvar alguns aspectos da ideia subjacente e que a língua pode, afinal, funcionar como uma lente através da qual percebemos o mundo, então essa missão de salvamento deve distanciar-se de erros anteriores. Só podemos seguir um caminho diferente compreendendo onde a relatividade linguística se perdeu.

Wilhelm von Humboldt

A ideia da relatividade linguística não surgiu no século XX inteiramente do nada. Na verdade, o que aconteceu em Yale – a reação excessiva de pesquisadores deslumbrados por uma paisagem linguística de tirar o fôlego – foi uma repetição próxima de um episódio do início do século XIX, durante o zênite do romantismo alemão.

O preconceito predominante em relação ao estudo de línguas não europeias do qual Edward Sapir gentilmente fez troça em 1924 não era objeto de piada um século antes. Era simplesmente sabedoria aceita – não apenas para o "homem de inteligência mediana", mas também entre os próprios filólogos – que as únicas línguas dignas de estudo sério eram o latim e o grego. As línguas semíticas hebraico e aramaico foram posteriormente incluídas no negócio em razão de seu significado teológico, e o sânscrito foi, não de maneira pacífica, ganhando aceitação no clube de dignatários clássicos, mas apenas porque guardava *muitas* semelhanças com o grego e o latim. Mas mesmo as línguas modernas da Europa ainda eram amplamente vistas como formas meramente decadentes das línguas clássicas. Não é preciso dizer que as línguas de tribos iletradas, sem grandes obras de literatura ou quaisquer outras características redentoras, eram vistas como desprovidas de qualquer interesse, palavrório primitivo tão inútil quanto os povos primitivos que as falavam.

A questão não era que os estudiosos da época não estivessem preocupados com o problema do que é comum a todas as línguas[59]. De fato, do século XVII em diante a escrita de trata-

---

59. Em 1710, Leibnitz pediu a criação de um "dicionário universal". Em 1713, ele escreveu ao czar russo Pedro o Grande, solicitando-lhe encarecidamente que se reunissem listas de palavras das numerosas línguas não documentadas faladas em seu império. A ideia foi retomada na corte russa com toda a seriedade duas gerações mais tarde, quando Catarina a Grande, começou a trabalhar exatamente em tal projeto, coletando pessoalmente palavras de quantas línguas pudesse encontrar. Mais tarde, ela delegou a continuação do trabalho para outros, e o resultado foi o chamado dicionário imperial (*Linguarum Totius Orbis Vocabularia Compa-*

dos eruditos a respeito de "gramática universal" estava muito em voga. Mas o universo dessas gramáticas universais era bastante limitado. Por volta de 1720, por exemplo, John Henley publicou em Londres uma série de gramáticas chamada *The compleat linguist; or, an universal grammar of all the considerable tongues in being.* Todas as línguas dignas de consideração eram nove: latim, grego, italiano, espanhol, francês, hebraico, caldeu (aramaico), siríaco (um dialeto posterior do aramaico) e árabe. Esse universo exclusivo oferecia uma perspectiva um tanto distorcida, pois – como sabemos hoje – as variações entre as línguas europeias empalidecem em significados se comparadas à alteridade de línguas mais exóticas. Imagine que ideias enganosas nós teríamos a respeito de uma "religião universal" ou uma "comida universal" se limitássemos seu universo ao espaço entre o Mediterrâneo e o Mar do Norte. Viajaríamos pelos diferentes países europeus e ficaríamos impressionados com as grandes divergências entre eles: a arquitetura das igrejas é totalmente diferente, o pão e o queijo não têm o mesmo sabor. Mas se alguém nunca se aventurasse por lugares mais distantes, onde não houvesse igrejas, queijo ou pão, nunca perceberia que essas diferenças intraeuropeias são, em última análise, pequenas variações na essência da mesma religião e da mesma cultura culinária.

Na segunda metade do século XVIII, a visão estava começando a se ampliar ligeiramente à medida que várias tentativas foram feitas no sentido de se compilarem "dicionários universais" – listas de palavras equivalentes em idiomas de diferentes continentes. Mas, embora o escopo e a ambição desses catálogos

---

rativa) de 1787, que continha palavras de mais de 200 línguas da Europa e da Ásia. Uma segunda edição, publicada em 1790-1791, acrescentou mais 79 idiomas. Em 1800, o ex-jesuíta espanhol Lorenzo Hervás publicou seu *Catálogo de las lenguas de las naciones conocidas*, que continha mais de 300 línguas. E no início do século XIX, o lexicógrafo alemão Christoph Adelung começou a compilar seu *Mithridates* (1806-1817), que reuniria vocabulários e o texto do Pai-nosso de 450 idiomas diferentes. Sobre essas compilações, cf. Müller (1861, p. 132ss.), Morpurgo Davies (1998, p. 37ss.) e Breva-Claramonte (2001).

tenham crescido gradualmente, eles não foram muito além de um armário linguístico de curiosidades mostrando palavras estranhas e maravilhosas. Em particular, os dicionários revelaram pouco valor sobre a *gramática* das línguas exóticas[60]. De fato, parecia um horror à maioria dos filólogos da época a noção de que a gramática de uma língua bárbara poderia ser um assunto digno de estudo. Estudar gramática significava o estudo do grego e do latim, porque "gramática" *era* a gramática do grego e do latim. Assim, quando línguas remotas foram descritas (não por filólogos, mas por missionários que precisavam delas para fins práticos), as descrições geralmente consistiam em uma lista de paradigmas latinos de um lado e as formas supostamente correspondentes da língua nativa do outro (JOOKEN, 2000). Os substantivos em uma língua de povos originários da América do Norte, por exemplo, seriam mostrados em seis formas, correspondendo aos seis casos do substantivo latino. Se a língua em questão fazia ou não qualquer distinção de caso, era irrelevante: o substantivo ainda seria devidamente marcado em nominativo, genitivo, dativo, acusativo, vocativo e ablativo. O escritor francês Simon-Philibert de La Salle de l'Étang demonstra esse modelo de pensamento em seu dicionário do galibi, uma língua hoje extinta do Caribe, de 1763, quando se queixa de que "os galibis nada têm em sua língua que faça distinções de caso, para as quais deveria haver seis na declinação de cada palavra". Descrições como essas hoje nos parecem paródias desajeitadas,

---

60. Há uma notável exceção, o *Catálogo de las lenguas de las naciones conocidas* de Lorenzo Hervás, que continha esboços gramaticais. Humboldt fez amizade com Hervás em Roma e recebeu dele materiais sobre línguas indígenas americanas. No entanto, Humboldt não tinha uma opinião elevada sobre a competência de Hervás na análise gramatical. Em uma carta a F.A. Wolf (19 de março de 1803), ele escreve: "O velho Hervás é uma pessoa confusa e nada sistemática, mas ele tem muito conhecimento, tem uma enorme quantidade de anotações e, portanto, é sempre útil". Como aponta Morpurgo Davies, há uma tendência natural, ao se avaliar a própria realização, de subestimar as realizações dos antecessores (MORPURGO DAVIES, 1998, p. 13-20, 37). Este pode muito bem ser o caso com a avaliação de Humboldt em relação a Hervás. Mesmo assim, é inegável que Humboldt levou a gramática comparativa a um nível totalmente diferente de sofisticação.

mas foram concebidas com absoluta seriedade. A noção de que a gramática de uma língua indígena da América do Norte pudesse ser organizada em princípios fundamentalmente diferentes dos do latim estava simplesmente além do horizonte intelectual dos escritores. O problema era muito mais profundo do que a incapacidade de compreender uma característica particular da gramática de uma determinada língua do Novo Mundo. O problema era que muitos dos missionários nem sequer entendiam que havia ali algo para entender.

Sobe ao palco Wilhelm von Humboldt (1767-1835), linguista, filósofo, reformador educacional, fundador da Universidade de Berlim e uma das figuras estelares do início do século XIX. Sua educação – o melhor do que a cena do Iluminismo de Berlim tinha a oferecer – infundiu-lhe admiração irrestrita pela cultura clássica e pelas línguas clássicas. E até que ele chegasse aos 33 anos de idade, havia pouco que mostrasse que ele um dia se desviaria desse caminho ou que seus interesses linguísticos se estenderiam para além dos reverenciados latim e grego. Sua primeira publicação, aos 19 anos, foi sobre Sócrates e Platão; depois, escreveu sobre Homero e traduziu Ésquilo e Píndaro. Uma vida feliz de erudição clássica parecia estender-se diante dele.

Wilhelm von Humboldt (1767-1835)

O divisor de águas de sua vida fez com que se lhe abrissem os Pirineus. Em 1799, ele viajou para a Espanha e aproximou-se do povo basco, de sua cultura e paisagem. Mas, acima de tudo, foi sua língua que lhe despertou a curiosidade. Eis uma língua falada em solo europeu totalmente distinta de todas as demais faladas no continente e claramente derivada de um ramo diferente. De volta da viagem, Humboldt passou meses lendo tudo o que pôde encontrar sobre os bascos, mas como não havia muita informação confiável, retornou aos Pirineus para fazer um trabalho de campo sério e aprender a língua em primeira mão. À medida que seu conhecimento se aprofundava, ele percebeu até que ponto a estrutura dessa linguagem – e não apenas seu vocabulário – divergia de tudo o mais que ele sabia e do que havia tomado anteriormente como a única forma natural de gramática. Revelou-se-lhe pouco a pouco que nem todas as línguas se haviam feito à imagem do latim.

Uma vez despertada a curiosidade de Humboldt, ele tentou encontrar descrições de línguas ainda mais remotas. Quase não havia nada publicado à época, mas a oportunidade de descobrir mais se apresentou quando ele se tornou o enviado prussiano ao Vaticano em 1802. Roma estava repleta de missionários jesuítas que haviam sido expulsos de suas missões na América do Sul espanhola, e a biblioteca do Vaticano continha muitos manuscritos com descrições das línguas sul e centro-americanas que esses missionários trouxeram consigo ou escreveram uma vez em Roma. Humboldt percorreu essas gramáticas e, com os olhos agora bem abertos depois de sua experiência com o basco, pôde perceber a imagem distorcida que apresentavam: estruturas que se desviavam do tipo europeu haviam passado despercebidas ou sido coagidas a se encaixar no molde europeu. "É triste ver", escreveu ele, "que violência esses missionários exerceram tanto sobre si mesmos quanto sobre as línguas, a fim de impor-lhes as regras estreitas da gramática latina" (HUMBOLDT, 1905b, p. 237; cf. tb. HUMBOLDT, 1963, p. 172). Em sua determinação de entender como as línguas da América do Norte realmente funcionavam, Humboldt reescreveu completamente muitas dessas gramáticas, e aos poucos a estrutura real das línguas emergiu por trás da fachada dos paradigmas latinos.

Humboldt colocou os linguistas numa curva de aprendizagem avançada. Evidentemente, a informação de segunda mão que ele foi capaz de recolher a respeito das línguas indígenas norte-americanas não era nada se comparada ao profundo conhecimento de primeira mão que Sapir desenvolveu um século depois. E considerando o que sabemos hoje sobre como se organizam as gramáticas de diferentes idiomas, Humboldt mal arranhava a superfície. O tênue raio de luz que brilhava de seus materiais parecia deslumbrante, porém, em razão da escuridão total em que ele e seus contemporâneos haviam definhado.

Para Humboldt, a imensa felicidade de abrir novos caminhos misturava-se à frustração ante a necessidade de impor o valor de suas descobertas a um mundo que não as compreendia e insistia em considerar o estudo das línguas primitivas uma atividade adequada apenas a colecionadores de borboletas. Humboldt fez um grande esforço para explicar por que as profundas diferenças entre as gramáticas eram, de fato, uma janela para coisas muito maiores. "A diferença entre as línguas", argumentava ele, "não está apenas nos sons e sinais, mas na visão de mundo. Aqui se encontra a razão e o objetivo final de todo o estudo da linguagem" (HUMBOLDT, 1905a, p. 27)[61]. Mas isso não era tudo. Humboldt também afirmou que as diferenças gramaticais não só refletem diferenças preexistentes no pensamento, como são responsáveis, antes de tudo, por moldar essas diferenças. A língua materna "não é

---

61. Humboldt não inventou esse sentimento do nada: afirmações anteriores nesse sentido estavam restritas principalmente a observações sobre as diferenças entre os *vocabulários* das principais línguas europeias. O filósofo francês Étienne de Condillac, por exemplo, comentou sobre a diferença entre francês e latim em relação aos sentidos conotativos de palavras relacionadas à agricultura. Se as diferenças gramaticais foram trazidas ao debate, elas nunca ultrapassaram banalidades como a afirmação de Herder de que "nações industriosas têm uma abundância de tempos em seus verbos" (HERDER, 1812, p. 355).

apenas o meio para representar uma verdade já reconhecida, mas, sobretudo, para descobrir a verdade que não havia sido reconhecida anteriormente" (HUMBOLDT, 1905a, p. 27)[62]. Uma vez que "a linguagem é o órgão formador do pensamento" (HUMBOLDT, 1963, p. 191), deve haver uma relação íntima entre as leis da gramática e as leis do pensamento. "O pensamento", concluiu ele, "depende não apenas da linguagem em geral, mas até certo ponto de cada língua individual" (HUMBOLDT, 1905a, p. 21).

Uma ideia sedutora foi assim lançada ao ar, uma ideia que na década de 1930 seria retomada (e mais e mais retomada) em Yale. O próprio Humboldt nunca chegou a alegar que nossa língua materna pode restringir por completo nossos pensamentos e horizontes intelectuais. Ele explicitamente descreveu algo que no tumulto em torno de Whorf, um século depois, tendia a ser negligenciado, a saber, que, em princípio, qualquer pensamento pode ser expresso em qualquer idioma. As diferenças reais entre as línguas, argumentava ele, não estão no que uma língua é capaz de expressar, mas sim no "que ela incentiva e estimula seus falantes a fazer a partir de sua própria força interior" (HUMBOLDT, 1905c, p. 287)[63]. Sempre permaneceram um tanto vagos nos escritos de Humboldt de que exatamente se tratava essa "força in-

---

62. Sobre os precursores da ideia, mais notavelmente o ensaio do prêmio da Academia Prussiana de 1760 de Johann David Michaelis, cf. Koerner (2000). O próprio Humboldt já havia expressado o sentimento de forma vaga em 1798, antes de ser exposto a línguas não indo-europeias (KOERNER, 2000, p. 9).

63. "*Sieht man bloss auf dasjenige, was sich in einer Sprache ausdrücken lässt, so wäre es nicht zu verwundern, wenn man dahin geriethe, alle Sprachen im Wesentlichen ungefähr gleich an Vorzügen und Mängeln zu erklären* [...] *Dennoch ist dies gerade der Punkt, auf den es ankommt. Nicht, was in einer Sprache ausgedrückt zu werden vermag, sondern das, wozu sie aus eigner, innerer Kraft anfeuert und begeistert, entscheidet über ihre Vorzüge oder Mängel.*" É certo que Humboldt fez esse famoso pronunciamento pelas razões erradas. Ele estava tentando explicar por que, mesmo que nenhuma língua restrinja as possibilidades de pensamento em seus falantes, algumas línguas (grego) ainda são muito melhores do que outras, porque incentivam ativamente os seus falantes a formar ideias mais elevadas.

terior", que ideias ela precisamente "estimulava" os falantes a formular e como, em termos práticos, ela poderia fazê-lo. Como veremos, sua intuição básica pode ter sido sólida, mas apesar do conhecimento detalhado de muitas línguas exóticas por ele acumulado, suas declarações acerca do assunto da influência da língua materna na mente sempre permaneceram na mais elevada estratosfera das generalidades filosóficas e nunca chegaram ao cerne dos detalhes.

De fato, em suas volumosas reflexões sobre esse assunto, Humboldt cumpriu os dois primeiros mandamentos de qualquer grande pensador: (1) Serás vago; (2) Não evitarás a autocontradição. Mas pode ter sido exatamente essa imprecisão que tocou seus contemporâneos. Seguindo a liderança de Humboldt, tornou-se moda entre os grandes e os bons prestar homenagem à influência da linguagem no pensamento e, desde que não se sentisse o desejo de fornecer nenhum exemplo em particular, qualquer um estaria livre para recorrer a imagens de impacto, porém em última análise vazias. O renomado professor de Filologia de Oxford Max Müller declarou em 1873 que "as palavras nas quais pensamos são canais de pensamento que nós mesmos não cavamos, mas que encontramos prontos e à nossa disposição" (MÜLLER, 1996, p. 151). E o seu arquirrival do outro lado do Atlântico, o linguista americano William Whitney, talvez não concordasse com Müller no que quer que fosse, mas quanto a esse ponto admitia que "cada língua tem sua própria estrutura peculiar de distinções estabelecidas, seus contornos e formas de pensamento, nos quais, para o ser humano que tenha nessa língua a língua materna, é vazado o conteúdo e o produto de sua mente, seu repertório de impressões, sua experiência e conhecimento do mundo" (WHITNEY, 1875, p. 22). O matemático e filósofo William Kingdon Clifford acrescentou alguns anos depois que "é o pensamento da humanidade passada embutido em nossa linguagem que faz com que a natureza seja o que ela é para nós" (CLIFFORD, 1879, p. 110).

Ao longo do século XIX, no entanto, tais declarações permaneceram no nível de floreios retóricos ocasionais. Foi somente no século XX que as frases de efeito começaram a ser destiladas em afirmações específicas sobre a suposta influência de fenômenos gramaticais particulares na mente. As ideias humboldtianas passavam agora por um rápido processo de fermentação e, à medida que o espírito da nova teoria se tornava mais poderoso, a retórica se tornava menos sóbria.

Relatividade linguística

O que havia no ar que catalisou essa reação? Uma razão deve ter sido a grande (e totalmente justificada) excitação sobre os enormes avanços que os linguistas estavam fazendo na compreensão da estranha natureza das línguas ameríndias. Os linguistas no continente americano não precisavam se debruçar sobre manuscritos da biblioteca do Vaticano para descobrir a estrutura das línguas nativas, pois ainda havia dezenas de línguas nativas vivas para serem estudadas *in loco*. Além disso, no século que separou Sapir de Humboldt, a ciência da linguagem experimentou uma meteórica elevação em termos de sofisticação, e as ferramentas analíticas à disposição dos linguistas tornaram-se incomparavelmente mais poderosas. Quando essas ferramentas avançadas começaram a ser aplicadas seriamente ao tesouro das línguas nativas do continente, elas revelaram paisagens gramaticais com as quais Humboldt não poderia ter sonhado.

Edward Sapir, como Humboldt um século antes dele, começou sua carreira linguística distante dos largos horizontes das línguas do continente americano. Seus estudos em Colúmbia tinham por área de concentração a filologia germânica e consistiam em coisas que lembravam as pedantes listas de formas verbais obscuras em línguas antigas que ele ridicularizou na passagem que citei anteriormente. Sapir creditou sua conversão da poltrona empoeirada da filologia germânica ao grande campo aberto das línguas ameríndias à influência de Franz

Boas, o carismático professor de Antropologia de Colúmbia, que também foi pioneiro no estudo científico das línguas nativas do continente[64]. Anos mais tarde, Sapir relembrou uma reunião divisora de águas em que Boas convocou contraexemplos dessa e daquela ou daquela outra língua nativa para todas as generalizações sobre a estrutura da língua em que Sapir acreditava anteriormente. Sapir começou a sentir que a filologia germânica lhe havia ensinado muito pouco e que ele ainda tinha "tudo a aprender sobre a linguagem" (SWADESH, 1939; cf. tb. DARNELL, 1990, p. 9). Daí em diante, ele aplicaria sua lendária clareza de pensamento ao estudo do chinook, do navajo, do nootka, do yana, do tlingit, do sarcee, do kutchin, do ingalik, do hupa, do paiute e de outras línguas nativas, produzindo análises de precisão e profundidade incomparáveis.

Além da alegria de descobrir gramáticas estranhas e exóticas, havia algo mais no ar que movia Sapir à formulação de seu princípio da relatividade linguística. Essa foi a tendência radical na filosofia do início do século XX. Na época, filósofos como Bertrand Russell e Ludwig Wittgenstein ocupavam-se da denúncia das influências perniciosas da linguagem sobre a metafísica do passado. Russell escreveu em 1924: "A linguagem nos engana tanto pelo seu vocabulário quanto por sua sintaxe. Devemos estar em guarda em ambos os aspectos, se a nossa lógica não deve conduzir a uma falsa metafísica" (RUSSELL, 2004, p. 331)[65].

---

64. Muitas vezes é sugerido que Franz Boas também pode ter inspirado as ideias de Sapir sobre a relatividade. Há indícios dessa visão em Boas (1910, p. 377) e, uma década depois, Boas tornou o argumento mais explícito: "As categorias da linguagem nos obrigam a ver o mundo organizado em certos grupos conceituais definidos que, devido à nossa falta de conhecimento dos processos linguísticos, são tomados como categorias objetivas e que, portanto, se impõem à forma de nossos pensamentos" (BOAS, 1920, p. 320).

65. Sapir veio a conhecer essas ideias no livro *The meaning of meaning: a study in the influence of language upon thought*, de Ogden e Richards (1923).

Edward Sapir (1884-1939)

Sapir traduziu as afirmações sobre a influência da linguagem nas ideias filosóficas em um argumento sobre a influência da língua materna nos pensamentos e percepções cotidianas. Ele começou a falar sobre o "domínio tirânico que a forma linguística tem sobre nossa orientação no mundo" (SAPIR, 1931, p. 578) e, em oposição a qualquer um antes dele, passou a dar substância a tais palavras com conteúdo real. Em 1931, ele ofereceu o seguinte exemplo de como uma diferença linguística específica deve afetar os pensamentos dos falantes. Quando observamos uma pedra movendo-se pelo espaço em direção à terra, Sapir explicou, dividimos involuntariamente esse evento em dois conceitos separados: uma pedra e a ação de cair, e declaramos que "a pedra cai". Presumimos que esta é a única maneira de descrever tal evento. Mas a inevitabilidade da divisão em "pedra" e "queda" é apenas uma ilusão, porque a língua nootka, falada na Ilha de Vancouver, faz as coisas de uma maneira muito diferente. Não há nenhum verbo em nootka que corresponda ao nosso termo geral "queda" e que possa descrever a ação independentemente de um objeto específico em queda. Em vez disso, um verbo especial, "pedrar", é usado para se referir ao movimento de uma pedra em particular. Para descrever o evento de uma pedra *caindo*, esse verbo é combinado com o elemento "para baixo". Assim, o estado de coisas que dividimos em "pedra" e "queda" é descrito em nootka algo como "[x/ele] pedrou para baixo".

Tais exemplos concretos de "análise incomensurável da experiência em diferentes línguas", diz Sapir, "torna muito real para nós uma espécie de relatividade que geralmente nos é escondida por nossa aceitação ingênua de hábitos fixos de fala. Essa é a relatividade dos conceitos ou, como poderia ser chamada, a relatividade da forma de pensamento" (SAPIR, 1963, p. 155)[66]. Esse tipo de relatividade, acrescenta ele, pode ser mais fácil de entender do que o de Einstein, mas para entendê-lo são necessários os dados comparativos da linguística.

Infelizmente para Sapir, é exatamente abandonando a imprecisão aconchegante das frases de efeito filosóficas e aventurando-se nas correntes congelantes de exemplos linguísticos específicos que ele expõe o gelo fino sobre o qual sua teoria se sustenta. A expressão nootka "pedra para baixo" é, sem dúvida, uma maneira muito diferente de descrever o evento, e certamente soa estranha, mas essa estranheza significa que os falantes de nootka precisam perceber o evento de uma maneira diferente? A fusão de verbo e substantivo em nootka implica necessariamente que os falantes de nootka não têm imagens separadas da ação e do objeto em suas mentes?

Podemos testar isso se aplicarmos o argumento de Sapir a uma língua um pouco mais familiar. Tomemos a frase em inglês: "*it rains*". Essa construção é realmente bastante semelhante ao nootka "pedra para baixo", porque a ação (queda) e o objeto (gotas de água) são combinados em um conceito verbal. Mas nem todas as línguas o fazem dessa forma. Na minha língua materna, o objeto e a ação permanecem separados, e diz-se algo como "a chuva cai". Portanto, há uma profunda diferença

---

66. Whorf (1956, p. 214) elaborou mais tarde o princípio da relatividade: "Somos assim apresentados a um novo princípio de relatividade, que sustenta que todos os observadores não são conduzidos pela mesma evidência física à mesma imagem do universo, a menos que seus antecedentes linguísticos sejam semelhantes".

na maneira como nossas línguas expressam o evento da chuva, mas isso significa que você e eu temos de experimentar a chuva de uma maneira diferente? Você sente que é impedido pela gramática da sua língua materna de entender a distinção entre a substância aquosa e a ação da queda? Você acha difícil relacionar as gotas de chuva que caem com outras coisas que caem? Ou as diferenças na maneira como nossas línguas expressam a ideia de "chover" não são mais do que meras diferenças na organização gramatical?

Na época, ninguém pensou em tropeçar em pedrinhas desse tipo. A excitação sobre a estranheza – em grande parte factual – da expressão nas línguas indígenas do continente americano foi de alguma forma entendida como o suficiente para deduzir as diferenças – em grande parte fictícias – nas percepções e pensamentos de seus falantes. Na verdade, a festa estava apenas começando, pois agora entra em cena o aluno mais criativo de Sapir, Benjamin Lee Whorf.

Enquanto Sapir ainda mantinha alguns dedos no chão e, no geral, relutava em explicar a forma exata do suposto domínio tirânico das categorias linguísticas sobre a mente, seu aluno Whorf não sofria de tais escrúpulos. Whorf deveria ir corajosamente aonde nenhum homem havia ido antes, e em uma escalada de afirmações contundentes, expôs o poder de nossa língua materna em influenciar não apenas nossos pensamentos e percepções, mas até mesmo a física do cosmos. A gramática de cada língua, escreveu ele, "não é apenas um instrumento de reprodução para expressar ideias, mas é em si mesma a formadora de ideias, o programa e o guia para a atividade mental dos indivíduos, para sua análise das impressões… Dissecamos a natureza mediante linhas estabelecidas por nossas línguas nativas" (WHORF, 1956, p. 212).

A estrutura geral dos argumentos de Whorf era mencionar uma característica gramatical estranha e, em seguida, com um fatídico "daí", "assim" ou "portanto", concluir que essa característica devia resultar em uma maneira muito diferente de pensar. A partir da fusão frequente de substantivo e verbo nas línguas nativas americanas, por exemplo, Whorf concluiu que tais línguas impõem uma "visão monista da natureza" (WHORF, 1956, p. 215) em vez de nossa "divisão bipolar da natureza". Eis como ele justifica tais alegações: "Algumas línguas têm meios de expressão em que os termos separados não são tão separados quanto em inglês, fluindo ao encontro um do outro em criações sintéticas plásticas. Assim, tais línguas, que não pintam a imagem objeto-separativa do universo no mesmo nível que o inglês e suas línguas irmãs, apontam para possíveis novos tipos de lógica e possíveis novas imagens cósmicas".

Se você se sentir completamente arrebatado pela prosa, lembre-se da oração em inglês "*it rains*", que combina as gotas de chuva e a ação de cair em uma "criação sintética plástica". A sua "imagem objeto-separativa do universo" é afetada? Você e os falantes de línguas em que "a chuva cai" operam sob um tipo diferente de lógica e diferentes imagens cósmicas?

Os hopi e o tempo

> O que mais surpreende é descobrir que várias grandes generalizações do mundo ocidental, como tempo, velocidade e matéria, não são essenciais para a construção de uma imagem consistente do universo (*Ciência e linguística* – WHORF, 1956, p. 216).

> Até a cegonha no céu conhece os seus tempos determinados; e a rola, e o grou e a andorinha observam o tempo da sua arribação; mas o meu povo não conhece o juízo do Senhor (Jr 8,7).

De longe, o mais eletrizante dos argumentos de Whorf dizia respeito a uma área diferente da gramática e a uma língua diferente: o hopi do nordeste do Arizona. Atualmente, a população hopi conta cerca de 6 mil indivíduos, conhecidos especialmente pela "dança da cobra", em que os artistas dançam com cobras vivas entre os dentes. As cobras são, então, soltas e espalham entre seus pares a palavra, segundo a qual os hopis estão em harmonia com o mundo espiritual e natural. Mas Whorf tornou os hopi famosos por uma razão distinta: a língua hopi, disse ele, não tinha conceito de tempo. Whorf alegou ter feito um "estudo longo e cuidadoso" da língua hopi, embora ele nunca tenha chegado a visitá-los no Arizona, e sua pesquisa tenha se baseado exclusivamente em conversas com um informante hopi que vivia em Nova York. No início de suas investigações, Whorf argumentou que o tempo hopi "tem dimensões zero; ou seja, não pode ser dado um número maior que um. Os hopi não dizem: 'Eu fiquei cinco dias', mas 'Eu saí no quinto dia'. Uma palavra que se refere a esse tipo de tempo, como a palavra 'dia', não pode ter plural" (WHORF, 1956, p. 241). A partir desse fato, ele concluiu que "para nós, para quem o tempo é um movimento em um espaço, a repetição invariável parece espalhar sua força por uma fileira de unidades desse espaço e desaparecer. Para os hopi, para quem o tempo não é um movimento, mas um 'chegar mais tarde' de tudo o que já foi feito, a repetição invariável não desaparece, mas se acumula" (WHORF, 1956, p. 151). Whorf, portanto, achou "infundado supor que um hopi que conhece apenas a língua hopi e as ideias culturais de sua própria sociedade tem as mesmas noções [...] de tempo e espaço que temos". Os hopi, disse ele, não entenderiam nossa expressão "amanhã é outro dia", porque para eles o retorno do dia é "sentido como o retorno da mesma pessoa, um pouco mais velha, mas com todas as impressões de ontem, não como 'outro dia', ou seja, como uma pessoa totalmente diferente".

Mas isso era apenas o começo. À medida que suas investigações sobre o hopi se aprofundavam, Whorf decidiu que sua análise anterior não havia ido longe o suficiente e que a língua hopi de fato não continha nenhuma referência ao tempo. A língua hopi, explicou ele, não contém "palavras, formas gramaticais, construções ou expressões que se refiram diretamente ao que chamamos de 'tempo', ou ao passado, presente ou futuro" (WHORF, 1956, p. 57). Assim, um hopi "não tem noção ou intuição geral do tempo como um contínuo de suave fluir ao qual tudo converge num só movimento".

Essa revelação espetacular ofuscou qualquer coisa que alguém já havia sido capaz de imaginar, e chamou a atenção do mundo para Whorf. A fama de suas afirmações rapidamente se espalhou a muito além da linguística, e dentro de alguns anos as ideias de Whorf circulavam por toda a parte. Não é preciso dizer que o sarrafo subia a cada nova exposição. Um livro de 1958 chamado *Some things worth knowing: a generalist's guide to useful knowledge* relatou que a língua inglesa torna impossível para "nós leigos" entendermos o conceito científico de tempo como uma quarta dimensão. Mas "um indígena hopi, pensando na língua hopi – que não trata o tempo como um fluxo –, tem menos problemas com a quarta dimensão do que nós" (CHASE, 1958, p. 14). Alguns anos depois, um antropólogo explicou que, para os hopi, "o tempo se mostra aquele aspecto do ser que é o fio da navalha do agora, pois está no processo de se tornar tanto 'passado' quanto 'futuro'. Visto assim, também não temos presente, mas nossos hábitos linguísticos nos fazem sentir como se tivéssemos" (EGGAN, 1974).

Só havia um problema. Em 1983, o linguista Ekkehart Malotki, que fez um extenso trabalho de campo sobre a língua hopi, escreveu um livro chamado *Hopi time*. A primeira página do livro está em grande medida em branco, com apenas duas frases curtas impressas no meio, uma abaixo da outra:

> Depois de um longo e cuidadoso estudo e análise, a língua hopi não contém palavras, formas gramaticais, construções ou expressões que se refiram diretamente ao que chamamos de "tempo".
> (Benjamin Lee Whorf, *"An American Indian model of the universe"*, 1936.)

> *pu' antsa pay qavongvaqw pay su'its talavay kuyvansat, pàasatham pu' pam piw maanat taatayna*
> Então, de fato, no dia seguinte, bem cedo pela manhã, na hora em que as pessoas rezam para o sol, perto desse horário, ele acordou a menina novamente.
> (Ekkehart Malotki, Notas de Campo Hopi, 1980.)

O livro de Malotki passa a descrever, em 677 páginas impressas em letras miúdas, as numerosas expressões para o tempo na língua hopi, bem como o sistema de tempo e aspecto em seus "verbos sem temporalidade". Incrível o quanto uma língua pode mudar em 40 anos.

* * *

Não é difícil compreender por que o princípio da relatividade linguística, ou a "hipótese Sapir-Whorf", como também veio a ser conhecida, afundou em tamanho descrédito entre os linguistas respeitáveis. Mas há outros – filósofos, teólogos, críticos literários – que carregam a tocha independentemente. Uma ideia se mostrou em particular resiliente em face dos violentos ataques do fato ou da razão: o argumento de que o sistema temporal de uma língua determina a compreensão do tempo dos falantes. O hebraico bíblico ofereceu uma escolha bastante promissora, já que seu sistema verbal supostamente sem marcação de tempo poderia ser usado para explicar qualquer coisa, desde a concepção de temporalidade dos israelitas até a natureza da profecia judaico-cristã. Em seu livro *cult* de 1975, *After Babel*, George Steiner segue uma longa linha de grandes pensadores na tentativa de "relacionar possibilidades e restrições gramaticais ao desenvolvimento de conceitos ontológicos primários como o tempo e a eternidade"[67]. Embora sempre tenha o cuidado de evitar qualquer formulação que possa ser fixada em um sentido específico, Steiner nos informa, porém, que "grande parte da específica apreensão ocidental do tempo como sequência linear e movimento vetorial é estabelecida e organizada pelo sistema de verbos indo-europeu". Mas o hebraico bíblico, de acordo com Steiner, nunca desenvolveu tais distinções temporais. Essa diferença entre o elaborado sistema temporal do grego indo-europeu e a falta de temporalidade do hebraico, pergunta ele, é responsável pela "evolução contrastante dos pensamentos grego e hebraico"? Ou apenas reflete padrões de pensamento preexistentes? "A convenção de que os fatos falados são estritamente

---

67. Esta e as citações subsequentes são de Steiner (1975, p. 137, 161, 165, 166).

contemporâneos ao presente do falante – uma convenção crucial para os documentos hebraico-cristãos da revelação – é um gerador ou uma consequência da forma gramatical?" Steiner conclui que a influência deve caminhar em ambas as direções: o sistema verbal influencia o pensamento, que por sua vez influencia o sistema verbal, tudo em "múltipla reciprocidade".

Acima de tudo, Steiner argumenta, é o tempo futuro que tem consequências importantes para a alma e a mente humanas, pois molda nosso conceito de tempo e racionalidade, até mesmo a própria essência de nossa humanidade. "Podemos ser definidos como o mamífero que usa o futuro do verbo 'ser'", explica ele. O tempo futuro é o que nos dá esperança para o futuro, e sem ele estamos todos condenados a terminar "no inferno, isto é, numa gramática sem futuros".

Antes de correr para se livrar do seu psiquiatra e contratar, em vez dele, um gramático, experimente esta rápida verificação da realidade. Primeiro, como questão de ordem, deve-se mencionar que ninguém entende completamente as sutilezas do sistema verbal hebraico bíblico. Existem duas formas verbais principais em hebraico, e a diferença entre elas parece depender de alguma mistura indescritível do tempo e do que os linguistas chamam de aspecto – a distinção entre ações concluídas (por exemplo, "eu vivi") e ações contínuas ("eu vivia"). Mas vamos até mesmo aceitar, a título de argumento, que o verbo hebraico não expressa o tempo futuro, ou quaisquer outros tempos. Será que essa ausência tem algum efeito restritivo na compreensão que os falantes têm do tempo, do futuro e da eternidade? Eis aqui um versículo de uma deliciosa profecia sobre a condenação próxima, na qual um Jeová conflagrado promete a seus inimigos retribuição iminente:

לִי נָקָם וְשִׁלֵּם לְעֵת תָּמוּט רַגְלָם כִּי קָרוֹב יוֹם אֵידָם וְחָשׁ עֲתִדֹת לָמוֹ

A mim pertence a vingança e a retribuição. No devido tempo os pés deles **terão escorregado**; o dia da sua desgraça está chegando e o seu próprio destino se **apressa** sobre eles (Cântico de Moisés, Dt 32,35).

Há dois verbos no original hebraico e, como se apresenta no caso, o primeiro, "terão escorregado", está em uma das duas principais formas verbais que acabei de mencionar, e o segundo, "se apressa", está no outro. Na tradução em português, esses dois verbos aparecem em dois tempos diferentes: "terão escorregado" (em inglês: "*shall slip*") e "apressa-se" (em inglês: "*hasten*"). Mas embora os estudiosos possam argumentar até que a vingança se realize se a diferença entre as formas verbais hebraicas expressa principalmente aspecto ou tempo, alguma coisa disso importa para o significado do versículo? O significado da tradução em português (e em inglês) mudaria de alguma forma se mudássemos o verbo "escorregar" para o tempo presente: "No devido tempo em que os pés deles *escorregam*"? E você pode detectar qualquer nebulosidade sobre o conceito do futuro na imagem de arrepiar das coisas por vir *se apressando* sobre os pecadores?

Ou pense nisso de outra maneira: quando você pergunta a alguém, em perfeita prosa do inglês e no tempo presente, algo como "*are you coming tomorrow?* [você vem amanhã?]", você sente que a sua compreensão do conceito de futuridade está se esvaindo? Sua ideia de tempo está mudando em múltipla reciprocidade? A esperança e a resiliência do seu espírito e o tecido da sua humanidade começam a falhar? Se Jeremias estivesse vivo hoje, ele poderia dizer (ou quero dizer: "ele poderia ter dito"?): As cegonhas sabem quando é tempo de voltar. Até as rolas, garças e andorinhas sabem quando é tempo de voar para outras terras. Mas os meus acadêmicos não conhecem a ordenança do mundo.

Você pode sentir que já ouviu o suficiente sobre a relatividade linguística, mas eu gostaria de lhe apresentar a uma última peça burlesca. Em 1996, a revista americana *Philosophy Today* apresentou um artigo intitulado "*Linguistic relativity in French, English and German Philosophy*", no qual o autor, William Harvey, afirmou que a gramática do francês, inglês e alemão pode explicar as diferenças entre as três tradições filosóficas. Por exemplo, "sendo a filosofia inglesa em grande parte, de acordo com nossa tese, determinada pela gramática inglesa, deveríamos considerá-la, como a língua, uma fusão do francês e do alemão". O argumento então se prova mediante a exposição de que a teologia inglesa (anglicana) é um cruzamento entre o catolicismo (francês) e o protestantismo (alemão). Há outras joias. O sistema de casos do alemão "é parte da explicação para a tendência da filosofia alemã à construção de sistemas", enquanto "se o pensamento inglês é, de certa forma, mais aberto à ambiguidade e à falta de sistema, isso se pode atribuir em parte à relativa variabilidade e frouxidão da sintaxe inglesa".

Talvez. Também pode ser atribuído à forma irregular dos pãezinhos de Páscoa. Mais apropriadamente, no entanto, deve ser atribuído ao hábito de periódicos de língua inglesa cederem aos gostos bucólicos do Sr. Harvey. (Aliás, eu sei que os pãezinhos de Páscoa não são particularmente irregulares. Mas, reforçando, nem a sintaxe inglesa é particularmente "variável e solta". É mais rígida em sua ordem de palavras, por exemplo, do que o alemão.)

O cárcere da língua

De longe, a afirmação mais famosa que Nietzsche nunca fez foi, na tradução em inglês: "*We have to cease to think if we refuse to do so in the prison-house of language* [É preciso deixar de pensar se nos recusamos a fazê-lo no cárcere da língua]". O que ele realmente disse foi: "Deixamos de pensar se não queremos fazê-lo sob restrições linguísticas (*Wir hören auf zu denken, wenn wir es nicht in dem sprachlichen Zwange thun wollen*)" (COLLI *et al.*, 2001, p. 765). Mas a tradução errada em inglês se transformou em um *slogan* e, por acaso, essa frase resume perfeitamente tudo o que há de tão errado na relatividade linguística. Pois há uma falácia tóxica que corre solta como mercúrio por todos os argumentos que encontramos até agora, e essa é a suposição de que a língua que falamos é uma prisão que limita os conceitos que somos capazes de entender. Seja a alegação de que a falta de um sistema de tempo verbal restringe a compreensão do tempo pelos falantes, seja a de que, quando um verbo e um objeto são fundidos, os falantes não entendem a distinção entre ação e coisa – o que une todas essas disputas é uma premissa tão grosseira quanto falsa, a saber, que "os limites da minha língua significam os limites do meu mundo" (WITTGENSTEIN, 1922, §5.6), que os conceitos expressos em uma língua são os mesmos que os conceitos que seus falantes são capazes de entender e que as distinções feitas em uma gramática são as mesmas que as distinções que os falantes são capazes de conceber.

Chega a ser difícil de compreender que uma noção tão ridícula pudesse ter alcançado tamanha circulação, dado o gritante, para onde quer que nos voltemos, de tantas evidências contrárias. As pessoas ignorantes que nunca ouviram falar de "*Schadenfreude*" acham difícil entender o conceito de saborear o infortúnio de outra pessoa? Por sua vez, os alemães, cuja língua usa uma só palavra para "quando" e "se" (*wenn*), não conseguem entender a diferença lógica entre o que pode acontecer sob certas condições e o que acontecerá independentemente? Será que os antigos babilônios, que usavam a mesma palavra (*arnum*) tanto para "crime" quanto para "punição" não entenderam a diferença? Em caso afirmativo, por que eles escreveram milhares de documentos legais, códigos de leis e protocolos judiciais para determinar exatamente qual punição deveria ser dada por qual crime?

A lista de exemplos poderia ser facilmente ampliada. As línguas semíticas exigem formas verbais diferentes para o masculino e o feminino ("você come" teria formas diferentes dependendo de você ser do sexo feminino ou masculino), ao passo que o inglês não faz distinções de gênero nos verbos. George Steiner conclui a partir disso que "toda uma antropologia da igualdade sexual está implícita no fato de que nossos verbos, diferentemente dos verbos das línguas semíticas, não indicam o sexo do agente". Sério? Existem algumas línguas que são tão sexualmente esclarecidas que não fazem distinções de gênero mesmo em pronomes, de modo que até mesmo "ele" e "ela" são fundidos em uma criação sintética plástica unissex. Que línguas podem ser essas? Turco, indonésio e uzbeque, para citar alguns exemplos – não exatamente línguas de sociedades conhecidas por sua antropologia da igualdade sexual.

É claro que nenhuma lista de tais erros poderia estar completa sem o romance *1984* de George Orwell, no qual os governantes têm tanta fé no poder da língua que supõem que a dissidência política poderia ser totalmente eliminada se o vocabulário pudesse ser expurgado de todas as palavras ofensivas. "No fim, tornaremos o crimepensar literalmente impossível, pois não existirão palavras para expressá-lo." E por que parar por aqui? Por que não abolir a palavra "ganância" como uma solução rápida para a economia mundial, ou acabar com a palavra "dor" para economizar bilhões em paracetamol, ou confinar a palavra "morte" à lixeira como uma fórmula instantânea para a imortalidade universal?

* * *

Meu objetivo final, proclamado anteriormente, era convencê-lo de que poderia haver algo que valesse a pena salvar da ideia de que nossa língua materna pode influenciar nossos pensamentos e percepções. Esse objetivo pode agora parecer mais uma missão suicida. Mas, embora as perspectivas para a relatividade linguística não pareçam terrivelmente promissoras no momento, a boa notícia é que, tendo atingido o nadir intelectual, as coisas a partir daqui só podem se dirigir ao alto. De fato, a falência do whorfianismo foi benéfica para o progresso da ciência, porque, ao dar um exemplo tão terrível, expôs os dois erros cardeais que qualquer teoria responsável sobre a influência da língua no pensamento deve evitar. Em primeiro lugar, o vício de Whorf em fantasias sem qualquer restrição imposta pelos fatos nos ensinou que qualquer suposta influência de uma língua na mente dos falantes deve ser demonstrada, não apenas presumida. Não se pode simplesmente dizer "a língua X faz as coisas diferentemente da língua Y e, *portanto*, os falantes de X devem pensar diferentemente dos falantes de Y". Se houver razões para que se suspeite que os falantes de X possam pensar de forma diferente dos falantes de Y, isso deve ser mostrado empiricamente. Na verdade, mesmo isso não é suficiente, já que, quando as diferenças nos padrões de pensamento podem ser demonstradas, ainda é preciso argumentar de forma convincente que foi de fato a língua que *causou* essas diferenças, e não outros fatores nas culturas e ambientes dos falantes.

A segunda grande lição dos erros do whorfianismo é que devemos escapar da prisão da língua. Ou melhor, devemos escapar é à ilusão de que a língua é uma prisão para o pensamento – que restringe a capacidade de seus falantes de raciocinar logicamente e os impede de entender ideias que são usadas por falantes de outras línguas.

Naturalmente, quando digo que uma língua não impede os seus falantes de compreender quaisquer conceitos, não quero dizer que se possa falar de qualquer assunto em qualquer língua no seu estado presente. Tente traduzir um manual de operação da máquina de lavar louça para o idioma de uma tribo das terras altas da Papua, e você rapidamente terá problemas, já que não há palavras para garfos, pratos, copos, botões, sabonetes, programas de enxágue ou sinalizadores de falhas intermitentes. Mas não é a natureza profunda da língua que impede os papuanos de entender tais conceitos: é simplesmente o fato de que eles não estão familiarizados com os artefatos culturais em questão. Dado tempo suficiente, você poderia explicar perfeitamente todas essas coisas para eles em sua língua materna.

Da mesma forma, tente traduzir uma introdução à metafísica ou à topologia algébrica ou, aliás, muitas passagens do Novo Testamento para a língua papua, e é improvável que você vá muito longe, porque não terá palavras equivalentes à maioria dos conceitos abstratos que são necessários. Mas, novamente, você poderia criar o vocabulário para tais conceitos abstratos em qualquer idioma, seja tomando-o de empréstimo ou estendendo o uso de palavras existentes aos sentidos abstratos. (As línguas europeias usaram ambas as estratégias.) Essas afirmações corajosas sobre a possibilidade teórica de expressar ideias complexas em qualquer língua não são apenas ilusões; elas foram provadas inúmeras vezes na prática. É certo que o experimento não foi conduzido com tanta frequência com manuais de máquinas de lavar louça ou com livros didáticos de metafísica, mas foi conduzido com muita frequência com o Novo Testamento, que contém argumentos teológicos e filosóficos em níveis extremamente elevados de abstração.

E se você ainda é tentado pela teoria de que o inventário de conceitos prontos em nossa língua materna determina os conceitos que somos capazes de entender, então apenas pergunte a si mesmo como alguém conseguiria aprender quaisquer novos conceitos se essa teoria fosse verdadeira. Tome este exemplo: se você não é um linguista profissional, a palavra *factivity* provavelmente não fará parte do seu idioma. Mas isso significa que sua língua materna (neste caso, o inglês comum) o impede de entender a distinção entre verbos "factivos" e "não factivos"? Vamos ver. Os verbos "perceber" (*realize*) e "saber" (*know*), por exemplo, são chamados de "factivos", porque se você disser algo como "Alice percebeu que seus amigos tinham ido embora", você está implicando que o que Alice percebeu era um fato verdadeiro. (Por isso, seria muito estranho dizer "Alice percebeu que seus amigos tinham ido embora, mas na verdade eles não tinham".) Por outro lado, verbos não factivos como "supor" (*assume*) não implicam um fato verdadeiro: quando dizemos "Alice supôs que os seus amigos tinham partido", podemos continuar igualmente e com naturalidade com "e, na verdade, eles tinham" ou "mas, na verdade, eles não tinham". E aqui estamos. Acabei de explicar um conceito novo e altamente abstrato para vocês, a *factivity* (factividade), que não fazia parte da sua língua antes. A sua língua materna era uma barreira?

Como não há evidências de que qualquer língua proíba seus falantes de pensar qualquer coisa, como o próprio Humboldt reconheceu 200 anos atrás, os efeitos da língua materna não podem ser buscados naquilo que diferentes línguas *permitem* que seus falantes pensem. Mas onde, então? Humboldt passou a dizer, em termos um tanto místicos, que as línguas, no entanto, diferem no que elas "encorajam e estimulam a fazer a partir de sua própria força interior". Ele parece ter tido o tipo certo de intuição, mas estava claramente lutando para defini-la e nunca conseguiu ir além de metáforas. Podemos transformar as imagens nebulosas dele em algo mais transparente? Acredito que podemos. Mas, para isso, precisamos abandonar a chamada hipótese Sapir-Whorf, a suposição de que as línguas limitam a capacidade de seus falantes de expressar ou entender conceitos, e recorrer a uma visão fundamental que pode ser apelidada de princípio de Boas-Jakobson.

De Sapir-Whorf a Boas-Jakobson

Já encontramos o antropólogo Franz Boas como a pessoa que apresentou Edward Sapir ao estudo das línguas dos nativos da América do Norte.

Franz Boas (1858-1942)   Roman Jakobson (1896-1982)

Em 1938, Boas fez uma observação aguda sobre o papel da gramática na linguagem. Ele escreveu que, além de determinar a relação entre as palavras em uma frase, "a gramática desempenha outra função importante. Ela determina os aspectos de cada experiência que *devem* ser expressos" (BOAS, 1938, p. 132-133)[68]. E ele passou a explicar que tais aspectos obri-

---

68. Boas também explicou que, mesmo quando uma gramática não obriga os falantes a expressar certas informações, isso não implica obscuridade de fala, uma vez que, quando necessário, a clareza sempre pode ser obtida pelo acréscimo de palavras explicativas.

gatórios variam muito entre as línguas. A observação de Boas foi discretamente colocada em uma pequena seção sobre "gramática" dentro de um capítulo intitulado "Linguagem" dentro de uma introdução à *General anthropology*, e seu significado não parece ter sido totalmente examinado até duas décadas depois, quando o russo-norte-americano Roman Jakobson encapsulou a visão de Boas em uma máxima concisa: "As línguas diferem essencialmente no que *devem* transmitir e não no que *podem* transmitir" (JAKOBSON, 1959a, p. 236; cf. tb. JAKOBSON, 1959b; JAKOBSON, 1985, p. 110)[69]. As diferenças cruciais entre as línguas, em outras palavras, não estão no que cada língua permite que seus falantes expressem – pois, em teoria, qualquer língua poderia expressar qualquer coisa –, mas em que informação cada língua obriga os falantes a expressar.

Jakobson dá o seguinte exemplo. Se eu disser em inglês "*I spent yesterday evening with a neighbour*", você pode muito bem se perguntar se a minha companhia era um homem ou uma mulher, mas eu tenho o direito de lhe dizer educadamente que não é da sua conta. Mas se estamos falando francês, alemão ou russo, não tenho o privilégio de omiti-lo, porque sou obrigado pela língua a escolher entre *voisin* ou *voisine*, *Nachbar* ou *Nachbarin*, *sosed* ou *sosedka*. Assim, o francês, o alemão e o russo me obrigariam a informá-lo sobre o sexo da minha companhia, tivesse eu sentido ou não que fosse da sua conta. Isso não significa, é claro, que os falantes de inglês são alheios às diferenças entre as noites passadas com vizinhos do sexo masculino ou feminino. Também não significa que os falantes de inglês não possam expressar a distinção se quiserem. Significa apenas que os falantes de inglês não são obrigados a especificar o sexo cada vez que o vizinho é mencionado, enquanto os falantes de algumas línguas são.

---

69. Jakobson (1985, p. 107-108) rejeita especificamente as influências da língua em "atividades estritamente cognitivas". Ele permite sua influência apenas na "mitologia cotidiana, que encontra sua expressão em divagações, trocadilhos, piadas, tagarelice, atos falhos da língua, sonhos, devaneios, superstições e, por último, mas não menos importante, na poesia".

Por outro lado, o inglês nos obriga a especificar certos elementos de informação que podem ser deixados para o contexto em alguns outros idiomas. Se eu quiser contar-lhe em inglês a respeito de um jantar com o meu vizinho, eu posso não ter que lhe dizer o sexo do vizinho, mas eu tenho que lhe falar algo sobre o momento do evento: eu tenho que decidir se *jantamos, estávamos jantando, estamos jantando, vamos jantar*, e assim por diante. O chinês, por sua vez, não obriga seus falantes a especificar o tempo exato da ação cada vez que usam um verbo, porque a mesma forma verbal pode ser usada para ações passadas, presentes ou futuras. Novamente, isso não significa que os falantes de chinês sejam incapazes de expressar o tempo da ação se julgarem particularmente relevante. Mas, ao contrário dos falantes de inglês, eles não são obrigados a fazê-lo todas as vezes.

Nem Boas nem Jakobson estavam destacando tais diferenças gramaticais em relação à influência da língua no pensamento. Boas estava preocupado principalmente com o papel que a gramática desempenha na língua, e Jakobson estava lidando com os desafios que tais diferenças representam para a tradução. No entanto, parece-me que o princípio de Boas-Jakobson é a chave para desvendar os efeitos reais de uma língua particular no pensamento. Se diferentes línguas influenciam as mentes de seus falantes de maneiras variadas, isso não é por causa do que cada língua permite que as pessoas pensem, mas sim por causa dos tipos de informação nos quais cada língua habitualmente obriga as pessoas a pensar. Quando uma língua força seus falantes a prestar atenção a certos aspectos do mundo cada vez que abram a boca ou desejem escutar algo, esses hábitos de fala podem eventualmente se estabelecer em hábitos mentais com consequências para a memória, ou a percepção, ou associações, ou mesmo habilidades práticas.

Se tudo isso ainda soa um pouco abstrato demais, então o contraste entre a hipótese de Sapir-Whorf e o princípio de Boas-Jakobson pode ser trazido à baila com outro exemplo. O chinês pode nos parecer bastante frouxo ao permitir que seus falantes omitam o tempo da ação, mas tente imaginar o que um falante de matsés (FLECK, 2007), do Peru, pode sentir ao ouvir as distinções de tempo verbal incrivelmente grosseiras e desleixadas do inglês.

Os matsés são uma tribo de 2.500 pessoas, e seus membros vivem na floresta tropical ao longo do Rio Javari, um afluente do Amazonas. Sua língua, recentemente descrita pelo linguista David Fleck, obriga-os a fazer distinções de sutileza alucinante sempre que relatam eventos. Para começar, há três graus de passado em matsés: você não pode simplesmente dizer que alguém "passou por lá"; você tem que especificar com diferentes terminações verbais se essa ação ocorreu no passado recente (aproximadamente até um mês), em um passado distante (aproximadamente de um mês a 50 anos) ou em um passado remoto (mais de 50 anos atrás). Além disso, o verbo tem um sistema de distinções que os linguistas chamam de "evidencialidade", e acontece que o sistema de evidencialidade do matsés é o mais elaborado já descrito em qualquer idioma. Sempre que os falantes do matsés usam um verbo, eles são obrigados a especificar – como o mais minucioso dos advogados – exatamente como eles vieram a saber sobre os fatos que estão relatando. Os matsés, em outras palavras, precisam ser mestres epistemólogos. Existem formas verbais separadas, a depender de você estar relatando uma experiência direta (você viu alguém passando com seus próprios olhos), algo inferido a partir de evidências (você viu pegadas na areia), uma conjectura (as pessoas sempre passam àquela hora do dia) ou boatos (seu vizinho lhe disse que tinha visto alguém passando). Se uma declaração for relatada com a forma de evidencialidade incorreta, ela é considerada uma mentira. Então, se, por exemplo, você perguntar a um homem matsés quantas esposas ele tem, a menos que ele pudesse realmente ver suas esposas naquele exato momento, ele responderia no passado e diria algo como *daëd ikoʂh*: "Duas houve [de experiência direta recente]". Com efeito, o que ele estaria dizendo é: "Havia duas quando verifiquei pela última vez". Afinal, dado que as esposas não estão presentes, ele não pode ter certeza se uma delas não morreu ou fugiu com outro homem desde a última vez que as viu, mesmo que tenha sido há apenas cinco minutos. Portanto, ele não pode responder como um fato no tempo presente.

Mas encontrar a forma verbal certa para eventos diretamente experimentados é brincadeira de criança em comparação com a precisão exigida quando se relata um evento que só foi inferido. Aqui, o idioma matsés nos obriga a especificar não apenas há quanto tempo presumimos que o evento ocorreu, mas também há quanto tempo fizemos a inferência. Suponha que você viu pegadas de porcos selvagens no chão em algum lugar fora da aldeia e quer dizer aos seus amigos que os animais passaram por aquele lugar. Em inglês, dizer *"wild pigs passed by there"* [porcos selvagens passaram ali] é exatamente a informação que você tem de especificar. Mas em matsés, você tem que revelar há quanto tempo fez a descoberta (isto é, há quanto tempo viu as pegadas) e há quanto tempo que acredita que o evento em si (os porcos passando) de fato ocorreu. Por exemplo, se há pouco tempo descobriu trilhas ainda frescas, você pressupõe que os porcos selvagens passaram um pouco antes de avistados os vestígios, então teria de dizer:

kuen–ak–o–şh

o passar [ocorrido pouco antes de experimentado/recentemente experimentado] eles

"eles passaram" (eu descobri há pouco tempo/havia acontecido pouco antes disso)

Se há pouco tempo você descobrisse vestígios já antigos, teria que dizer:

kuen–nëdak–o–şh

o passar [ocorrido muito antes de experimentado/experimentado recentemente] eles

"eles passaram" (eu descobri há pouco tempo, aconteceu há bastante tempo)

Se há muito tempo você tivesse identificado vestígios ainda frescos, teria que dizer:

kuen–ak–onda–şh

1. Um arco-íris (ver página 29).

2. Kit de amarrados de lã para o teste de daltonismo de Holmgren (ver página 64).

3. A diferença entre essas duas figuras demonstra a teoria revisada de Magnus (ver página 85). A figura de cima é o que os europeus veem, enquanto a figura de baixo é o que Magnus afirmava que os antepassados teriam visto: as tonalidades vermelhas são igualmente vívidas, mas as cores verde e azul, mais frias, seriam bem menos nítidas.

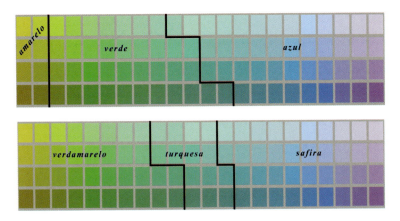

4a. As cores em inglês "amarelo", "verde" e "azul" (ver página 108).
4b. Uma divisão alternativa: "verdamarelo" (verde + amarelo), "turquesa" e "safira" (ver página 108).

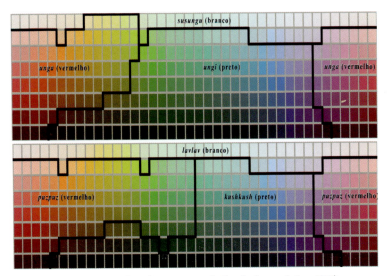

5a. O sistema de três cores em belonês (ver página 109).
5b. O sistema de três cores em zift (ver página 109).

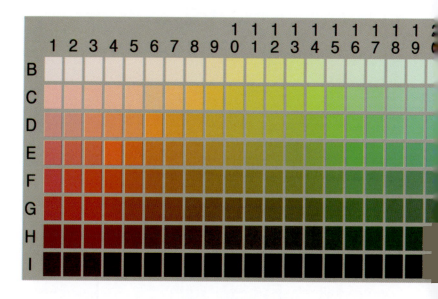

6. O conjunto de 320 fichas coloridas utilizadas por Berlin e Kay, em 40 tonalidades igualmente espaçadas e em 8 graus de claridade. Todas as fichas estão com saturação máxima (ver página 110).

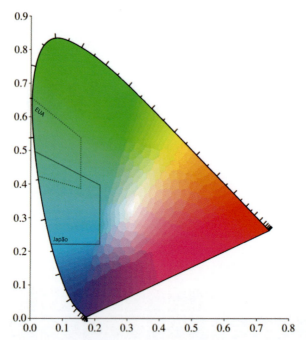

7. Especificações oficiais para as tonalidades aprovadas para o verde em sinais de trânsito nos Estados Unidos e no Japão, definido como regiões do diagrama de cromaticidade padrão CIE 1931 (ver página 266).

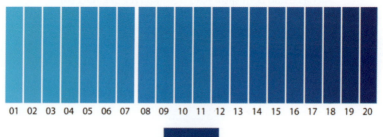

8. O experimento dos "azuis russos" (ver página 272).

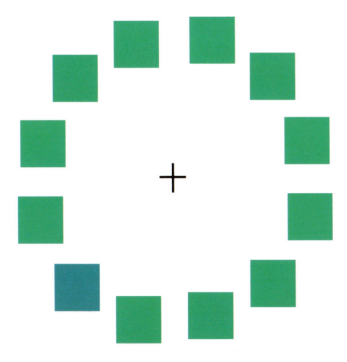

9. Círculo de quadrados em tons de verde e azul (ver páginas 278 e 279).

10. Cores fáceis de nomear e difíceis de nomear em chinês (ver página 280).

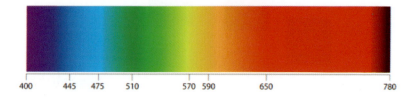

11. O espectro visível (ver página 92 e 293), com comprimentos de onda marcados em escala de nanômetros (milhões de milímetros).

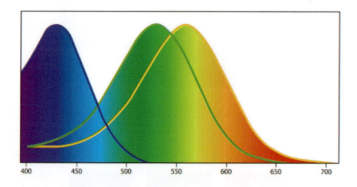

12. A sensibilidade normalizada dos cones de onda curta, onda média e onda longa como função do comprimento de onda (ver páginas 295 e 296).

passaram [ocorrido um pouco antes do experimentado/experimentado há muito tempo] eles

"*eles passaram*" (eu descobri há muito tempo, havia acontecido pouco antes de percebido)

E se há muito tempo descobrisse trilhas antigas:

kuen–nëdak–onda–şh

o passar [ocorrido muito antes de experimentado/experimentados há muito tempo] eles

"*eles passaram*" (eu descobri há muito tempo, havia acontecido há muito tempo)

O sistema de matsés é estranho por qualquer perspectiva da imaginação, e nada tão elaborado ainda foi encontrado em outro lugar. O matsés mostra o quão fundamentalmente as línguas podem variar nos tipos de informação obrigatoriamente transmitidas por seus falantes. Mas a estranheza do matsés também ajuda a esclarecer exatamente onde influências críveis da língua no pensamento podem ou não ser procuradas. Estremecemos ao pensar o que Whorf teria feito do matsés se as informações a seu respeito tivessem chegado a ele, ou, aliás, o que um whorfiano entre os matsés faria da imprecisão insondável dos verbos ingleses. "Acho infundado supor", diria tal sábio matsés, "que um norte-americano que conhece apenas a língua inglesa e as ideias culturais de sua própria sociedade pode ter uma compreensão adequada da epistemologia. Os falantes de inglês simplesmente não seriam capazes de entender a diferença entre eventos diretamente experimentados e fatos meramente inferidos, porque sua linguagem lhes impõe uma visão monista do universo que combina o evento com a forma como foi experimentado em uma criação sintética plástica".

Mas isso é bobagem, porque não temos problemas em entender as distinções do matsés, e se assim quisermos podemos facilmente expressá-las em inglês: "*I saw with my own eyes a short time ago...* [vi com meus próprios olhos há pouco tempo]", "*I inferred a long time ago...* [Eu inferi há muito tempo]", "*I guessed a very long time ago...* [Eu pensei há muito tempo]", e assim por diante. Quando se sente que esse tipo de informação é particularmente relevante, por exemplo, no banco das testemunhas, os falantes de inglês usam rotineiramente tais expressões. A única diferença real entre o inglês e o matsés, portanto, é que o matsés força seus falantes a fornecer todas essas informações sempre que descrevem um evento, enquanto o inglês não.

Se a exigência de especificar a evidencialidade se traduz em hábitos mentais que afetam mais do que a língua, isso é algo que ninguém ainda estudou empiricamente. Mas todas as alegações plausíveis dos últimos anos sobre a influência de uma língua particular no pensamento caminham em linhas semelhantes. Ninguém (em sã consciência) argumentaria hoje em dia que a estrutura de uma língua limita a compreensão de seus falantes àqueles conceitos e distinções que já fazem parte do sistema linguístico. Em vez disso, pesquisadores sérios têm procurado as consequências do uso *habitual* desde tenra idade de certas formas de expressão. Por exemplo, a necessidade de prestar atenção constante a certos aspectos da experiência treina os falantes para serem especialmente sensíveis a certos detalhes ou induz tipos específicos de padrões e associações de memória? São exatamente essas as questões que exploraremos nos próximos capítulos.

Para alguns críticos, como Steven Pinker, o fato de a nossa língua materna não restringir nem nossa capacidade de raciocinar logicamente nem nossa capacidade de entender ideias complexas é um anticlímax irredimível. Em seu recente livro, *The stuff of thought*, Pinker argumenta que, uma vez que ninguém jamais conseguiu demonstrar que falantes de uma língua acham impossível, ou mesmo extremamente difícil, raciocinar de uma maneira particular, natural a falantes de outra língua, então quaisquer efeitos remanescentes da linguagem no pensamento são ordinários, pouco *sexy*, tediosos, até banais (PINKER, 2007, p. 135). Claro que o *sexy* é uma questão de gosto pessoal. Mas no que se segue, espero mostrar que, embora os efeitos reais da língua no pensamento sejam muito distintos das afirmações tresloucadas do passado, eles estão longe de ser tediosos, ordinários ou banais.

7
Onde o sol não nasce no Leste

Preparado para o almoço

A língua guugu yimithirr tem uma famosa reivindicação à fama e, consequentemente, é celebrada em todo o vasto mundo das buscas banais. A história é mais ou menos assim. Em julho de 1770, o Endeavour, embarcação comandada pelo Capitão Cook, encalhou na costa nordeste da Austrália, perto da foz de um rio que logo seria batizado Endeavour, em um lugar que mais tarde se tornaria Cooktown. Durante as semanas em que o navio passou por reparos, o Capitão Cook e sua tripulação fizeram contato com a população nativa do continente, tanto humana quanto marsupial. Com a primeira, as relações foram, a princípio, bastante cordiais. Cook escreve em seu diário em 10 de julho de 1770: "Pela manhã, quatro dos nativos chegaram ao ponto arenoso da face norte do porto, tendo junto consigo uma pequena canoa de madeira com estabilizadores, na qual pareciam estar empenhados na pesca de peixes. Eles estavam completamente nus, suas peles da cor de fuligem de madeira. Seus cabelos eram negros, irregulares e curtos, e nem lanosos nem crespos. Algumas partes de seus corpos tinham sido pintadas de vermelho, e um deles tinha o lábio superior e o peito pintados com linhas brancas. A compleição desses nativos estava longe de ser desagradável; suas vozes eram suaves e melodiosas" (WHARTON, 2008, p. 392).

Os outros nativos foram tratados com um pouco menos de respeito. No *Account of the voyages*, baseado nos diários de

Cook e seus oficiais, lemos a seguinte descrição para o que se desenrolou mais tarde naquela semana: "O Sr. Gore, que saiu hoje com sua arma, teve a sorte de matar um dos animais que tanto tinham sido objeto de nossa especulação [...]. A cabeça, o pescoço e os ombros são muito pequenos se comparados com as outras partes do corpo; a cauda é quase tão longa quanto o corpo, espessa perto do traseiro, e afunilada em direção à ponta; as patas dianteiras deste indivíduo tinham apenas 8 polegadas de comprimento, e as patas traseiras 22: seu progresso se dá por saltos sucessivos, que cobrem boa distância, em uma postura ereta; a pele é coberta de um pelo curto, como de um rato escuro ou de cor cinza, exceto a cabeça e as orelhas, que têm uma ligeira semelhança com as de uma lebre. Esse animal é chamado pelos nativos de *Kanguroo*. No dia seguinte, nosso *Kanguroo* estava preparado para o almoço e provou-se dotado de carne excelente" (HAWKESWORTH, 1785, p. 132, 14 de julho de 1770).

O Endeavour retornou à Inglaterra no ano seguinte com as peles de dois cangurus, e o pintor de animais George Stubbs foi contratado para fazer-lhe um retrato. O canguru de Stubbs imediatamente capturou a imaginação do público, e o animal virou celebridade. Dezoito anos depois, a excitação atingiu o ápice quando o primeiro espécime vivo, "o maravilhoso canguru de Botany Bay", chegou a Londres e foi exibido no Haymarket. O inglês ganhou assim sua primeira palavra de origem aborígene australiana e, à medida que a fama do animal se espalhou para outros países, o "*kangaroo*" tornou-se o item mais proeminente do vocabulário internacional exportado por uma língua nativa da Austrália.

Mas era?

Embora a popularidade duradoura do canguru no Velho Mundo não fosse motivo de dúvida, a autenticidade das raízes da palavra na Austrália logo ficou sob suspeita. Pois quando exploradores australianos posteriores avistaram o animal em outras partes do continente, os aborígines locais nunca se referiam a ele com qualquer termo remotamente semelhante a "*kangaroo*". Nativos de todas as partes da Austrália sequer reconheceram a palavra, e alguns deles em verdade entenderam que lhes estavam instruindo o nome do animal em inglês caso o ouvissem. Uma vez que muitas línguas nativas eram faladas em todo o continente, o fato de os aborígenes em outras partes da Austrália não reconhecerem a palavra não era, em si, tão suspeito. O mais prejudicial, porém, à credibilidade do "*kangaroo*" foi o relato de outro explorador, o Capitão Philip Parker King, que visitou a foz do mesmo Rio Endeavour em 1820, 50 anos depois de Cook ter partido. Quando o Capitão King perguntou aos aborígenes como o animal era chamado, ele recebeu um nome completamente diferente do que Cook havia registrado. King transcreveu o nome em seu próprio diário como "*minnar*" ou "*meenuah*".

O *kongouro* da Nova Holanda, de George Stubbs (1772)

Então, quem eram aqueles nativos com vozes suaves e melodiosas que deram a Cook a palavra "*kanguroo*" em 1770, e qual era a língua deles? Ou será que Cook foi simplesmente enganado? Em meados do século XIX, o ceticismo sobre a autenticidade da palavra era imenso. Em 1850, John Crawfurd, um orientalista distinto e sucessor de Stamford Raffles como residente de Cingapura, escreveu no *Journal of the Indian Archipelago and*

Eastern Asia que "é muito digno de nota que a palavra, supostamente australiana, não seja encontrada como o nome deste pitoresco animal marsupial em qualquer língua da Austrália. Cook e seus companheiros, portanto, quando lhe deram esse nome, devem ter cometido algum erro, mas de que natureza é impossível saber" (CRAWFURD, 1850, p. 188)[70]. Mitos e lendas de todos os tipos logo se espalharam. A versão mais famosa, amada pelos comediantes até hoje, é que *"kangaroo"* era a frase para "não entendi", a resposta supostamente dada pelos nativos confusos diante da pergunta de Cook: "Qual é o nome desse animal?"

Lexicógrafos mais responsáveis optaram pela cautela, e o *Oxford English Dictionary* se protege com a elegância apropriada na seguinte definição, que – no momento em que estou escrevendo – ainda aparece na edição *on-line*: *"Kangaroo: stated to have been the name in a native Australian language. Cook and Banks believed it to be the name given to the animal by the natives at Endeavour River, Queensland"* [declarado ter sido o nome em uma língua nativa australiana. Cook e Banks acreditaram ser o nome dado ao animal pelos nativos do Rio Endeavour, Queensland].

O mistério de Down Under foi finalmente resolvido em 1971, quando o antropólogo John Haviland começou um estudo intensivo de guugu yimithirr, uma língua falada por uma comunidade aborígene de cerca de 1.000 pessoas que hoje vivem a cerca de 50 quilômetros ao norte de Cooktown, mas que anteriormente ocupavam o território próximo ao Rio Endeavour. Haviland descobriu que há um tipo particular de canguru cinza grande cujo nome em guugu yimithirr é *gangurru*. A paternidade do nome não podia mais permanecer em dúvida. Mas, se assim for, por que o Capitão King não recebeu o mesmo nome dos falantes da mesma língua quando os visitou em 1820?

---

70. Em 1898, outro lexicógrafo acrescentou à confusão, quando registrou outras palavras para o animal: *"kadar"*, *"ngargelin"* e *"wadar"* (PHILLIPS, 1898). Dixon *et al.* (1990, p. 68) apontam que o etnólogo W.E. Roth escreveu uma carta ao *Australian* em 1898, dizendo que *gangooroo* era o nome de um tipo particular de canguru em guugu yimithirr. Mas isso não foi observado pelos lexicógrafos.

Acontece que o grande *gangurru* cinza que o grupo de Cook avistou raramente é visto perto da costa, então King provavelmente apontou a um tipo diferente de canguru, que tem um nome diferente em guugu yimithirr. Mas nunca saberemos que tipo de canguru King viu, porque a palavra que ele registrou, "*minar*" ou "*meenuah*", foi sem dúvida *minha* [*sic*], o termo geral que significa "carne" ou "animal comestível".

O Capitão Cook não foi, portanto, enganado. Suas observações linguísticas estão agora reabilitadas e, em consequência, guugu yimithirr, a língua que legou ao vocabulário internacional seu ícone aborígene mais famoso, ganhou um lugar nos corações e mentes dos viciados em banalidades em todo o mundo.

Coordenadas egocêntricas e geográficas

> "Então você leria um Livro de Conselhos, que desse ajuda e conforto a um Urso entalado em um enorme aperto?" Assim, por uma semana, Christopher Robin leu esse livro no extremo norte de Pooh, e o Coelho pendurou sua roupa no extremo sul ("Pooh sai em visita e Pooh e Piglet quase capturam um Woozle").

Há uma razão ainda melhor de o guugu yimithirr receber toda a atenção merecida, mas essa razão é desconhecida até mesmo dos mais ávidos *trainspotters* e está restrita aos círculos de linguistas e antropólogos profissionais. O nome da língua guugu yimithirr significa algo como "este tipo de linguajar" ou "falar desta forma" (*guugu* é "linguajar", e *yimithirr* significa "desta forma"), e esse é um nome bastante adequado, uma vez que o guugu yimithirr tem uma maneira de falar sobre relações espaciais que é decididamente muito particular. Seu método de descrever a disposição de objetos no espaço soa quase incrivelmente estranho para nós, e quando essas peculiaridades em guugu yimithirr foram descobertas, elas inspiraram um projeto de pesquisa em larga escala acerca da linguagem do espaço. Os resultados dessa pesquisa levaram a uma revisão fundamental do que se supunha serem propriedades universais da linguagem humana, e também forneceram o exemplo mais impressionante até agora de como nossa língua materna pode afetar a maneira como pensamos.

Suponha que você queira dar a alguém instruções de condução para chegar à sua casa. Você pode dizer algo como: "Logo após o semáforo, vire a primeira à esquerda e continue até ver o supermercado à sua esquerda, depois vire à direita e dirija até o fim da rua, onde verá uma casa branca bem à sua frente. A nossa porta é a da direita". Você poderia, em teoria, também dizer o seguinte: "Siga na direção leste do semáforo, dirija na direção norte e continue até ver um supermercado a oeste. Em seguida, rume para leste e, no fim da rua, você verá uma casa branca a leste. A nossa é a porta a sul". Esses dois conjuntos de direções são equivalentes no sentido de que descrevem a mesma rota, mas se baseiam em diferentes sistemas de coordenadas. O primeiro sistema usa coordenadas *egocêntricas*, cujos dois eixos dependem dos nossos próprios corpos: um eixo da esquerda para a direita e um eixo da frente para trás ortogonal a ele. Esse sistema de coordenadas move-se conosco para onde quer que nos voltemos. Os eixos sempre mudam junto com o nosso campo de visão, de modo que o que está na frente fica para trás se nos virarmos, o que estava à nossa direita fica então à esquerda. O segundo sistema de coordenadas usa direções geográficas fixas, que são baseadas nas direções da bússola – norte, sul, leste e oeste. Essas direções não mudam com os seus movimentos – o que está ao norte permanece exatamente ao norte, não importa quantas vezes você dê voltas ou vire.

É claro que os sistemas egocêntricos e geográficos não esgotam as possibilidades de se falar a respeito do espaço e dar direções espaciais. Pode-se, por exemplo, apenas apontar a uma direção específica e dizer "vá por ali". Mas, para simplificar, vamos nos concentrar nas diferenças entre os sistemas egocêntrico e geográfico. Cada sistema de coordenadas tem vantagens e desvantagens, e na prática usamos ambos em nossas vidas diárias, dependendo de sua adequação ao contexto. Seria mais natural usar direções cardeais ao dar instruções para caminhadas em campo aberto, por exemplo, ou mais geralmente para falar a respeito de orientação em larga escala. "O Óregon fica ao norte da Califórnia" é mais natural do que "O Óregon fica à direita da Califórnia se você estiver de frente para o mar". Mesmo dentro de algumas cidades, especialmente aquelas com eixos geográficos claros, as pessoas usam conceitos geográficos fixos, como "*uptown*" ou "*downtown*". Mas, no geral, ao dar instruções de direção ou de caminhada, é muito mais comum usar as coordenadas egocêntricas: "vire à esquerda, depois pegue a terceira à direita" e assim por diante. As coordenadas egocêntricas são ainda mais dominantes quando descrevemos espaços de pequena escala, especialmente dentro de edifícios. As direções geográficas podem não estar totalmente ausentes (os agentes imobiliários são capazes de voos líricos ao falar sobre as salas de estar de face sul, por exemplo), mas esse uso é, na melhor das hipóteses, marginal. Basta pensar em como seria ridículo dizer: "Quando você sair do elevador, caminhe a sul e depois pegue a segunda porta a leste". Quando Pooh fica entalado na porta da frente de Rabbit e é forçado a permanecer lá por uma semana inteira até reduzir sua cintura, A.A. Milne se refere ao "extremo norte" e "extremo sul" de Pooh e, assim, destaca a fixidez desesperada de sua situação. Mas pense em como seria absurdo para um treinador aeróbico ou um professor de balé dizer: "Levantem a mão norte e movam a perna sul em direção ao leste". Por que o sistema egocêntrico parece tão mais fácil e mais natural? Simplesmente porque sempre sabemos onde está "à nossa frente" e onde estão "atrás" e "esquerda" e "direita". Não precisamos de um mapa ou de uma bússola para descobrir, não precisamos olhar para o sol ou para a estrela polar, é uma questão de sentir, porque o sistema egocêntrico de coordenadas é baseado diretamente em nosso próprio corpo e nosso campo visual imediato. O eixo frente-trás passa por entre nossos dois olhos: é uma longa linha imaginária que se estende diretamente do nosso nariz a perder de vista e que gira com o nariz e os olhos aonde e quando quer que eles se virem. Da mesma forma, o eixo esquerda-direita, que corta nossos ombros, sempre se adapta à nossa própria orientação.

O sistema de coordenadas geográficas, por outro lado, baseia-se em conceitos externos que não se adaptam à nossa própria orientação e que precisam ser calculados (ou lembrados) a partir da posição do sol ou das estrelas ou das características da paisagem. Assim, no geral, voltamos às coordenadas geográficas apenas quando realmente precisamos fazê-lo: se o sistema egocêntrico não dá conta do que é preciso referenciar ou se as direções geográficas são especificamente relevantes (por exemplo, na avaliação dos méritos das salas face sul).

De fato, filósofos e psicólogos de Kant em diante argumentaram que todo pensamento espacial é essencialmente egocêntrico por natureza e que nossas noções primárias de espaço são derivadas dos planos que passam por nossos corpos (KANT, 1768, p. 378)[71]. Um dos argumentos cabais para a primazia das coordenadas egocêntricas era, naturalmente, a linguagem humana. Dizia-se que a confiança universal das línguas nas coordenadas egocêntricas e a posição privilegiada que todas as línguas concedem a essas coordenadas sobre todos os outros sistemas faziam desfilar diante de nós as características universais da mente humana.

Mas então surgiu o guugu yimithirr. E então veio a espantosa percepção de que aqueles aborígenes nus que há dois séculos revelaram o canguru ao mundo nunca tinham ouvido falar de Immanuel Kant. Ou ao menos nunca haviam lido seu famoso artigo de 1768 sobre a primazia da concepção egocêntrica do espaço para a língua e o pensamento. Ou, no mínimo, se o tivessem lido, nunca teriam conseguido aplicar a análise de Kant à sua língua. O caso é que sua língua não faz uso de coordenadas egocêntricas!

---

71. "*Da wir alles, was ausser uns ist, durch die Sinnen nur in so fern kennen, als es in Beziehung auf uns selbst steht, so ist kein Wunder, dass wir von dem Verhältniss dieser Durchschnittsflächen zu unserem Körper den ersten Grund hernehmen, den Begriff der Gegenden im Raume zu erzeugen*" (cf. tb. MILLER; JOHNSON-LAIRD, 1976, p. 380-381).

Um nariz escorrendo para o sul

Em retrospecto, parece quase um milagre que, quando John Haviland começou a pesquisar o guugu yimithirr na década de 1970, ele ainda tenha conseguido encontrar alguém que falasse a língua. Pois o arriscado contato dos aborígenes com a civilização não era inteiramente propício à conservação de sua língua.

Depois que o Capitão Cook partiu em 1770, os guugu yimithirr foram inicialmente poupados do contato intenso com os europeus e, por um século inteiro, foram sobretudo deixados a seus próprios cuidados. Mas quando as forças do progresso enfim chegaram, elas vieram com a velocidade da luz. Descobriu-se ouro na região em 1873, não muito longe do local onde o Endeavour de Cook havia atracado, e uma cidade com o nome do navegador fundou-se – literalmente – da noite para o dia. Numa sexta-feira de outubro de 1873, um navio cheio de garimpeiros navegou por uma silenciosa, solitária e distante foz de rio. E no sábado, como um dos viajantes descreveu mais tarde, "estávamos no meio de uma jovem vila de escavações – homens correndo de um lado para outro, tendas subindo em todas as direções, os gritos de marinheiros e trabalhadores desembarcando mais cavalos e carga, combinados com o trepidar do guincho a vapor, dos guindastes e das correntes"[72]. Seguindo os passos dos garimpeiros, os agricultores começaram a ocupar terras ao longo do Rio Endeavour. Os garimpeiros precisavam de terra para mineração, e os agricultores precisavam da terra e dos poços de água para o gado. Na nova ordem, não havia muito espaço para o guugu yimithirr. Os agricultores ficaram ressentidos com a queima dos pastos e com a expulsão do gado dos poços, de modo que força policial foi empregada para remover os nativos das terras dos colonos. Os aborígenes reagiram com certo grau de antagonismo, e isso por sua vez levou os

---

72. G.E. Dalrymple, *Narrative and reports of the Queensland North East Coast Expedition* (1873), citado em Haviland e Haviland (1980, p. 120). Para a história de guugu yimithirr, cf. Haviland (1979b), Haviland e Haviland (1980), Haviland (1985) e Loos (1978).

colonos a uma política de extermínio. Menos de um ano após a fundação de Cooktown, o *Cooktown Herald* explicou em um editorial que, "quando os selvagens são colocados contra a civilização, eles precisam ser subjugados; é o destino de sua raça. Por mais que deploremos a necessidade de tal estado de coisas, é absolutamente necessário, a fim de que a marcha da civilização não seja interrompida pelo antagonismo dos aborígenes"[73]. As ameaças não eram vazias, pois a ideologia era levada a cabo por meio de uma política de "dispersão", o que significava acabar com a existência de aldeias aborígenes. Os nativos que não haviam sido "dispersos" recuavam em bandos isolados para o mato ou eram atraídos para a cidade, onde acabavam reduzidos à bebida e à prostituição.

Em 1886, 13 anos após a fundação de Cooktown, missionários bávaros estabeleceram uma missão luterana em Cape Bedford, ao norte da cidade, para tentar salvar as almas destruídas dos pagãos em perdição. Posteriormente, a missão mudou-se para um lugar batizado Hopevale, localizado mais ao interior. A missão tornou-se um santuário para os aborígenes remanescentes de toda a região e além. Embora as pessoas falantes de muitas línguas locais diferentes tenham sido levadas para Hopevale, o guugu yimithirr era dominante e tornou-se a língua de toda a comunidade. Certo Sr. Schwartz, o chefe da missão, traduziu a Bíblia para o guugu yimithirr e, embora seu domínio da língua fosse moderado, seu defeituoso guugu yimithirr acabou sendo consagrado como uma espécie de "língua da igreja", que as pessoas não são capazes de entender facilmente, mas que goza de aura muito parecida com a do inglês da *King James Bible*.

Nas décadas seguintes, a missão passou por mais provações e tribulações. Durante a Segunda Guerra Mundial, toda a comunidade foi forçosamente realocada para o sul, e o missionário septuagenário Schwartz, que havia chegado a Cooktown aos

---

73. "The Black Police", editorial, *Cooktown Herald e Palmer River Advertiser*, 24 de junho de 1874, p. 5.

19 anos e vivido entre os guugu yimithirr por meio século, conheceu seu jazigo na condição de inimigo estrangeiro. Mesmo assim, desafiando as probabilidades, a língua guugu yimithirr de alguma forma se recusou a entregar os pontos. No avançado da década de 1980, ainda havia alguns homens mais velhos que falavam uma versão autêntica da língua.

Haviland descobriu que o guugu yimithirr, como falado pela geração mais velha, não tem quaisquer palavras que designem "esquerda" ou "direita" como direções. Ainda mais estranhamente, o idioma sequer usa termos como "na frente de" ou "atrás" para descrever a posição dos objetos[74]. Sempre que usamos o sistema egocêntrico, os guugu yimithirr usam as quatro direções cardeais: *gungga* (norte), *jiba* (sul), *guwa* (oeste) e *naga* (leste). (Na prática, suas direções guardam uma diferença de aproximadamente 17 graus em relação ao Norte da bússola, mas isso não é de muita importância para as nossas presentes preocupações.)

Se os falantes de guugu yimithirr quiserem que alguém se mova em um carro para abrir espaço, eles dirão *naga-naga manaayi*, que significa "mova-se um pouco para o leste". Se eles quiserem dizer-lhe que se mova um pouco para trás da mesa, eles dirão *guwa-gu manaayi*, "mova-se um pouco para o oeste". É até incomum dizer apenas "mova-se um pouco para lá" em guugu yimithirr. Em vez disso, é preciso adicionar a direção correta: "mova-se um pouco para lá ao sul". Em vez de dizer que João está "diante da árvore", eles dirão: "João está ao norte da árvore". Se eles quiserem dizer-lhe que tome a próxima curva à esquerda, eles lhe dirão: "Aqui siga ao sul". Para lhe dizer onde exatamente eles deixaram alguma coisa em sua casa, eles dirão: "Eu a deixei na borda sul da mesa a oeste". Para lhe dizer para desligar o fogareiro, eles dirão: "Gire o botão para leste".

---

74. Haviland (1998) argumenta que o guugu yimithirr pode, em algumas circunstâncias limitadas, usar o substantivo *thagaal*, "frente", em relação ao espaço, por exemplo, em *George nyulu thagaal-bi*, "George estava na frente". Mas isso parece ser usado para descrever não a posição espacial como tal, mas o papel principal de George.

Na década de 1980, outro linguista, Stephen Levinson, também foi a Hopevale, e ele descreve algumas de suas experiências estranhas com as direções em guugu yimithirr (LEVINSON, 2003). Um dia, enquanto estava tentando filmar o poeta Tulo contando um mito tradicional, Tulo de repente disse-lhe para parar e "olhar para aquela grande formiga ao norte do seu pé". Em outro caso, um falante de guugu yimithirr chamado Roger explicou onde peixes congelados poderiam ser encontrados em uma loja a cerca de 30 milhas de distância. Você vai encontrá-los "bem deste lado", disse Roger, gesticulando para a direita com dois movimentos ligeiros da mão. Levinson entendeu que o movimento indicava que, quando alguém entrava na loja, o peixe congelado era encontrado do lado direito. Mas não: ocorreu que os peixes estavam realmente à esquerda quando você entrava na loja. Então, por que o gesto para a direita? Roger não estava gesticulando para a direita. Ele estava apontando para nordeste e esperava que seu ouvinte entendesse que, quando entrasse na loja, deveria procurar o peixe no canto nordeste.

Fica mais curioso. Quando falantes mais velhos de guugu yimithirr assistiram a um curta-metragem mudo em uma tela de televisão e, em seguida, foi-lhes pedido que descrevessem os movimentos dos protagonistas, suas respostas dependiam da orientação da televisão no momento em que eles assistiam ao filme. Se a televisão estivesse voltada a norte e um homem na tela parecesse estar se aproximando, os homens mais velhos diriam que o homem estava "vindo em direção ao norte". Um homem mais jovem então observou que você sempre sabe para que lado a TV está voltada quando as pessoas idosas contam a história.

A confiança nas direções geográficas se conserva a mesma até quando os falantes de guugu yimithirr são solicitados a descrever uma imagem dentro de um livro. Suponha que a parte superior do livro esteja voltada para a face norte. Caso se mostre um homem de pé à esquerda de uma mulher, os falantes de guugu yimithirr dirão: "O homem está a oeste da mulher". Mas se você girar o livro para o leste, eles dirão sobre a mesma imagem: "O homem está ao norte da mulher". Eis como, por exemplo, um falante de guugu yimithirr descreveu a imagem acima (adivinhe para que lado ele estava de frente): *bula gabiir gabiir*, "duas meninas", *nyulu nubuun yindu buthiil naga*, "aquela tem nariz para o leste", *nyulu yindu buthiil jibaarr*, "o outro nariz para o sul", *yugu gaarbaarr yuulili*, "uma árvore está entre", *buthiil jibaarr nyulu baajiiljil*, "ela está com o nariz escorrendo para o sul" (LEVINSON, 2003, p. 119).

Se você está lendo um livro voltado para o norte, e um falante de guugu yimithirr quer dizer-lhe que pule adiante, ele vai dizer: "Vá mais para o leste", porque as páginas são viradas de leste para oeste. Se você estiver olhando para ele virado para o sul, o guugu yimithirr dirá, é claro: "Vá mais para o oeste". Eles até sonham em direções cardeais. Uma pessoa explicou como ela havia adentrado o céu em sonho no sentido norte, enquanto o Senhor se aproximava dela para o sul.

Há palavras para "mão esquerda" e "mão direita" em guugu yimithirr. Mas elas são usadas apenas para se referir às propriedades inerentes de cada mão (por exemplo, para dizer "eu posso levantar isso com a mão direita, mas não com a mão esquerda"). Sempre que a *posição* de uma mão em um determinado momento deve ser indicada, uma expressão como "mão no lado oeste" é usada.

Em nossa língua, as coordenadas giram conosco sempre e para onde quer que nos voltemos. Para os guugu yimithirr, os eixos sempre permanecem constantes. Uma maneira de visualizar essa diferença é pensar nas duas opções nas telas dos sistemas de navegação por satélite. Muitos desses aplicativos permitem que você escolha entre uma exibição "norte para cima" e uma "direção de condução para cima". No modo "direção de condução para cima", você sempre se vê em movimento para cima na tela, mas as ruas à sua volta continuam a rodar à medida que sua direção muda. No modo "norte para cima", as ruas sempre ficam na mesma posição, mas você vê a seta que o representa girando em direções diferentes, de modo que, se você estiver dirigindo para o sul, a seta estará se movendo para baixo. Nosso mundo linguístico está, sobretudo, no modo "direção de condução para cima", mas em guugu yimithirr se fala exclusivamente no modo "norte para cima".

Uma migalha na sua bochecha que aponta para o mar

A primeira reação a esses relatos seria descartá-los como uma espécie de piada elaborada por aborígines entediados e feita com alguns linguistas crédulos, algo não muito diverso das histórias de liberalidade sexual contadas por adolescentes samoanas à antropóloga Margaret Mead na década de 1920. Os guugu yimithirr podem não ter ouvido falar de Kant, mas eles devem ter colocado as mãos, sabe-se lá como, em *Adventures on the remote Island of Zift* e decidiram inventar algo que superaria em absurdo até mesmo os conceitos "*pasa*" e "*róssaro*" dos zift. Mas como diabos eles conseguiram elaborar algo tão totalmente improvável e em desacordo com o resto do mundo?

Bem, acontece que o guugu yimithirr não é tão incomum quanto se pode imaginar. Mais uma vez, simplesmente confundimos o familiar com o natural: o sistema egocêntrico poderia ser apresentado como uma característica universal da linguagem humana apenas porque ninguém se preocupou em examinar em profundidade as línguas que fazem as coisas de maneira diferente. Em retrospecto, parece estranho que uma característica tão marcante de muitas línguas pudesse ter passado despercebida por tanto tempo, especialmente porque as pistas vinham se acumulando na literatura acadêmica. Referências a formas incomuns de falar sobre o espaço (como "seu pé oeste" ou "você poderia me passar o tabaco lá para o leste") apareceram em relatos sobre várias línguas ao redor do mundo, mas não ficou claro a partir deles que tais expressões incomuns fossem além da estranheza ocasional. Foi preciso o caso extremo dos guugu yimithirr para inspirar um exame sistemático das coordenadas espaciais em uma grande variedade de idiomas, e só então a divergência radical de algumas línguas em relação ao que antes era considerado universal e natural começou a se fazer sentir.

Para começar, na própria Austrália, a dependência de coordenadas geográficas é muito comum. Da língua djaru de Kimberley, na Austrália Ocidental, ao warlbiri, falado em torno de Alice Springs, ao kayardild, outrora falado na Ilha Bentinck, em Queensland, parece que a maioria dos aborígenes fala (ou pelo menos costumava falar) em um estilo particularmente guugu yimithirr. Essa forma peculiar não é uma simples aberração antipodal: o caso é que línguas que dependem principalmente de coordenadas geográficas estão espalhadas pelo mundo, da Polinésia ao México, de Bali e Nepal à Namíbia e Madagascar[75].

---

75. Sobre o djaru, língua de Kimberley, Austrália Ocidental: Tsunoda (1981, p. 246). Sobre o kayardild, da Ilha Bentinck, entre a península do Cabo York e

Além do guugu yimithirr, a "língua geográfica" que recebeu mais atenção até hoje se encontra do outro lado do globo, nas terras altas do sudeste do México. Na verdade, já nos deparamos com a língua maia tzeltal em um contexto totalmente diferente. (O tzeltal foi uma das línguas que integraram o estudo de termos de cor publicado por Berlin e Kay em 1969. O fato de seus falantes terem escolhido um verde-claro ou um azul-claro como o melhor exemplo de sua cor "verdanil" foi uma inspiração para a teoria de Berlin e Kay de focos universais.) Os falantes de tzeltal vivem de um lado de uma montanha que se eleva escarpada em direção sul e desce em direção ao norte. Ao contrário do que se passa com o guugu yimithirr, seus eixos geográficos não se baseiam nas direções norte-sul e leste-oeste da bússola, mas sim nessa característica proeminente de sua paisagem terrestre local. As direções em tzeltal são "descendo a montanha", "subindo a montanha" e "cruzando a montanha", o que pode significar algo no eixo perpendicular para cima ou para baixo. Quando uma direção específica no eixo transversal é necessária, os falantes do tzetal combinam o "través" com um nome de lugar e dizem "de través na direção de X".

Sistemas de coordenadas geográficas que são baseados em marcos terrestres proeminentes também são encontrados em outras partes do mundo. Na língua das Ilhas Marquesas, da Polinésia Francesa, por exemplo, o eixo principal é definido pela oposição mar-terra (CABLITZ, 2002). Um marquesano diria, portanto, que um prato sobre a mesa está "na face interior do vidro" ou que você tem uma migalha "na sua bochecha que aponta para o mar". Há também sistemas que combinam direções cardeais e marcos geográficos. Na língua da ilha indonésia de Bali, um eixo é baseado no sol (leste-oeste) e o outro eixo é

Arnhem Land: Evans (1995, p. 218); arrernte, Deserto Ocidental: Wilkins (2006, p. 52ss.); warlpiri, Deserto Ocidental: Laughren (1978), como citado em Wilkins (2006, p. 53); yankunytjatjara, Deserto Ocidental: Goddard (1985, p. 128). Coordenadas geográficas em outros lugares: Madagascar: Keenan e Ochs (1979, p. 151); Nepal: Niraula *et al.* (2004); Bali: Wassmann e Dasen (1998); Hai‖om: Widlok (1997). Cf. tb. Majid *et al.* (2004, p. 111).

baseado em marcos geográficos: estende-se "para o mar" de um lado e "em direção à montanha" do outro, rumo ao vulcão sagrado Gunung Agung, a morada dos deuses hindus de Bali (WASSMANN; DASEN, 1998, p. 692-693).

Anteriormente eu disse que seria o auge do absurdo para um professor de dança dizer coisas como "agora levante a mão ao norte e dê três passos para leste". Mas alguns perderiam a piada. O musicólogo canadense Colin McPhee passou vários anos em Bali na década de 1930, pesquisando as tradições musicais da ilha. Em seu livro *A house in Bali*, ele se lembra de um menino chamado Sampih que demonstrava grande entusiasmo pela dança e talento como dançarino (MCPHEE, 1947, p. 122ss.)[76]. Como não havia professor adequado na aldeia do menino, McPhee convenceu a mãe de Sampih a deixá-lo levar o menino a um professor em uma aldeia diferente, para que ele pudesse aprender os rudimentos da arte. Uma vez que McPhee havia feito todos os arranjos, ele viajou com Sampih até o professor, deixou-o lá, e prometeu que voltaria depois de cinco dias para verificar os progressos do menino. Dado o talento de Sampih, McPhee tinha certeza de que depois de cinco dias ele estaria interrompendo uma aula avançada. Mas quando voltou, encontrou Sampih abatido, quase doente, e o professor exasperado. Era impossível ensinar o menino a dançar, disse o professor, já que Sampih simplesmente não entendia nenhuma das instruções. Por quê? Porque Sampih não sabia onde estavam "em direção à montanha", "em direção ao mar", "leste" e "oeste", então quando lhe disseram para dar "três passos em direção à montanha" ou "curvar-se para o leste", ele não sabia o que fazer. Sampih não teria tido o menor problema com essas direções em sua própria aldeia, mas como ele nunca a havia deixado antes e como a paisagem ali não era familiar, ele ficou desorientado e confuso. Não importava quantas ve-

---

76. Ao sul de Bali, onde McPhee morava, a direção da montanha é aproximadamente ao norte, então McPhee segue a prática usual de traduzir os termos para o mar e para a montanha como sul e norte, respectivamente. Deve-se notar que as direções da dança em Bali têm significado religioso.

zes o professor apontasse para a direção montanhosa, Sampih sempre se esquecia. Era inútil.

Por que o professor não tentou usar instruções diferentes? Ele provavelmente teria respondido que dizer "dar três passos para a frente" ou "curvar-se para trás" seria o auge do absurdo.

Sintonia perfeita para direções

O que tenho relatado até agora são apenas fatos. Eles podem parecer estranhos, e é certamente estranho que tenham sido descobertos apenas nos últimos tempos, mas as evidências coletadas por muitos pesquisadores em diferentes partes do mundo não deixam mais espaço para dúvidas sobre sua veracidade. Aventuramo-nos em terreno ainda mais arriscado, no entanto, quando passamos dos fatos sobre as línguas para suas possíveis implicações na mente. Diferentes culturas certamente fazem com que as pessoas *falem* sobre o espaço de maneiras radicalmente diferentes. Mas isso significa necessariamente que os falantes também *pensam* sobre o espaço de forma diferente? A essa altura luzes vermelhas deviam estar piscando – devíamos estar em alerta Whorf. Deve ficar claro que, se uma língua não tem uma palavra para um determinado conceito, isso não significa necessariamente que seus falantes não possam entender esse conceito.

Em verdade, os falantes de guugu yimithirr são perfeitamente capazes de entender os conceitos de esquerda e direita quando falam inglês. Ironicamente, parece que alguns deles até alimentaram noções whorfianas sobre a suposta incapacidade dos falantes de inglês de entender as direções cardeais. John Haviland relata seu trabalho com um informante na tradução de contos tradicionais de guugu yimithirr para o inglês. Uma história dizia respeito a uma lagoa que fica "a oeste do aeroporto de Cooktown" – uma descrição que a maioria dos falantes de inglês acharia perfeitamente natural e entenderia perfeitamente bem. Mas seu informante do guugu yimithirr de repente disse: "Mas os brancos não entenderiam isso. Em inglês, é melhor dizer: à direita de quem dirige para o aeroporto" (HAVILAND, 1998, p. 26).

Em vez de tentar imaginar inutilmente como a falta de coordenadas egocêntricas é capaz de restringir os horizontes intelectuais dos guugu yimithirr, devemos nos voltar ao princípio de Boas-Jakobson e procurar a diferença no que as línguas *obrigam* seus falantes a transmitir, e não no que elas *permitem* que eles transmitam. Neste caso particular, a questão relevante é quais hábitos mentais podem se desenvolver nos falantes de guugu yimithirr devido à necessidade de especificar direções geográficas sempre que informações espaciais devem ser comunicadas.

Quando a pergunta é estruturada dessa maneira, a resposta para tudo isso parece inevitável, mas não menos surpreendente. Para falar guugu yimithirr, você precisa saber onde estão as direções cardeais em cada momento da sua vida acordado. Você precisa saber exatamente onde estão o norte, o sul, o oeste e o leste, pois, caso contrário, não seria capaz de transmitir as informações mais básicas. Segue-se, portanto, que, para ser capaz de falar tal língua, você precisa ter uma bússola em sua mente operando o tempo todo, dia e noite, sem intervalos para o almoço ou fins de semana.

E acontece que os guugu yimithirr têm exatamente esse tipo de bússola infalível. Eles conservam fixa sua orientação em relação às direções cardeais em todos os momentos. Independentemente das condições de visibilidade, de estarem em uma floresta densa ou em uma planície aberta, seja fora ou dentro de casa, estacionários ou em movimento, eles têm um senso de direção de máxima precisão. Stephen Levinson relata como ele levou os falantes de guugu yimithirr em várias viagens a lugares desconhecidos, tanto caminhando quanto dirigindo, e em seguida testou sua orientação. Em sua região, é praticamente impossível viajar em linha reta, já que a rota muitas vezes percorre pântanos, manguezais, rios, montanhas, dunas, florestas e, se a pé, campos infestados de cobras. Mas, mesmo assim, e mesmo quando eram levados para mata fechada sem visibilidade, mesmo dentro de cavernas, eles sempre, sem qualquer hesitação, podiam apontar com precisão para as direções cardeais. Eles não fazem nenhum cálculo consciente: eles não olham para o sol e param por um instante para fazer um cálculo e dizer "a formiga está ao norte do seu pé". Eles parecem ter uma sintonia absoluta para identificar direções. Eles simplesmente sentem onde norte, sul, oeste e leste estão, assim como pessoas com ouvido absoluto escutam o que cada nota é sem ter de medir intervalos.

Histórias semelhantes são contadas sobre falantes de tzeltal. Levinson relata como um falante foi vendado e girado mais de 20 vezes em uma casa escura. Ainda com os olhos vendados e tonto, ele apontou sem problemas para a direção da "verdadeira descida". Uma mulher foi levada ao vilarejo para tratamento médico. Ela praticamente nunca havia estado naquela cidade, e certamente nunca na casa onde estava hospedada. Na sala, a mulher atentou a uma engenhoca desconhecida, uma pia, e perguntou ao marido: "Tem água quente na torneira da subida?" (LEVINSON, 2003, cap. 4, 6)[77].

Os guugu yimithirr pressupõem esse senso de direção e o consideram um dado da vida. Eles não conseguem explicar como sabem as direções cardeais, assim como você não é capaz de explicar como sabe onde fica o que está à sua frente e onde estão a esquerda e a direita. Uma coisa é certa, no entanto: eles não contam unicamente com aquele que seria o candidato mais óbvio para tal noção, ou seja, a posição do sol. Muitos relataram, quando viajaram de avião para lugares muito distantes, como Melbourne, a mais de três horas de voo de distância, que experimentaram a estranha sensação de que o sol não nascia no Leste. Uma pessoa chegou a afirmar que tinha ido a um lugar onde o sol de fato não nascia no Leste (LEVINSON, 2003, p. 128). Isso significa que a orientação dos guugu yimithirr falha quando eles são deslocados para uma região geográfica totalmente diferente. Mais importante, porém, isso mostra que, em seu próprio

---

77. Sobre as habilidades de orientação de outros aborígenes australianos, cf. Lewis (1976). Em tzeltal, cf. Brown e Levinson (1993).

ambiente, eles dependem de pistas diferentes da posição do sol, e que essas pistas podem até ter precedência. Quando Levinson perguntou a alguns informantes se eles poderiam pensar em pistas que o ajudassem a melhorar seu senso de direção, eles ofereceram dicas como as diferenças de brilho dos lados dos troncos de árvores específicas, a orientação dos cupinzeiros, as direções do vento em estações específicas, os voos de morcegos e aves migratórias, o alinhamento das dunas na área costeira.

* * *

Mas estamos apenas começando, porque o senso de orientação necessário para falar uma linguagem no estilo guugu yimithirr tem de se estender além do presente imediato. E quanto ao relato de experiências passadas, por exemplo? Suponha que eu lhe peça para descrever um quadro que você viu num museu há muito tempo. Você provavelmente descreveria o que vê enquanto imagem mental, pelos olhos da mente, digamos que a ordenhadora despejando o leite em uma tigela sobre uma mesa, a luz vindo da janela à esquerda e iluminando a parede atrás dela, e assim por diante. Ou suponha que você esteja tentando se lembrar de um evento dramático de muitos anos atrás, quando virou um veleiro perto da Grande Barreira de Corais. Você saltou para a direita pouco antes de o barco rolar para a esquerda e, enquanto nadava, viu um tubarão à sua frente, mas… se você sobrevivesse para contar a história, provavelmente a descreveria mais ou menos como eu fiz agora, retransmitindo tudo do ponto de vista da sua orientação na época: pulando "para a direita" do barco, o tubarão "à sua frente". O que você provavelmente não se lembrará é se o tubarão estava exatamente ao seu norte nadando para o sul ou ao seu oeste nadando para o leste. Afinal, quando há um tubarão bem na sua frente, uma das últimas coisas com que você se preocupa são as direções cardeais. Da mesma forma, mesmo que na ocasião em que visitou o museu você pudesse ter calculado a orientação da sala em que o quadro estava pendurado, é mais do que improvável que você se lembre agora se a janela do quadro estava a norte ou leste da moça. O que você vai recuperar da imagem em sua mente é como ela se mostrava quando você se encontrava diante dela, e só.

Mas se você fala uma língua ao estilo do guugu yimithirr, esse tipo de memória terá contornos distintos. Você não poderá dizer "a janela à esquerda da menina"; mas terá que se lembrar se a janela estava ao norte, ao leste, ao sul ou a oeste dela. Da mesma forma, você não pode dizer "o tubarão na minha frente". Se quiser descrever a cena, terá que especificar, mesmo 20 anos depois, em que direção cardeal o tubarão estava. As memórias de qualquer coisa que você queira relatar terão, portanto, de ser armazenadas em seu cérebro com direções cardeais como parte da imagem.

Isso soa improvável? John Haviland filmou um falante de guugu yimithirr, Jack Bambi, contando a seus velhos amigos a história de como, em sua juventude, um barco em que estava virou em águas infestadas de tubarões, mas ele conseguiu nadar com segurança à terra. Jack e outra pessoa estavam em uma viagem com um barco missionário com o objetivo de entregar roupas e provisões em um entreposto no Rio McIvor. Eles foram apanhados por uma tempestade, e o barco em que se encontravam virou num redemoinho. Ambos saltaram para a água e conseguiram nadar quase cinco quilômetros até a costa, apenas para descobrir, ao retornar à missão, que o Sr. Schwartz estava muito mais preocupado com a perda do barco do que aliviado com sua escapada milagrosa. Exceto pelo conteúdo, a coisa notável sobre a história é que ela foi lembrada em todas as direções cardeais: Jack Bambi pulou na água pelo costado a oeste do barco, seu companheiro a leste do barco, eles viram um tubarão gigante nadando para o norte, e assim por diante (HAVILAND, 1993, p. 14).

Será que as direções cardiais foram inventadas apenas para a ocasião? Pois bem: muito por acaso, Stephen Levinson filmou a mesma pessoa dois anos depois contando a mesma história. As direções cardeais coincidiam exatamente nas duas narrações. Ainda mais notáveis foram os gestos com as mãos que acompanharam a história de Jack. No primeiro filme, gravado em 1980, Jack está voltado para o oeste. Quando ele conta como o barco virou, ele move as mãos em movimento giratório para longe do corpo. Em 1982, ele estava sentado para a face norte. Agora, quando ele chega ao ponto culminante do emborcamento do barco, ele faz um movimento de rolagem da direita para a esquerda. Só que essa forma precisa de representar os movimentos das mãos está errada. Jack não estava fazendo o movimento giratório das mãos da direita para a esquerda. Em ambas as ocasiões, ele estava simplesmente revirando as mãos de leste a oeste! (LEVINSON, 2003, p. 131.) Ele manteve a direção geográfica correta do movimento do barco sem sequer pensar um instante. E o caso é que, à época do ano em que se deu o acidente, são fortes os ventos de sudeste na área, então emborcar de leste a oeste parece muito provável.

Levinson também relata como um grupo de homens da comunidade de Hopevale certa feita precisou viajar a Cairns, a cidade mais próxima, a cerca de 250 quilômetros ao sul, para discutir questões de direito à terra com outros grupos aborígenes. A reunião ocorreu em uma sala sem janelas, em um edifício que confinava com um beco ou um estacionamento, de modo que a relação entre o edifício e a disposição da cidade estava um pouco obscurecida. Cerca de um mês depois, de volta a Hopevale, ele perguntou a alguns dos participantes sobre a orientação da sala de reuniões e as posições dos palestrantes na reunião. Ele obteve do falante principal respostas precisas com total concordância de orientação em relação às direções cardeais, ao quadro-negro e outros objetos na sala.

Virando as mesas

Colocamos até aqui que os falantes de guugu yimithirr são capazes de recordar qualquer coisa que já tenham visto com as idas e vindas das direções cardeais compondo a imagem. É quase uma tautologia dizer, portanto, que eles devem memorizar toda uma camada extra de informação espacial da qual somos alegremente inconscientes. Afinal, as pessoas que dizem "o peixe no canto nordeste da loja" obviamente têm de lembrar que o peixe estava no canto nordeste da loja. Como a maioria de nós não se lembra se os peixes estavam no canto nordeste das lojas (mesmo que fôssemos capazes de identificá-lo na época), isso significa que os falantes de guugu yimithirr registram e recordam informações sobre o espaço que nós não recordamos.

Uma questão mais controversa é se essa diferença significa que o guugu yimithirr e o inglês levam seus falantes a se lembrarem de diferentes versões da mesma realidade. Por exemplo, poderia o cruzamento de direções cardeais que o guugu yimithirr impõe ao mundo fazer com que seus falantes visualizem e recordem um arranjo de objetos no espaço diferentemente de nós?

Antes de podermos ver como os pesquisadores tentaram testar essas questões, vamos primeiro jogar um pequeno jogo de memória. Vou mostrar-lhe algumas fotos com alguns brinquedos dispostos numa mesa. Existem três objetos ao todo, mas você verá no máximo dois de cada vez. O que você tem a fazer é tentar lembrar as suas posições a fim de completar a imagem mais tarde. Começamos com a Imagem 1, na qual você pode ver uma casa e uma menina. Depois de memorizar as posições deles, passe para a próxima página.

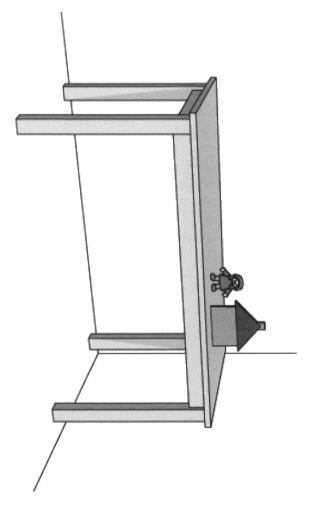

Imagem 1: Menina e casa

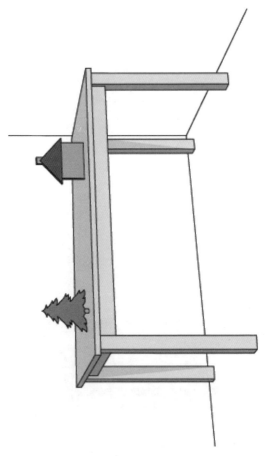

Imagem 2: Árvore e casa

Agora, na Imagem 2, você pode ver a casa da imagem anterior, e um novo objeto, uma árvore. Tente lembrar-se da posição desses dois também e, em seguida, passe para a próxima página.

Finalmente, na Imagem 3, você vê apenas a menina na mesa. Agora, imagine que eu lhe dei a árvore de brinquedo e pedi-lhe que posicionasse essa árvore de uma forma que completasse a imagem e correspondesse às duas disposições vistas antes. Onde você a colocaria? Faça uma pequena marca (mental ou não) na mesa antes de passar para a próxima página.

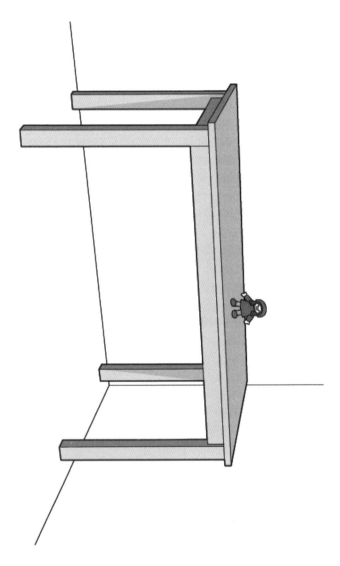

Imagem 3: Menina sozinha

Esse não é um jogo muito difícil, e não é preciso poderes proféticos para prever onde você colocou a árvore. O arranjo deve ter sido mais ou menos o mostrado na Imagem 4, pois você teria seguido as pistas óbvias: antes, a menina estava imediatamente à esquerda da casa, enquanto a árvore estava muito mais à esquerda. Isso deve significar, portanto, que a árvore estava mais à esquerda do que a menina. Se há alguma dificuldade aqui, é apenas entender a razão de fazer um exercício tão óbvio.

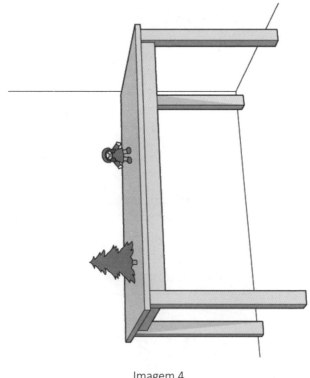

Imagem 4

A razão é que, para os falantes de guugu yimithirr ou tzeltal, a solução que você sugeriu não parece óbvia. Na verdade, quando lhes foram dadas tarefas dessa natureza, eles completaram a imagem de maneira muito diferente. Eles não colocaram

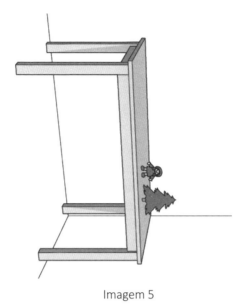

Imagem 5

a árvore em qualquer lugar à esquerda da menina, mas sim do outro lado, à direita, como na Imagem 5.

Mas por que eles deveriam realizar tão mal uma tarefa tão simples? A solução que eles deram estava certíssima, muito obrigado. Mas havia algo de errado na maneira como eu acabei de descrevê-la, porque, ao contrário do que eu disse, eles não colocaram a árvore "à direita da menina". Colocaram-na ao sul dela. Na verdade, sua solução faz todo o sentido se alguém está pensando em coordenadas geográficas e não egocêntricas. Para ver a razão, vamos supor que você esteja lendo este livro virado para norte. (Você sempre pode se virar para o norte, se souber onde ele está, apenas para evitar confusão.) Se você olhar para a Imagem 1, verá que a casa ficava ao sul da menina. Na Imagem 2, a árvore ficava ao sul da casa. Desse modo, a árvore deve estar ao sul da menina, uma vez que ela está mais ao sul da casa, que está mais ao sul da menina. Então, ao completar a figura, é perfeitamente sensato colocar a árvore ao sul da menina, como na Imagem 5.

A razão pela qual as duas soluções divergem é que neste jogo a mesa na Imagem 2 foi girada 180 graus em relação às outras figuras. Nós, que pensamos em coordenadas egocêntricas, automaticamente excluímos essa rotação e a ignoramos, de forma que ela não tem qualquer influência sobre a forma como nos lembramos do arranjo dos objetos sobre a mesa. Mas aqueles que pensam em coordenadas geográficas não ignoram a rotação e, portanto, sua memória da mesma disposição é diferente.

Nos experimentos reais conduzidos por Levinson e seus colegas do Instituto Max Planck em Nijmegen, as duas mesas não estavam em páginas adjacentes de um livro, mas em salas adjacentes (como na imagem oposta). Foi exposto aos participantes uma disposição sobre uma mesa em uma sala, e em seguida todos foram a uma sala à frente e se expôs o segundo arranjo em uma segunda mesa, e, por fim, eles retornaram à primeira sala para resolver o quebra-cabeça e completar a imagem na primeira mesa. O padrão de rotação era exatamente como nas fotos anteriores, apenas na vida real e em mesas reais. Muitas variedades de tais experiências foram conduzidas com falantes de diferentes línguas. E os resultados desses experimentos mostram que o sistema de coordenadas preferido na língua se correlaciona fortemente com as soluções que os participantes tendem a escolher. Os falantes de línguas egocêntricas como o inglês escolheram esmagadoramente a solução egocêntrica, enquanto os falantes de línguas geográficas como o guugu yimithirr e o tzeltal escolheram a solução geográfica.

Em um nível, os resultados desses experimentos falam por si mesmos, mas tem havido alguma controvérsia nos últimos anos sobre como interpretar seu significado (cf. LI; GLEITMAN, 2002; LEVINSON *et al.*, 2002; LEVINSON, 2003; MAJID *et al.*, 2004; HAUN *et al.*, 2006; PINKER, 2007, p. 141ss.; LI *et al.* [no prelo])[78]. Enquanto Levinson afirmou

---

78. Muitas variedades dos experimentos de mesas rotativas foram conduzidas e, na maioria delas, os sujeitos não foram solicitados a "completar um quadro", como

que os resultados demonstram profundas diferenças cognitivas entre falantes de línguas com coordenadas egocêntricas e geográficas, algumas de suas afirmações foram contestadas por outros pesquisadores. Como de costume em controvérsias acadêmicas, grande parte do debate se resume a brigas sobre termos maldefinidos: o efeito da linguagem é forte o suficiente para "reestruturar a cognição"? (O que quer que isso signifique exatamente.) Mas, no nível factual, o principal argumento levantado contra os experimentos foi que a escolha da solução pode ser facilmente influenciada pelo ambiente físico em que são conduzidos.

---

na configuração demonstrada aqui, mas sim a memorizar uma ordem específica de objetos e depois "repeti-la" em uma mesa diferente. A instrução de repetição tem atraído a maioria das críticas. Li *et al.* argumentam que "repetir" é, em última análise, uma instrução ambígua e que "na resolução de tarefas de rotação ambíguas, quando o participante é solicitado a reproduzir a 'mesma' matriz espacial ou caminho como antes, ele ou ela precisa adivinhar a intenção do experimentador quanto ao que conta como o 'mesmo'. Para fazer essa inferência, é provável que as pessoas consultem implicitamente a maneira como sua comunidade de idiomas costuma falar ou responder a perguntas sobre locais e direções". Essa é a crítica que me parece ser amplamente justificada. No entanto, a experiência "complete a figura" que apresentei acima não é, tanto quanto posso ver, suficiente para resolver o problema, uma vez que não se baseia na noção possivelmente vaga e interpretável de "o mesmo". Um outro ponto de crítica de Li *et al.* que me parece amplamente justificado é contra a afirmação de Levinson (2003, p. 153) de que há rebaixamento sistemático de coordenadas egocêntricas na percepção dos falantes de guugu yimithirr e tzeltal. Li *et al.* não encontraram nenhuma evidência para tal classificação negativa nos experimentos que realizaram com falantes de tzeltal. Ademais, em face disso, a afirmação de rebaixamento é uma reminiscência da falácia whorfiana que a falta de um conceito em um idioma significa necessariamente que os falantes são incapazes de entender esse conceito. Nenhuma das alegações apresentadas neste capítulo se baseia na desclassificação. Em vez disso, eles se relacionam com o nível *adicional* do registro e memória geográfica que os falantes de guugu yimithirr e tzeltal são continuamente obrigados a fazer e aos hábitos mentais que surgem em consequência.

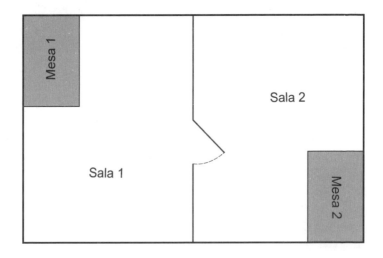

Por exemplo, os participantes podem ser encorajados a escolher uma solução egocêntrica se as duas salas estiverem dispostas de modo que pareçam iguais do ponto de vista egocêntrico – digamos com a mesa à direita em ambas as salas e um armário à esquerda da mesa em ambas as salas. Por outro lado, uma solução geográfica pode ser incentivada se o ambiente estiver organizado para favorecer a perspectiva geográfica – por exemplo, se o experimento for conduzido ao ar livre, com um marco geográfico proeminente à vista. Mas, embora o ponto seja bem-entendido em geral, neste experimento em particular, serve apenas para fortalecer a "estranheza" da solução escolhida pelos falantes das línguas do estilo guugu yimithirr, porque as duas salas no experimento de Levinson foram organizadas para parecer exatamente iguais do ponto de vista egocêntrico. A mesa estava à direita em ambos os quartos (o que significava que estava no norte em um quarto e no sul em outro), e todos os outros móveis estavam dispostos seguindo a mesma diretriz. E, no entanto, os falantes de guugu yimithirr e tzeltal escolheram esmagadoramente a solução geográfica, mesmo sob condições "adversas".

Tudo isso significa que nós e os falantes de guugu yimithirr às vezes nos lembramos da "mesma realidade" de maneira diferente? A resposta deve ser sim, pelo menos na medida em que duas realidades que para nós podem parecer idênticas lhes parecerão diferentes. Nós, que geralmente ignoramos as rotações, perceberemos dois arranjos que diferem apenas pela rotação como a mesma realidade, mas eles, que não podem ignorar as rotações, as perceberão como duas realidades diferentes. Uma maneira de visualizar isso é imaginar a seguinte situação. Suponha que você esteja viajando com um amigo guugu yimithirr e vocês estão hospedados em um hotel de uma dessas grandes cadeias, com corredores e corredores de portas de aparência idêntica. Seu quarto é o número 1264, e seu amigo está hospedado no quarto em frente ao seu, 1263. Quando você vai para o quarto do seu amigo, você vê uma cópia exata do seu: o mesmo corredorzinho com um banheiro à esquerda quando você entra, o mesmo guarda-roupa espelhado à direita, então o quarto principal com a mesma cama à esquerda, as mesmas cortinas marrons indistintas puxadas atrás dele, a mesma mesa que se alonga ao lado da parede à direita, o mesmo aparelho de televisão no canto esquerdo da mesa e o mesmo telefone e frigobar à direita. Em suma, você viu o mesmo quarto duas vezes. Mas quando o seu amigo guugu yimithirr entrar no seu quarto, ele verá um quarto bastante diferente do dele, um quarto onde tudo está invertido. Os quartos estão de frente um para o outro (um pouco como as salas 1 e 2 na imagem da página 228) e foram organizados para parecer o mesmo de uma perspectiva egocêntrica; porém, eles estão em verdade em uma relação norte-sul. No quarto dele a cama estava a norte; no seu, ela está no sul; o telefone, que no quarto dele estava a oeste, está agora a leste. Então, enquanto você verá e lembrará do mesmo quarto duas vezes, o falante de guugu yimithirr verá e assimilará na memória dois quartos diferentes.

Correlação ou causalidade?

Uma das mais tentadoras e mais comuns de todas as falácias lógicas é saltar da correlação para a causalidade: presumir que apenas porque dois fatos se correlacionam, um deles foi a causa do outro. Para reduzir esse tipo de lógica *ad absurdum*, eu poderia desenvolver a brilhante nova teoria de que a língua pode afetar a cor do cabelo. Em particular, afirmo que falar sueco faz o seu cabelo ficar loiro e falar italiano faz o seu cabelo ficar escuro. Minha prova? As pessoas que falam sueco tendem a ter cabelos loiros. As pessoas que falam italiano tendem a ter cabelos escuros. *Quod erat demonstrandum.* Contra esse epítome do raciocínio lógico e preciso, você pode chegar a algumas objeções mesquinhas mais ou menos na linha: sim, seus fatos sobre a correlação entre língua e cor do cabelo estão perfeitamente corretos. Mas não poderia ser algo diferente da língua que fez com que os suecos tivessem cabelos loiros, e os italianos os tivessem escuros? E os genes, por exemplo, ou o clima?

Agora, no que diz respeito à linguagem e ao pensamento espacial, a única coisa que realmente estabelecemos é a correlação entre dois fatos: o primeiro é que diferentes idiomas têm por referência diferentes sistemas de coordenadas; o segundo é que os falantes dessas línguas percebem e lembram o espaço de maneiras diferentes. Claro, minha implicação o tempo todo foi que há mais do que apenas correlação aqui, e que a língua materna é um fator importante para *causar* os padrões de memória e orientação espacial. Mas como podemos ter certeza de que a correlação aqui não é tão espúria quanto a que propusemos entre língua e cor do cabelo? Afinal, não é como se a própria língua pudesse criar *diretamente* um senso de orientação em qualquer pessoa. Podemos não saber exatamente com que evidências o guugu yimithirr conta para dizer onde o norte está, mas podemos ter certeza de que sua notável clareza sobre as direções poderia ter sido alcançada unicamente mediante a observação de pistas do ambiente físico.

No entanto, o argumento apresentado aqui é que uma língua como o guugu yimithirr traz *indiretamente* o senso de orientação e memória geográfica, porque a convenção de se comunicar apenas em coordenadas geográficas obriga os falantes a estarem cientes das direções o tempo todo, forçando-os a prestar atenção constante às pistas ambientais relevantes e a desenvolver uma memória precisa de sua própria orientação em mudança. John Haviland estima que, a cada dez palavras (!) de uma conversação normal em guugu yimithirr, uma delas é "norte", "sul", "oeste" ou "leste", muitas vezes acompanhada por gestos muito precisos com as mãos. Dito de outra forma, a comunicação cotidiana em guugu yimithirr fornece a instrução mais intensa em orientação geográfica desde a era mais antiga imaginável. Se você tem que saber o seu rumo para entender as coisas mais simples que as pessoas dizem ao seu redor, você vai desenvolver o hábito de calcular e lembrar as direções cardeais em cada instante da sua vida. E como esse hábito da mente lhe será inculcado quase desde a infância, ele logo se tornará uma segunda natureza, um hábito frugal e inconsciente. A ligação causal entre língua e pensamento espacial, portanto, parece muito mais plausível do que o caso da língua e da cor do cabelo. Mesmo assim, a plausibilidade não constitui prova. E acontece que alguns psicólogos e linguistas, como Peggy Li, Lila Gleitman e Steven Pinker, desafiaram a alegação de que é sobretudo a língua que influencia a memória espacial e a orientação. Em *The stuff of thought*, Pinker argumenta que as pessoas desenvolvem seu pensamento espacial por razões não relacionadas à linguagem, e que as línguas apenas *refletem* o fato de que seus falantes pensam em um determinado sistema de coordenadas. Ele ressalta que são pequenas sociedades rurais que se pautam sobretudo em coordenadas geográficas, enquanto todas as grandes sociedades urbanas dependem predominantemente de coordenadas egocêntricas. A partir desse fato inegável, ele conclui que o sistema de coordenadas usado em uma língua é determinado diretamente pelo ambiente físico: se você mora em uma cidade, passará grande parte do seu tempo dentro de casa e, mesmo quando se aventura fora, virar à direita e depois à esquerda e depois à esquerda de novo após os semáforos será a maneira mais fácil de se orientar, de modo que o ambiente o incentivará a pensar sobretudo em coordenadas egocêntricas. Sua língua, então, simplesmente refletirá o fato de que você pensa no sistema egocêntrico. Por outro lado, se você é um nômade nos agrestes australianos, não há ruas ou viradas-na-segunda--à-esquerda após os semáforos para guiá-lo, então as direções egocêntricas serão muito menos úteis, e você naturalmente passará a pensar em coordenadas geográficas. A maneira como você acaba falando sobre o espaço será apenas um sintoma da maneira como pensa.

Além disso, diz Pinker, o ambiente determina não apenas a escolha entre coordenadas egocêntricas e geográficas, mas até mesmo o tipo específico de coordenadas geográficas que serão usadas em uma língua. Certamente não é uma coincidência que o sistema tzeltal dependa de um marco geográfico proeminente, enquanto o sistema guugu yimithirr se valha de direções de bússola. O ambiente dos falantes de tzeltal é dominado por um marco visível, uma encosta pela qual se sobe ou desce, e por isso é natural que eles dependam desse eixo e não das direções mais abstrusas da bússola. Mas como o ambiente do guugu yimithirr carece de marcos tão proeminentes, não é de se admirar que seus eixos sejam baseados em direções de bússola. Em suma, Pinker afirma que o ambiente crava para nós em que coordenadas pensamos, e é o pensamento espacial que determina a linguagem espacial, e não o contrário.

Embora os fatos de Pinker não sejam exatamente sensíveis à discussão, seu determinismo ambiental não é convincente por várias razões. Faz sentido, é claro, que cada cultura se resguarde em um sistema de coordenadas adequado ao seu ambiente. Mesmo assim, é fundamental perceber que diferentes culturas têm um grau considerável de liberdade. Por exemplo, não há nada no ambiente físico dos guugu yimithirr que impeça o uso de coordenadas geográficas (para o espaço em larga escala) *e* de coordenadas egocêntricas (para a pequena escala). Não há razão concebível para que uma existência tradicional de caçadores-coletores impeça alguém de dizer "há uma formiga na frente do seu pé" em vez de "ao norte do seu pé". Afinal, como uma descrição das relações espaciais em pequena escala, "na frente do seu pé" é tão sensato e tão útil nas regiões selvagens australianas quanto dentro de um escritório em Londres ou Manhattan. Esse não é apenas um argumento teórico – existem várias línguas de sociedades semelhantes à dos guugu yimithirr que de

232

fato usam coordenadas egocêntricas e geográficas. Mesmo na própria Austrália há línguas aborígenes, como o jaminjung no Território do Norte, que não contam apenas com coordenadas geográficas (SCHULTZE-BERNDT, 2006, p. 103-104). Assim, o uso exclusivo de coordenadas geográficas pelos guugu yimithirr não foi diretamente imposto pelo ambiente físico ou pelo modo de vida dos caçadores-coletores. É uma convenção cultural. A recusa categórica das formigas guugu yimithirr em rastejar "na frente dos" pés guugu yimithirr não é um decreto da natureza, mas uma expressão de escolha cultural.

Ademais, existem alguns estranhos idiomas em todo o mundo que são falados em ambientes semelhantes, mas optaram, no entanto, por basear-se em sistemas distintos de coordenadas. O tzeltal, como vimos, usa quase exclusivamente coordenadas geográficas, mas o yukatek, outra língua maia de uma comunidade rural do México, emprega predominantemente coordenadas egocêntricas (MAJID *et al.*, 2004, p. 111). Na savana do norte da Namíbia, os bosquímanos hai‖om abordam o espaço como os tzeltal e os guugu yimithirr, enquanto a língua da tribo kgalagadi da vizinha Botswana, que vive em ambiente semelhante, trabalha fundamentalmente com coordenadas egocêntricas. E quando dois antropólogos compararam como os falantes de hai‖om e kgalagadi responderam a experimentos de rotação do tipo que vimos anteriormente, a maioria dos falantes de hai‖om ofereceu soluções geográficas (como aquela que parecia contraintuitiva para nós), enquanto os kgalagadi tendiam a dar soluções egocêntricas (cf. NEUMANN; WIDLOK, 1996; WIDLOK, 1997).

Não é possível, portanto, que o sistema de coordenadas de cada idioma tenha sido completamente determinado pelo ambiente, e isso significa que diferentes culturas exerceram alguma espécie de arbítrio (DE LEÓN, 1994; WASSMANN; DASEN, 1998; BROWN; LEVINSON, 2000)[79]. De fato, todas as evidên-

---

79. Alguns fatos culturais também podem contribuir, é claro. Em Bali, por exemplo, as casas são sempre construídas voltadas para a mesma direção, o chefe da

cias sugerem que devemos recorrer à máxima "liberdade dentro de restrições" como a melhor maneira de compreender a influência da cultura na escolha dos sistemas de coordenadas. A natureza – neste caso, o ambiente físico – certamente impõe restrições aos tipos de sistema de coordenadas passíveis de utilização sensata em uma dada língua. Há, contudo, uma liberdade considerável dentro dessas restrições para escolher entre diferentes alternativas.

Há outro erro fundamental no determinismo ambiental de Pinker: ele dá um disfarce sedutor ao fato de que o ambiente não interage diretamente com um bebê ou criança pequena – ele o faz apenas por intermédio da aprendizagem. Para esclarecer esse ponto, precisamos manter duas questões diferentes estritamente separadas. A primeira é a questão de quais foram as razões históricas que fizeram com que certa sociedade se concentrasse em certo sistema de coordenadas. A segunda questão, de fato relevante para nós aqui, é o que acontece a um falante individual de uma língua do estilo guugu yimithirr quando ele cresce e, em particular, o que foi o principal responsável por provocar sua sintonia perfeita para direções. Suponha que tivéssemos evidências de que a habilidade desse falante se desenvolveu apenas no final da adolescência ou início dos seus 20 anos, depois de ele ter integrado inúmeras expedições de caça e passado milhares de horas de caminhada em meio à natureza. O argumento de a linguagem ter muito a ver com a criação dessa habilidade teria parecido bastante fraco, já que seria muito mais plausível que essa habilidade se desenvolvesse como resposta direta ao meio, que o treinamento e o inculcamento viessem de suas experiências de caça e caminhada pela mata e assim por diante. Acontece, porém, que sabemos que o sistema de coordenadas geográficas é aprendido desde tenra idade. Estudos com crianças falantes de tzeltal mostram que elas começam a usar o vocabulário geográfico

---

família dorme sempre do mesmo lado da casa e as crianças são sempre colocadas na cama em uma direção específica (WASSMANN; DASEN, 1998, p. 694).

aos dois anos de idade, que aos quatro anos usam as coordenadas geográficas corretamente para descrever a disposição dos objetos, e que pelos sete anos de idade dominam o sistema por completo. Infelizmente, as crianças guugu yimithirr não adquirem mais o sistema, porque a comunidade agora é dominada pelo inglês. Mas estudos com crianças balinesas mostram resultados semelhantes aos da comunidade tzeltal: as crianças em Bali usam coordenadas geográficas aos três anos e meio e dominam o sistema aos oito anos.

Na idade de dois ou três ou mesmo sete anos, o falante não tem ideia das razões pelas quais sua sociedade, séculos ou milênios atrás, optou por este ou outro sistema de coordenadas, e se essa escolha era adequada para o meio ambiente ou não. Ele simplesmente tem de aprender o sistema de seus anciãos como um dado. E como a consciência constante e infalível das direções é necessária para usar o sistema geográfico corretamente, o falante há de ter desenvolvido uma sintonia perfeita para as direções muito cedo em sua vida, muito antes que pudesse ser uma resposta direta às necessidades de sobrevivência no ambiente físico, às exigências da caça, e assim por diante.

Tudo isso mostra que o sistema de coordenadas em que você fala e pensa lhe é determinado não diretamente pelo ambiente, mas pela forma como você foi criado – ou, em outras palavras, pela mediação da cultura. É claro que ainda se pode objetar que há mais na maneira como alguém é criado do que somente a linguagem. Portanto, não podemos simplesmente dar por certo que a língua em particular, em vez de qualquer outra coisa na educação de um falante do tzeltal ou do guugu yimithirr, foi o fator principal de indução do pensamento geográfico. Argumentei que a principal causa aqui é simplesmente a necessidade constante de calcular direções para falar e entender os outros. Mas, pelo menos em teoria, não se pode descartar a possibilidade de as crianças desenvolverem seu pensamento geográfico por uma razão totalmente diferente, digamos, por causa de um ensino intenso e explícito de orientação que a mobiliza desde tenra idade.

Na verdade, há um exemplo em nosso próprio sistema egocêntrico de coordenadas, a assimetria esquerda-direita, que nos ensina a ser cautelosos. Para a maioria dos adultos ocidentais, esquerda e direita parecem uma segunda natureza, mas as crianças têm grandes dificuldades em dominar a distinção e geralmente conseguem fazê-lo apenas em uma idade muito avançada. A maioria das crianças não consegue lidar com esses conceitos nem mesmo passivamente até a idade escolar e não usa esquerda e direita de modo ativo em seu próprio idioma até os 11 anos de idade. A idade tardia de aquisição, e em especial o fato de as crianças muitas vezes dominarem a distinção apenas mediante a força bruta da escola (incluindo, é claro, a necessidade de passarem pelo letramento e dominar o aspecto multifacetado das letras), torna improvável que a distinção esquerda-direita seja adquirida simplesmente por meio das exigências da comunicação diária.

Mas enquanto a distinção esquerda-direita em nosso próprio sistema egocêntrico serve como um alerta contra conclusões precipitadas acerca da causalidade, a diferença marcante entre a aquisição tardia de esquerda-direita e a aquisição precoce de coordenadas geográficas destaca exatamente as razões pelas quais, neste último caso, a língua é de longe a causa mais plausível. Não há evidências da instrução formal de coordenadas geográficas em idade precoce (embora haja evidências, vindas de Bali, de algumas práticas religiosas geograficamente relevantes, como colocar as crianças na cama com a cabeça apontando para uma determinada direção geográfica). Assim, o único mecanismo imaginável que poderia fornecer uma orientação tão intensa em uma idade tão jovem é a linguagem falada – a necessidade de conhecer as direções para poder se comunicar no que toca aos aspectos mais simples da vida cotidiana.

Há, portanto, um argumento convincente de que a relação entre linguagem e pensamento espacial não é apenas de correlação, mas de causalidade, e que a língua materna afeta a maneira como se pensa o espaço. Em particular, uma língua como o guugu yimithirr, que obriga seus falantes a usar coordenadas geográficas o tempo todo, deve ser um fator crucial para trazer a sintonia perfeita para as direções e os correspondentes padrões de memória que parecem tão estranhos e inatingíveis para nós.

* * *

Dois séculos depois que o guugu yimithirr legou o *"kangaroo"* ao mundo, seus últimos falantes remanescentes deram ao mundo uma dura lição de filosofia e psicologia. O guugu yimithirr provou – mostrando-nos a língua – que uma língua pode funcionar perfeitamente bem sem conceitos que há muito são considerados como blocos de construção universais da linguagem e do pensamento espacial. Esse reconhecimento iluminou conceitos de nossa própria linguagem, que, a seguir nosso senso comum, teríamos jurado que nos haviam sido decretados unicamente pela natureza, mas que só se apresentam dessa forma porque nosso senso comum por acaso se desenvolveu em uma cultura que emprega esses conceitos. O guugu yimithirr forneceu um exemplo flagrante – mais brilhante até do que a linguagem da cor – de convenções culturais que se disfarçam de natureza.

Além disso, a pesquisa que o guugu yimithirr inspirou forneceu o exemplo mais notável até agora de como a língua pode afetar o pensamento. Mostrou como os hábitos de fala, impressos desde tenra idade, podem criar hábitos mentais que têm consequências de longo alcance além da fala, pois afetam as habilidades de orientação e até mesmo os padrões de memória. Os guugu yimithirr conseguiram tudo isso em boa hora, antes de finalmente conhecerem a terra em que se desfazem todas as coordenadas. A língua "não adulterada" que John Haviland começou a gravar a partir dos informantes mais antigos na década de 1970 agora segue o caminho de todas as línguas, junto com os últimos membros daquela geração. Embora os sons do guugu yimithirr ainda sejam ouvidos em Hopevale, a língua sofreu uma simplificação drástica sob a influência do inglês. Os falantes mais velhos de hoje ainda usam os pontos cardeais com bastante frequência, pelo menos quando falam guugu yimithirr em vez de inglês, mas a maioria das pessoas com menos de 50 anos não tem uma compreensão real do sistema.

Quantas outras características das principais línguas europeias existem que ainda hoje consideramos naturais e universais simplesmente porque ninguém ainda compreendeu adequadamente as línguas que fazem as coisas de maneira diferente? Talvez nunca venhamos a saber. Ou, dito de outra forma, se a perspectiva de ter de fazer mais adaptações desconfortáveis à nossa visão de mundo parece desanimadora, a boa notícia é que está ficando cada vez mais improvável que venhamos a descobrir tais elementos. Juntamente com o guugu yimithirr, centenas de outras "línguas tropicais" estão batendo as botas, dispersas pela marcha da civilização. As previsões convencionais são que dentro de duas a três gerações pelo menos metade das 6 mil línguas do mundo terão desaparecido, especialmente aquelas línguas tribais remotas que são realmente diferentes do que parece natural para nós. A cada ano que passa, a noção de que todas as línguas fazem coisas essencialmente como o inglês ou o espanhol está se tornando mais próxima da realidade. Em breve, pode ser factualmente correto argumentar que o modo "europeu médio padrão" é o único modelo natural para as línguas humanas, porque não há idiomas que divirjam substancialmente dele. Mas isso será uma verdade vazia.

Para que não se caia na impressão, no entanto, de que são apenas as línguas tribais remotas que fazem coisas suficientemente estranhas para induzir diferenças perceptíveis no pensamento, vamos agora explorar duas áreas onde uma variação significativa pode ser encontrada mesmo entre as principais línguas europeias, e onde a influência da língua no pensamento pode assim ser sentida muito mais profundamente.

238

8
Sexo e sintaxe

Em um de seus poemas mais adoráveis, porém enigmáticos, Heinrich Heine descreve o desejo de um pinheiro nevado por uma palmeira oriental queimada pelo sol. No original, eis o poema:

Ein Fichtenbaum steht einsam
Im Norden auf kahler Höh'.
Ihn schläfert; mit weisser Decke
Umhüllen ihn Eis und Schnee.

Er träumt von einer Palme,
Die, fern im Morgenland,
Einsam und schweigend trauert
Auf brennender Felsenwand.

O desespero silencioso do poema de Heine deve ter tocado um dos grandes melancólicos do período vitoriano, o poeta escocês James Thomson (1834-1882 – não confundir com o poeta escocês James Thomson, 1700-1848, que escreveu *The seasons*). Thomson era especialmente admirado por suas traduções, e sua versão continua sendo uma das mais citadas dentre as muitas versões em inglês:

A pine-tree standeth lonely
In the North on an upland bare;
It standeth whitely shrouded
With snow, and sleepeth there.

It dreameth of a Palm Tree
Which far in the East alone,

In mournful silence standeth
On its ridge of burning stone.

Com suas rimas ressonantes e sua aliteração cerrada, a interpretação de Thomson captura o isolamento e a irremediável fixidez do pinheiro e da palmeira abandonados e tristes. A sua adaptação consegue até mesmo manter-se fiel ao ritmo de Heine, embora aparentemente seja fiel ao significado do poema. E, no entanto, apesar de todo o engenho, a tradução de Thomson fracassa totalmente em revelar ao leitor de língua inglesa um aspecto central do poema original, talvez a própria chave para sua interpretação. Ele fracassa fragorosamente porque encobre uma característica gramatical da língua alemã, que passa a ser a base de toda a alegoria, e sem a qual a metáfora de Heine queda castrada. Se você ainda não adivinhou qual é essa característica gramatical, a tradução da poeta norte-americana Emma Lazarus (1849-1887) deixará isso mais claro:

There stands a lonely pine-tree
In the north, on a barren height;
He sleeps while the ice and snow flakes
Swathe him in folds of white.

He dreameth of a palm-tree
Far in the sunrise-land,
Lonely and silent longing
On her burning bank of sand[80].

No original de Heine, o pinheiro (*der Fichtenbaum*) é masculino enquanto a palmeira (*die Palme*) é feminina (VYGOTSKY, 1987, p. 253; VEIT, 1976; WALSER, 1983, p. 195-196), e essa oposição de gênero gramatical dá ao conjunto de imagens uma dimensão sexual reprimida na tradução de Thomson. Muitos críticos acreditam, porém, que o pinheiro esconde muito mais sob suas dobras brancas do que apenas o lamento romântico

---

80. Em português: Ali está um pinheiro solitário/ Nas estéreis alturas do norte/ A brancura o veste, um sudário/ Sob a neve e o gelo ele dorme. // Ele sonha com uma palmeira/ No mais longínquo do oriente,/ Desejosa e só em suas areias,/ Silenciosa sob o sol ardente [N.T.].

convencional do amor não correspondido, e que a palmeira pode ser objeto de um tipo totalmente distinto de desejo. Há uma tradição de poemas de amor judaicos dirigidos à distante e inatingível Jerusalém, sempre personificada como uma amada feminina. Esse gênero remonta a um dos salmos favoritos de Heine[81]: "Às margens dos rios da Babilônia, nós nos assentávamos e chorávamos, lembrando-nos de Sião. [...] Se eu de ti me esquecer, ó Jerusalém, que se resseque a minha mão direita. Apegue-se-me a língua ao paladar, se me não lembrar de ti, se não preferir eu Jerusalém à minha maior alegria" (Sl 137,1.5-6). Heine pode estar aludindo a essa tradição, e a palmeira solitária no alto de sua pedra ardente pode ser uma referência codificada à Jerusalém deserta, situada no alto das colinas da Judeia. Mais especificamente, os versos de Heine podem ser uma alusão à mais famosa de todas as odes a Jerusalém, escrita na Espanha do século XII por Yehuda Halevi, um poeta a quem Heine reverenciava. O objeto de desejo do pinheiro "no mais longínquo do oriente" pode estar ecoando a frase inicial de Halevi: "Meu coração está no oriente, e eu estou no extremo oeste".

Se o poema trata ou não do desespero de Heine em reconciliar suas raízes no norte germânico com a pátria distante de sua alma judaica, esse é um mistério que pode nunca se resolver. Mas não há dúvida de que o poema não pode ser desvendado sem os gêneros dos dois protagonistas. A tradução de Emma Lazarus transfere essa base sexual para o inglês, ao empregar os pronomes "*he*" para o pinheiro e "*her*" para a palmeira. O preço que Lazarus paga por essa fidelidade é que sua tradução soa um tanto maliciosa, ou pelo menos artificialmente poética, já que em inglês não é natural falar de árvores dessa maneira. Mas ao contrário do inglês, que trata objetos inanimados uniformemente como "*it*", o alemão atribui normalmente a milhares de objetos o gênero masculino ou feminino. Na verdade,

---

81. Heine cita esses versículos em uma carta a Moisés Moser (9 de janeiro de 1824) escrita não muito depois que os poemas foram publicados: "*Verwelke meine Rechte, wenn ich Deiner vergesse, Jeruscholayim, sind ungefähr die Worte des Psalmisten, und es sind auch noch immer die meinigen*" (HEINE, 1865, p. 142).

em alemão não há nada de poético em chamar objetos inanimados de "ele" ou "ela". Você simplesmente se referirá a uma *Palme* como "ela" sempre que falar dela, mesmo no bate-papo mais cotidiano. Você explicará aos seus vizinhos como você a conseguiu pela metade do preço no armazém de jardinagem há alguns anos e, infelizmente, plantou-a muito perto de um eucalipto; também contará como as raízes desse eucalipto atrapalharam o crescimento dela e como ela tem lhe causado muitos problemas desde então, com seu fungo e o apodrecimento de sua base por ganoderma. E tudo isso será descrito sem um pingo de inspiração poética, ou mesmo de autoconsciência. É assim que se fala, caso se fale alemão – ou espanhol, ou francês, ou russo, ou uma série de outras línguas com sistemas de gênero semelhantes.

O gênero é talvez a área mais óbvia onde a alteridade significativa é encontrada não apenas entre "nós" e línguas tropicais exóticas, mas também muito mais fundo. Você pode passar nove vidas sem nunca encontrar um falante de tzeltal ou guugu yimithirr. Mas você teria que fazer um grande esforço para evitar encontrar falantes de espanhol, francês, italiano, alemão, russo, polonês ou árabe, para citar apenas alguns exemplos. Alguns de seus melhores amigos podem até ser bastante aferrados a suas características de gênero. Seus processos de pensamento serão afetados por esse aspecto de sua língua? Será que o gênero feminino da *Palme* alemã afeta o modo como um alemão pensa sobre uma palmeira, mesmo além do artifício da poesia? Por mais surpreendente que possa parecer, logo veremos que a resposta é sim e que agora há evidências sólidas de que os sistemas de gênero podem exercer forte poder sobre as associações dos falantes.

* * *

"Gênero" ["*gender*"] é uma palavra carregada hoje em dia. Pode não ser tão delicada quanto "sexo", mas corre o risco de gerar sérios mal-entendidos, por isso é útil começar esclarecendo como o uso bastante seco dessa palavra pelos linguistas diverge do cotidiano e também do de algumas das disciplinas acadêmicas mais modernas. O sentido original de "gênero" nada tinha a ver com sexo: significava "tipo", "espécie", "raça" – na verdade, "*gender*" tem exatamente a mesma origem das palavras "*genus*" (gênero segundo a classificação biológica) e "*genre*" (gênero artístico). Como a maioria dos problemas sérios da vida, a diversidade atual de significados para "gênero" tem suas raízes na Grécia antiga. Os filósofos gregos começaram a usar seu substantivo *génos* (que significa "raça" ou "tipo") para se referir a uma divisão particular das coisas em três "tipos" específicos: machos (humanos e animais), fêmeas e coisas inanimadas. E do grego, esse sentido passou via latim para outras línguas europeias.

Em inglês, ambos os sentidos de "gênero" (*gender*) – o significado geral "tipo" e a distinção gramatical mais específica – coexistiram felizes por muito tempo. Ainda no século XVIII, "gênero" (*gender*) ainda podia ser usado de forma totalmente assexuada. Quando o romancista Robert Bage escreveu em 1784: "Eu também sou um homem importante, um homem público, senhor, do gênero (*gender*) patriótico" (BAGE, 1979, p. 274), ele quis dizer nada mais do que "tipo". Mais tarde, porém, esse sentido geral da palavra caiu em desuso no inglês cotidiano, a categoria "neutra" também bateu em retirada e a divisão masculino-feminino passou a dominar o significado da palavra. No século XX, "*gender*" tornou-se simplesmente um eufemismo para "sexo", então se você encontrar em algum formulário oficial um pedido para preencher seu "*gender*", é improvável que você escreva "patriótico".

Em algumas disciplinas acadêmicas, notadamente os "estudos de gênero" (*gender studies*), as conotações sexuais de "gênero" desenvolveram um sentido ainda mais específico e começaram a ser usadas para denotar os aspectos sociais (mais do que biológicos) da diferença entre mulheres e homens. Os "estudos de gênero" estão, portanto, preocupados com os papéis sociais desempenhados pelos dois sexos, e não com as diferenças entre suas anatomias.

Os linguistas, por sua vez, tomaram a direção exatamente oposta: eles retornaram ao significado original da palavra, ou seja, "tipo" ou "espécie", e hoje em dia a usam para qualquer divisão de substantivos de acordo com algumas propriedades essenciais. Essas propriedades essenciais podem ser baseadas no sexo, mas não necessariamente. Algumas línguas, por exemplo, têm uma distinção de gênero que se baseia apenas no "anímico", na distinção entre seres animados (pessoas e animais de ambos os sexos) e coisas inanimadas. Outras línguas traçam a linha de forma distinta e fazem uma distinção de gênero entre humanos e não humanos (animais e coisas inanimadas). E também existem línguas que dividem os substantivos em gêneros muito mais específicos. A língua africana supyire, do Mali, tem cinco gêneros: humanos, coisas grandes, coisas pequenas, coletivos e líquidos (CARLSON, 1994). As línguas bantu, como o suaíli, têm até 10 gêneros, e diz-se que a língua australiana ngan'gityemerri tem 15 gêneros diferentes, que incluem, entre outros, humano masculino, humano feminino, caninos, animais não caninos, vegetais, bebidas e dois gêneros diferentes para lanças (dependendo do tamanho e material) (REID, 1997, p. 173).

Em suma, quando um linguista fala sobre "estudos de gênero", ele está provavelmente se referindo tanto a "animal, mineral e vegetal" como à diferença entre homens e mulheres. No entanto, como a pesquisa sobre a influência do gênero gramatical no pensamento até agora foi conduzida exclusivamente em línguas europeias, nas quais a distinção entre substantivos masculinos e femininos domina o sistema de gênero, nosso foco nas páginas seguintes será o masculino e feminino, e gêneros mais exóticos farão apenas uma aparição passageira.

* * *

A discussão até agora pode ter dado a impressão de que o gênero gramatical realmente faz sentido. A ideia de agrupar objetos com propriedades vitais semelhantes parece eminentemente razoável em si mesma, então seria natural supor que quaisquer que sejam os critérios que uma língua tenha escolhido para fazer distinções de gênero, ela obedecerá às suas próprias regras. Seria de se esperar, portanto, que um gênero feminino incluísse todos, e apenas todos, os seres humanos ou animais do sexo feminino, que um gênero inanimado incluísse todas as coisas inanimadas, e somente elas, que um gênero vegetal incluísse, bem, vegetais.

De fato, existem algumas línguas que se comportam assim. Em tâmil, existem três gêneros – masculino, feminino e neutro –, e você pode muito bem dizer a qual gênero qualquer substantivo pertence, dadas as suas propriedades óbvias. Substantivos que denotam homens (e deuses masculinos) são masculinos; aqueles que denotam mulheres e deusas são femininos; tudo o mais – objetos, animais (e bebês) – caem no gênero neutro. Outro caso simples foi o do sumério, a língua falada às margens do Eufrates há cerca de 5 mil anos pelo povo que inventou a escrita e deu o pontapé inicial à história. O sistema de gênero sumério não se baseava no sexo, mas na distinção entre humano e não humano, e os substantivos eram atribuídos com regularidade ao gênero apropriado. O único ponto de indecisão era com o substantivo "escravo", que às vezes era considerado humano e às vezes atribuído ao gênero não humano. Outra língua que pode ser considerada pertencente ao clube de elite do gênero lógico é o inglês. O gênero é marcado apenas em pronomes em inglês ("*he*", "*she*", "*it*") e, em geral, esses pronomes são usados de forma transparente: "*she*" refere-se a mulheres (e ocasionalmente a animais fêmeas), "*he*" a homens e alguns animais machos, e "*it*" para todo o resto. As exceções, como o feminino para "*ship*" (navio), são poucas e distantes entre si.

Existem também algumas línguas, como o manambu de Papua Nova Guiné, nas quais os gêneros podem não ser totalmente regulares, mas se pode ao menos discernir alguns fios básicos de racionalidade no sistema (AIKHENVALD, 1996). Em manambu, os gêneros masculino e feminino são atribuídos a objetos inanimados, não apenas a homens e mulheres. Mas, ao que parece, existem regras razoavelmente transparentes para a atribuição. Por exemplo, coisas pequenas e arredondadas são femininas, enquanto coisas grandes e compridas são masculinas. Uma barriga é feminina, por exemplo, mas a barriga de uma mulher grávida é dita no gênero masculino quando ela fica bem grande. Coisas intensas são masculinas, coisas menos intensas são femininas. A escuridão é feminina quando ainda não está completamente escura, mas quando se torna negra como breu, torna-se masculina. Você não precisa concordar com a lógica, mas ao menos pode segui-la.

Por fim, existem aquelas línguas, como o turco, o finlandês, o estoniano, o húngaro, o indonésio e o vietnamita, que são de todo regulares quanto ao gênero simplesmente porque não têm nenhum gênero gramatical. Nessas línguas, mesmo os pronomes que se referem ao ser humano não têm distinções de gênero, de modo que não há pronomes separados para "ele" e "ela". Quando um amigo meu húngaro está cansado, ele às vezes deixa escapar coisas como "ela é o marido de Emma". Não porque os falantes de húngaro sejam cegos para a diferença entre homens e mulheres: apenas não participa de seu hábito a especificação do sexo de uma pessoa toda vez que ela é mencionada.

Se os gêneros fossem sempre tão diretos quanto em inglês ou tâmil, não haveria sentido em perguntar se um sistema de gênero pode afetar a percepção que as pessoas têm dos objetos. Pois se o gênero gramatical de cada objeto apenas refletisse suas propriedades do mundo real (homem, mulher, inanimado, vegetal etc.), não se poderia acrescentar nada às associações de ninguém que não existisse objetivamente. Mas acontece que as línguas com um sistema de gênero regular e transparente estão em imensa minoria. A grande maioria das línguas tem gêneros rebeldes. A maior parte das línguas europeias pertence a esse grupo degenerado: francês, italiano, espanhol, português, romeno, alemão, holandês, sueco, norueguês, dinamarquês, russo, polonês, tcheco, grego.

Mesmo nos sistemas de gênero mais erráticos, geralmente há um grupo central de substantivos aos quais é atribuído o gênero gramatical de maneira regular. Em particular, os seres humanos do sexo masculino quase sempre têm gênero masculino. As mulheres, por outro lado, têm muito mais frequentemente negado o privilégio de pertencer ao gênero feminino e, em vez disso, são relegadas ao gênero neutro. Em alemão, há toda uma gama de palavras para as mulheres no caso neutro: *das Mädchen* (menina, o diminutivo de "empregada"), *das Fräulein* (mulher solteira, o diminutivo de *Frau*), *das Weib* (mulher, cognato do inglês "esposa"), ou *das Frauenzimmer* (mulher, mas literalmente "mulher do aposento": o significado original referia-se aos aposentos da senhora, mas a palavra começou a ser usada para a comitiva de uma senhora nobre, em seguida para determinados membros da comitiva e, daí, para mulheres cada vez menos ilustres) (KÖPCKE; ZUBIN, 1984).

Os gregos tratam suas mulheres um pouco melhor: enquanto a palavra para menina, *korítsi*, é, como seria de esperar, do gênero neutro, quando se fala de uma menina bonita e rechonchuda, acrescenta-se o sufixo aumentativo *-aros*, e o resultante substantivo, *korítsaros*, "menina rechonchuda", então pertence ao… gênero masculino. (Deus sabe o que Whorf, ou a propósito Freud, teriam feito disso.) E se isso parece o cúmulo da loucura, consideremos que nos tempos em que o inglês ainda tinha um verdadeiro sistema de gênero, ele atribuía a palavra "mulher" não ao gênero feminino, nem mesmo ao neutro, mas, como o grego, ao gênero masculino. "*Woman*" vem do inglês antigo *wīf-man*, literalmente "*mulher-ser humano*". Como no inglês antigo o gênero de um substantivo composto como *wīf-man* era determinado pelo gênero do último elemento, aqui o masculino *man*, o pronome correto a ser usado ao se referir a uma mulher era "*he*".

O hábito das línguas europeias de colocar os seres humanos – especialmente de um sexo – no gênero errado pode ser o elemento mais ofensivo sobre o sistema. Mas em termos do número de substantivos envolvidos, essa idiossincrasia é bastante marginal. É no reino dos objetos inanimados que a festa pega fogo. Em francês, alemão, russo e na maioria das outras línguas europeias, os gêneros masculino e feminino se estendem a milhares de objetos que não são de forma alguma masculinos ou femininos. O que, por exemplo, há de particularmente feminino na barba de um francês (*la barbe*)? Por que a água russa é "ela", e por que ela se torna "ele" depois que você mergulha um saquinho de chá nela? Por que o sol feminino alemão (*die Sonne*) ilumina o dia masculino (*der Tag*) e a lua masculina (*der Mond*) brilha na noite feminina (*die Nacht*)? Afinal, em francês, ele (*le jour*) é realmente iluminado por ele (*le soleil*), enquanto ela (*la nuit*) por ela (*la lune*). A cutelaria alemã é famosa por abranger toda a gama de papéis de gênero: *Das Messer* (faca) pode ser um item, mas no lado oposto do prato está a colher (*der Löffel*) em sua masculinidade resplandecente e, ao lado dela, explodindo de apelo sexual, o garfo feminino (*die Gabel*). Mas em espanhol, é o garfo (*el tenedor*) que tem peito peludo e voz rouca, e ela, a colher (*la cuchara*), uma figura curvilínea.

Para falantes nativos de inglês, a sexualização desenfreada de objetos inanimados e a ocasional dessexuação de humanos são causa de frustração e alegria em igual medida. O sistema de gênero errático foi o principal elemento na famosa acusação de Mark Twain de "*The awful German language*":

> Em alemão, uma jovem não tem sexo; já um nabo tem. Pensemos na exagerada reverência que se revela pelo nabo, e no desrespeito insensível pela garota. Vejamos como isso fica no papel – traduzo isso de uma conversa em um dos melhores livros da escola dominical alemã:
> GRETCHEN: Onde está a nabo [no alemão, feminino]?
> WILHELM: Ela está na cozinha.
> GRETCHEN: Onde está a talentosa e bela donzela inglesa?
> WILHELM: Foi [em alemão, neutro] para a ópera.

Twain inspirou-se na gramática alemã para escrever seu famoso "Conto da peixeira e seu triste destino", que ele fingiu ter traduzido do alemão literalmente. Começa assim:

> É um Dia sombrio. Ouça o Chuva, como ele cai, e o Granizo, como ele bate sem parar; e veja o Neve, como ele esvoaça, e o Lama, quão profundo ele é! Ah, pobre Peixeira, que o Pântano prendeu; deixou cair o Cesta de Peixes; e as Mãos se cortaram nas Escamas ao tentar agarrar algumas das Criaturas que caíam; e uma Escama entrou-lhe no Olho, e dele não sai de jeito nenhum. Abre o Boca para clamar por Socorro; mas se algum Som sai dele, ele é calado infelizmente pela Fúria da

Tempestade. E agora uma Gato selvagem pegou um dos Peixes e ela certamente escapará com ele. Não, ela morde uma Barbatana, ela a segura no Boca – ela a engolirá? Não, Peixeira: sua brava Cachorra abandona os Filhotes e resgata a Barbatana – que ela própria come como Recompensa. Oh, horror, o Raio atingiu o Cesta de peixes; ele o incendeia; veja a Chama, como ela lambe com sua Língua vermelha e furiosa o Utensílio condenado; ai, Peixeira – agora ela lhe ataca o indefeso Pé – ela o queima, exceto o Dedão do Pé, e até ele é parcialmente consumido; e ela ainda se espalha, ela ainda agita suas Línguas de Fogo – ai, Peixeira, ela ataca-lhe a Mão e a destrói também; ela ataca-lhe o Perna e o destrói também; ela ataca-lhe o Corpo, e o Corpo se consome; ela lhe dá voltas no Coração, e ele é consumido; depois em torno da Peito, e em um momento a Peito se transforma em Cinzas; agora ela lhe alcança o Pescoço – ele já era; depois, o Queixo – se foi; agora a Nariz – lá se vai ela. Mais um pouco, exceto por Ajuda que chegue, de Peixeira não restará mais nada...

O problema é que, para os alemães, nada disso é nem remotamente engraçado[82]. É muito natural, em verdade, que os tradutores alemães lutem para traduzir o tipo particular de humor da passagem. Um tradutor resolveu o problema substituindo o conto por outro, que chamou de "*Sehen Sie den Tisch, es ist grün*" – literalmente "Olhe para a [es: neutro] mesa, é verde". Se você acha que está tendo uma falha de senso de humor, lembre-se de que o que realmente se deve dizer em alemão é "olhe para *o* mesa, *ele* é verde".

Twain acreditava que havia algo especialmente debochado no sistema de gênero alemão e que, entre todas as línguas, era

---

82. No original em inglês, o estranhamento cômico do texto advém de Twain aplicar a cada substantivo do inglês (escrito no original em maiúscula, como em alemão) o gênero que a língua alemã lhe atribui. Acompanhamos a estratégia de Twain, conservando os gêneros do alemão (nem sempre coincidentes com os do português) e preservando do mesmo modo o contraste entre elementos do mundo exterior e as partes do corpo, dotados de gêneros marcados (masculino/feminino), e a Peixeira, que como "*Frau*" recai no gênero neutro [N.T.].

incomum e peculiarmente irracional. Mas era uma crença baseada na ignorância, porque, na verdade, é o inglês que é incomum por não ter um sistema irracional de gênero. E, neste ponto, devo declarar um conflito de interesses, já que minha língua materna, o hebraico, atribui os gêneros feminino e masculino a objetos inanimados de forma tão errática quanto o alemão ou o francês, o espanhol ou o russo. Quando entro numa casa masculina, a porta feminina se abre para um quarto masculino com um tapete masculino (por mais rosa que seja), uma mesa masculina e estantes femininas cheias de livros masculinos. Pela janela masculina posso ver as árvores masculinas e nelas os pássaros, que são femininos independentemente dos acidentes de sua anatomia. Se eu soubesse mais sobre ornitologia (feminina), poderia dizer, olhando para cada ave, qual era seu sexo biológico. Eu apontaria para ela e explicaria aos menos iniciados: "Dá para saber que ela é macho por causa daquela mancha vermelha no peito e também porque ela é maior que as fêmeas". E eu não sentiria nada remotamente estranho nisso.

Gêneros rebeldes não estão confinados à Europa e à bacia do Mediterrâneo. Na verdade, as línguas mais distantes, que têm um número maior de categorias de gênero, têm ainda mais espaço para atribuições erráticas, e quase nenhuma dessas línguas deixa de fazer amplo uso dessa oportunidade. No dyirbal, uma língua australiana, a água é atribuída ao gênero feminino, mas em outra língua aborígine, o mayali, a água pertence ao gênero vegetal. O gênero vegetal da língua vizinha gurr-goni inclui a palavra *erriplen*, "avião". Na língua africana supyire, o gênero de "coisas grandes" inclui, como seria de esperar, todos os animais grandes: cavalo, girafa, hipopótamo e assim por diante. Todos? Bem, quase: um animal não foi considerado grande o bastante para ser incluído no grupo e foi atribuído ao gênero humano: o elefante. O problema não é como encontrar mais desses exemplos, é como parar.

* * *

Por que tantas línguas desenvolvem gêneros irregulares? Não sabemos muito sobre a infância dos sistemas de gênero, porque na maioria das línguas a origem dos marcadores de gênero é totalmente opaca[83]. Mas as poucas pistas que temos fazem a irracionalidade ubíqua dos sistemas de gênero maduros parecer particularmente peculiar, porque todos os sinais sugerem que em seus primórdios os gêneros eram perfeitamente lógicos. Existem algumas línguas, especialmente na África, em que o marcador de gênero feminino parece uma versão abreviada do próprio substantivo "mulher", e o marcador de gênero inanimado se assemelha ao substantivo "coisa". Da mesma forma, o marcador de gênero vegetal em algumas línguas australianas parece bastante semelhante ao substantivo "vegetal". É lógico, portanto, que os marcadores de gênero tenham vindo à vida como substantivos genéricos como "mulher", "homem", "coisa" ou "vegetal". E, se assim for, parece plausível que originalmente fossem aplicados apenas a mulheres, homens, coisas e vegetais, respectivamente (CLAUDI, 1985; AIKHENVALD, 2000; GREENBERG, 1978).

Mas, com o tempo, os marcadores de gênero podem ter começado a ser estendidos a substantivos para além de suas atribuições originais e, por meio de uma série de extensões, um sistema de gênero pode rapidamente sair do prumo. Em gurr-goni, por exemplo, o gênero vegetal passou a incluir o substantivo "avião" por meio de uma sequência perfeitamente natural de pequenos passos: o marcador original de gênero "vegetal" deve primeiro ter sido estendido para plantas de maneira mais geral

---

83. Marcadores de gênero são os elementos que indicam o gênero de um substantivo. Às vezes, os marcadores de gênero podem ser sufixos no próprio substantivo, como em italiano *ragazz-*o, "menino", e *ragazz-*a, "menina". De outra forma, o marcador de gênero pode aparecer em adjetivos que modificam o substantivo ou em artigos definidos e indefinidos. Em dinamarquês, por exemplo, não se pode ver nos substantivos *dag*, "dia", e *hus*, "casa", que eles pertencem a gêneros separados, mas a diferença aparece no artigo indefinido e no adjetivo: *en kold dag*, "um dia frio", mas *et koldt hus*, "uma casa fria". O gênero também pode ser marcado em verbos: em línguas eslavas como russo ou polonês, um sufixo *-a* é adicionado a alguns verbos quando o sujeito é feminino. E nas línguas semíticas como o maltês, um prefixo *t* mostra que o sujeito do verbo é feminino (*tikteb*, "ela escreve"), enquanto o prefixo *j* indica que o sujeito é masculino (*jikteb*, "ele escreve").

e, portanto, para todos os tipos de objetos de madeira. Como as canoas são de madeira, outro passo natural as teria incluído também no gênero vegetal. Como as canoas passaram a ser o principal meio de transporte para os falantes de gurr-goni, o gênero vegetal foi então ampliado para incluir os meios de transporte de forma mais geral. E assim, quando a palavra emprestada *erriplen* entrou na língua, ela foi naturalmente atribuída ao gênero vegetal. Cada passo dessa cadeia foi natural e fez todo o sentido no seu próprio contexto local. Mas o resultado parece totalmente arbitrário.

As línguas indo-europeias também podem ter começado com um sistema de gênero translúcido. Mas suponhamos, por exemplo, que a lua tenha sido incluída no gênero masculino porque foi personificada como um deus masculino. Mais tarde, a palavra do inglês *month* (mês) desenvolveu-se a partir da palavra *moon* (lua), então era natural que se a lua fosse um "ele", um "mês" também fosse um "ele". Mas se assim for, então palavras para outras unidades de tempo, como "dia", também podem vir a ser incluídas no gênero masculino. Embora cada passo nessa cadeia de extensões possa ser perfeitamente natural em si mesmo, depois de dois ou três passos a lógica original torna-se opaca, e assim os gêneros masculino e feminino podem se encontrar aplicados a uma gama de objetos inanimados sem razão inteligível.

O pior dessa perda de transparência é que se trata de um processo que se autoalimenta: quanto menos consistente o sistema se torna, mais fácil é bagunçá-lo ainda mais. Uma vez que haja substantivos suficientes com gêneros arbitrários, as crianças que lutam para aprender o idioma podem parar de esperar encontrar regras confiáveis baseadas nas propriedades dos objetos do mundo real, e então podem começar a procurar outros tipos de pistas. Elas podem, por exemplo, começar a adivinhar o gênero de um substantivo com base em como soa (se X soa como Y, e Y é feminino, então talvez X também seja feminino). Os palpites incorretos de crianças podem ser inicialmente percebidos como erros, mas com o tempo esses erros podem colar e assim, em pouco tempo, qualquer traço da lógica original pode ser perdido.

Por fim, é irônico que, quando uma língua perde um gênero dentre três, o resultado pode, em verdade, reforçar a rebeldia do sistema, em vez de diminuí-la. O espanhol, o francês e o italiano, por exemplo, perderam o gênero neutro original de seu antepassado, o latim, quando o neutro se fundiu com o masculino. Mas o resultado só garantiu que *todos* os substantivos inanimados fossem atribuídos aleatoriamente aos gêneros masculino ou feminino.

No entanto, a síndrome do *genus erraticum* nem sempre é uma doença incurável em uma língua. Como a história do inglês pode atestar, quando uma língua consegue perder não apenas um gênero, mas dois, o resultado pode ser uma revisão radical que elimina completamente o sistema errático. Até o século XI, o inglês tinha um sistema completo de três gêneros, assim como o alemão. Os falantes de inglês do século XI não teriam entendido o que Mark Twain lamentou em seu "Conto da peixeira e seu triste destino", já que para eles uma esposa (*wīf*) era um "*it*", um peixe (*fisc*) era um "*he*", enquanto o destino (*wyrd*) era um "*she*". Mas tudo isso mudou durante o século XII.

O colapso dos gêneros irregulares do inglês antigo teve pouco a ver com a melhoria dos padrões de educação sexual (CURZON, 2003). A razão era, antes, que o sistema de gênero dependia enormemente do condenado sistema de terminações de casos. Originalmente, o inglês tinha um sistema de casos complexo, semelhante ao do latim, no qual substantivos e adjetivos apareciam com diferentes terminações, a depender de seu papel na frase. A substantivos de diferentes gêneros correspondiam diferentes conjuntos de terminações de caso, de modo que se podia dizer a partir das terminações a qual gênero um substantivo pertencia. Mas o sistema de terminações se desintegrou rapidamente no século que se seguiu à Conquista Normanda, e uma vez que as terminações desapareceram, a nova geração de oradores não era capaz de identificar pistas que lhe dissessem a qual gênero cada substantivo supostamente pertencia. Esses novos falantes, que cresceram com uma língua que não lhes dava mais informações suficientes para decidir se uma cenoura, por exemplo, deveria ser tratada como "ele" ou "ela", recorreram a uma ideia radical e altamente inovadora e começaram a chamá-la de "isso". Assim, ao longo de um período de umas poucas gerações, o sistema de gênero arbitrário original foi substituído por um novo com regras transparentes, segundo as quais (quase) todos os objetos inanimados passaram a ser referidos simplesmente como "*it*".

Mesmo assim, alguns substantivos astutos, especialmente os femininos, conseguiram escapar à esterilização em massa. Mark Twain, que ficou indignado com a concessão da feminilidade aos nabos alemães, teria ficado surpreso ao saber que o mesmo costume ainda era praticado na Inglaterra apenas três séculos antes. Um manual medicinal publicado em Londres em 1561, *The most excellent and perfecte homish apothecarye or homely physick booke for all the grefes and diseases of the bodye*, oferece o seguinte preparado contra a rouquidão: "Aquele que ficou rouco recentemente, que asse nabo em brasa ou sobre o fogo até que ela [o nabo] esteja inteiramente preta, em seguida limpe-a e coma-a tão quente quanto puder" (BRUNSCHWIG, 1561, p. 14b-15a).

Nas variedades dialetais do inglês, alguns substantivos dotados de gênero sobreviveram por muito mais tempo, mas na língua-padrão uma grande maré de neutros inundou o mundo inanimado, deixando apenas alguns substantivos isolados perambulando daqui para lá em sua feminilidade (BEATTIE, 1788, p. 139; PEACOCK, 1877). Pode-se dizer que a lenta, mas segura, *it*-cização do inglês chegou a seu derradeiro ancoradouro em 20 de março de 2002. Para o mundo marítimo, essa quarta-feira em particular não parecia mais agitada do que qualquer outra quarta-feira. O *Lloyd's List*, o jornal da indústria naval, publicou sua página diária cheia de despachos sobre vítimas, acidentes e atos de pirataria no mar. Entre outros, mencionou a balsa Baltic Jet *en route* de Talin para Helsinque, que "foi acometida de um incêndio em sua sala de máquinas a bombordo às 08h14, horário local"; o navio-tanque Hamilton Energy partiu de Port Weller Docks, no Canadá, após "reparos terem sido feitos aos danos sofridos quando ela travou contato com um crocodilo. O acidente quebrou o cadaste do leme e fez o eixo da hélice invadir a caixa de engrenagens e destruir a caixa do motor". Em outro lugar no Canadá, uma embarcação pesqueira de camarão ficou presa no gelo, mas o proprietário disse que "há uma possibilidade de que ela possa ser colocada em movimento e seguir viagem com seus próprios recursos". Um dia, em suma, como qualquer outro.

A verdadeira notícia de abalar o oceano estava em outra página, escondida na coluna editorial. Tocado pela musa do trocadilho, o editor anunciou sob o título *"Her today, gone tomorrow"* que "tomamos a decisão simples, mas significativa, de mudar nosso estilo a partir do início do próximo mês e passar a nos referirmos aos navios com o gênero neutro, em lugar do feminino. Desse modo, este jornal alinha-se com a maioria dos títulos de negócios internacionais respeitáveis". As reações do público foram tempestuosas, e o jornal foi dominado por cartas ao editor. Um leitor grego furioso escreveu: "Senhor, apenas um bando de ingleses rabugentos, fora de sintonia e arrogantes sonharia em tentar mudar a maneira como falamos de navios por milhares de anos como '*she*'. Saiam daí e vão cuidar dos seus jardins e caçar raposas, seus idiotas pretensiosos. Atenciosamente, Stephen Komianos". Mas nem mesmo esse eloquente apelo convenceu o *Lloyd's List* a mudar seu curso, e em abril de 2002 o "ela" ficou pelo cais[84].

Gênero e pensamento

Línguas que tratam objetos inanimados como "ele" ou "ela" forçam seus falantes a tratar tais objetos com as mesmas formas

---

84. Estranhamente, "navio" é um termo novo no oceano do gênero, pois no inglês antigo um *scip* era, na verdade, substantivo neutro, não feminino. Portanto, o uso de um pronome de gênero aqui parece ser um caso real de personificação, não apenas uma velha relíquia.

gramaticais que são aplicadas a homens e mulheres. Esse hábito de masculinizar ou feminilizar objetos significa que uma associação entre um substantivo inanimado e um dos sexos é enfiada ouvido abaixo nos falantes sempre que escutam o nome desse ou daquele objeto, e a mesma associação lhe sobe garganta acima sempre que eles têm ocasião de mencionar o nome desse ou daquela. E como dirá qualquer um, cuja língua materna tenha um sistema de gênero, uma vez que o hábito tomou conta e a associação com o masculino ou feminino se estabeleceu, é muito difícil se livrar dela. Quando falo inglês, posso dizer sobre uma cama que "*it*" é muito macia, mas na verdade sinto que "*she*" é muito macia. Ela permanece feminina desde os pulmões até a glote e é neutralizada apenas quando atinge a ponta da língua.

Como base para uma investigação séria, no entanto, meus sentimentos professos em relação às camas dificilmente constituem evidência confiável. Não é apenas a natureza anedótica dessa informação que é o problema, mas o fato de eu não ter fornecido nenhuma prova de que o sentimento do feminino seja algo mais do que linguístico – um mero hábito gramatical. A associação automática entre um substantivo inanimado e um pronome de gênero não demonstra, por si só, que o gênero gramatical exerceu qualquer efeito mais profundo nos pensamentos dos falantes. Não mostra, em particular, se os falantes de hebraico ou espanhol, que tratam as camas no feminino, de fato associam às camas quaisquer propriedades femininas.

Ao longo do século passado, várias experiências foram conduzidas com o objetivo de testar precisamente esta questão: O gênero gramatical de objetos inanimados pode influenciar as associações de falantes? Provavelmente, o primeiro experimento desse tipo foi realizado no Instituto Psicológico de Moscou, na Rússia pré-revolucionária (JAKOBSON, 1959a, p. 237; JAKOBSON, 1985, p. 108). Em 1915, 50 pessoas foram convidadas a imaginar cada dia da semana como uma pessoa em particular e, em seguida, descrever a pessoa que haviam retratado para cada dia. Descobriu-se que todos os participantes imaginavam segunda--feira, terça-feira e quinta-feira como homens, mas quarta-feira, sexta-feira e sábado como mulheres. Qual seria a razão disso? Quando solicitados a explicar a escolha, muitos deles não conseguiram dar uma resposta satisfatória. Mas os pesquisadores concluíram que a resposta não poderia deixar de estar relacionada ao fato de que os nomes para segunda-feira, terça-feira e quinta-feira têm gênero masculino em russo, enquanto quarta-feira, sexta-feira e sábado são do gênero feminino.

Na década de 1990, o psicólogo Toshi Konishi conduziu um experimento comparando as associações de gênero de falantes de alemão e espanhol (KONISHI, 1993). Existem alguns substantivos inanimados cujos gêneros nas duas línguas são invertidos. O ar alemão é um *ela* (*die Luft*), mas *el aire* é um *ele* em espanhol; *die Brücke* (ponte) também é feminino em alemão, mas *el puente* é masculino; e o mesmo vale para relógios, apartamentos, garfos, jornais, bolsos, ombros, selos, ingressos, violinos, o sol, o mundo e o amor. Por outro lado, *der Apfel* é masculino para os alemães, mas *la manzana* é feminino em espanhol, assim como cadeiras, vassouras, borboletas, chaves, montanhas, estrelas, mesas, guerras, chuva e lixo. Konishi apresentou uma lista de tais substantivos com gêneros conflitantes para falantes de alemão e espanhol e pediu aos participantes suas opiniões sobre as propriedades desses substantivos: se eles eram fracos ou fortes, pequenos ou grandes, e assim por diante. Em média, os substantivos que são masculinos em alemão, mas femininos em espanhol (cadeiras e chaves, por exemplo) obtiveram notas mais altas dos alemães no quesito força, enquanto pontes e relógios, que são masculinos em espanhol, mas femininos em alemão, foram julgados mais fortes em média pelos falantes de espanhol.

A conclusão simples de tal experimento seria que as pontes têm conotações mais viris para falantes de espanhol do que para falantes de alemão. No entanto, uma possível objeção a essa inferência é que pode não ser a ponte em si que carrega tais conotações – pode apenas ter sido ouvir o nome junto com o artigo masculino *el* ou *un*. Nessa interpretação, quando falantes de espanhol e alemão simplesmente olham para uma ponte, suas associações podem não ser de modo algum afetadas, e talvez apenas no instante da fala, apenas mediante o ato de dizer ou ouvir o próprio marcador de gênero, que uma associação fugaz com masculinidade ou feminilidade se crie na mente do falante.

É possível, portanto, contornar o problema e verificar se associações femininas ou masculinas de substantivos inanimados estão presentes mesmo quando os marcadores de gênero na língua em destaque não são explicitamente mencionados? As psicólogas Lera Boroditsky e Lauren Schmidt tentaram fazer isso repetindo um experimento semelhante com falantes de espanhol e alemão, mas desta vez se comunicando com os participantes em inglês e não em sua respectiva língua materna. Embora o experimento tenha sido conduzido em uma língua que trata objetos inanimados uniformemente em forma neutra ("*it*"), os falantes de espanhol e alemão ainda mostraram diferenças marcantes nos atributos que escolheram para os objetos em destaque. Os falantes de alemão tendiam a descrever as pontes como belas, elegantes, frágeis, pacíficas, bonitas e esbeltas; os falantes de espanhol como grandes, perigosas, longas, fortes, resistentes e imponentes.

Uma maneira mais radical de contornar o problema foi pensada pela psicóloga Maria Sera e seus colegas, que compararam as reações de falantes de francês e espanhol, mas usaram imagens de objetos em vez de palavras (SERA *et al.*, 2002). Como duas línguas intimamente relacionadas, o francês e o espanhol fundamentalmente concordam em gênero, mas ainda há muitos substantivos divergentes: o garfo, por exemplo, é *la fourchette* em francês, mas *el tenedor* em espanhol, e do mesmo modo carros (*la voiture, el carro*) e bananas (*la banane, el plátano*); por outro lado, as camas francesas são masculinas (*le lit*), mas as espanholas são femininas (*la cama*), e o mesmo vale para nuvens (*le nuage, la nube*) e borboletas (*le papillon, la mariposa*). Os participantes do experimento foram convidados a ajudar na preparação de um filme em que alguns objetos do cotidiano ganham vida. Sua tarefa era escolher a voz apropriada para cada objeto no filme. Foi-lhes mostrada uma série de imagens e, para cada uma delas, foi-lhes pedido que escolhessem entre a voz de um homem e a voz de uma mulher. Embora os nomes dos objetos nunca tenham sido mencionados, quando os falantes de francês viram a imagem de um garfo, a maioria deles queria que ele falasse com voz de mulher, enquanto os falantes de espanhol tendiam a escolher uma voz masculina para ele. Com a imagem da cama, inverteu-se a situação.

* * *

As experiências descritas acima são certamente sugestivas. Elas parecem mostrar que o gênero gramatical de um objeto inanimado afeta as propriedades que os falantes associam a esse objeto. Ou pelo menos o que os especialistas demonstram é que o gênero gramatical afeta as respostas quando os falantes são ativamente solicitados a satisfazer sua imaginação e criar associações para tal objeto. Mas este último ponto é, de fato, uma fraqueza grave. Todos os experimentos descritos até agora sofrem de um problema subjacente, a saber: eles *forçaram* os participantes a exercer sua imaginação. Um cético poderia argumentar com alguma razão que a única coisa que os experimentos provaram foi que os gêneros gramaticais afetam as associações quando os participantes são coagidos de forma não espontânea a sonhar com propriedades para vários objetos inanimados. Na pior das hipóteses, seria possível parodiar o que talvez ocorresse na mente de um participante da seguinte maneira: "Aqui estou eu diante de todo tipo de pergunta ridícula que me colocam. Agora eles querem que eu pense em propriedades para uma ponte – meu Deus, o que vem a seguir? Bem, é melhor eu inventar alguma coisa, senão eles nunca me deixam ir para casa. Então eu vou dizer X". Sob tais circunstâncias, de fato a primeira propriedade que vem à mente de um falante de espanhol será provavelmente mais masculina do que feminina. Em outras palavras, se você forçar os falantes de espanhol a serem poetas de improviso e extrair deles propriedades de pontes, o sistema de gênero realmente afetará a escolha de predicados. Mas como podemos dizer se o gênero masculino tem alguma influência sobre os falantes e suas concepções espontâneas acerca de pontes, mesmo fora de tais exercícios de poesia sob demanda?

Na década de 1960, a linguista Susan Ervin tentou minimizar o elemento da criatividade com um experimento que envolveu falantes de italiano (ERVIN, 1962, p. 257). Ela se baseou no fato de que o italiano tem dialetos muito difusos, de modo que mesmo um falante nativo não ficaria surpreso ao encontrar palavras totalmente desconhecidas em um dialeto desconhecido. Ervin inventou uma lista de palavras sem sentido que soavam como se pudessem ser os termos dialetais para vários objetos. Alguns deles terminavam em -o (masculino) e outros em -a (feminino). Ela queria verificar quais associações essas palavras evocariam nos falantes italianos, mas não queria que os participantes percebessem que estavam se entregando à imaginação criativa. Então ela lhes disse que eles iriam ver uma lista de palavras de um dialeto italiano que eles não conheciam, e ela fingiu que o objetivo do experimento era verificar se as pessoas eram capazes de adivinhar corretamente as propriedades das palavras apenas pela maneira como elas soam. Os participantes tendiam a atribuir às palavras de terminação -o propriedades semelhantes àquelas que atribuíam aos homens (forte, grande, feio), enquanto as palavras de terminação -a tendiam a ser descritas com propriedades que também eram usadas para mulheres (frágil, pequeno, bonito). O experimento de Ervin mostrou que as associações eram afetadas pelo gênero gramatical, mesmo quando os participantes não percebiam que estavam adentrando o campo da imaginação criativa e tinham para si que a pergunta que lhes era colocada tinha uma solução correta. Embora esse experimento tenha contribuído de alguma forma para superar o problema dos julgamentos subjetivos, ele ainda não resolveu o problema de forma completa, já que, mesmo que os participantes não estivessem cientes de serem coagidos a produzir associações sob demanda, na prática era isso precisamente o que eles eram obrigados a fazer.

Na verdade, é difícil imaginar como alguém poderia projetar qualquer experiência que contornasse completamente a influência de julgamentos subjetivos. Pois a tarefa exige nada menos do que tudo ao mesmo tempo agora: Como pode qualquer experimento medir se os gêneros gramaticais exercem uma influência sobre as associações feitas por falantes sem solicitar a esses falantes que produzam suas associações? Há alguns anos, Lera Boroditsky e Lauren Schmidt encontraram uma maneira de fazer exatamente isso (BORODITSKY *et al.*, 2003)[85]. Elas pediram que um grupo de falantes de espanhol e um grupo de falantes de alemão participassem de um jogo da memória (que foi realizado inteiramente em inglês, a fim de evitar qualquer menção explícita dos gêneros). Os participantes receberam uma lista de duas dúzias de objetos inanimados e, para cada um desses objetos, eles tiveram de memorizar o nome de uma pessoa. Por exemplo, "*apple*" tinha o nome Patrick associado a ele, e "*bridge*" tinha o nome Claudia. Os participantes tinham um período fixo de tempo para memorizar os nomes associados aos objetos e, em seguida, testava-se o seu sucesso na tarefa. Uma análise estatística dos resultados mostrou que eles eram melhores ao lembrar os nomes atribuídos quando o gênero do objeto correspondia ao sexo da pessoa e que achavam mais difícil lembrar os nomes quando o gênero do objeto entrava em conflito com o sexo da pessoa. Por exemplo, os falantes de espanhol achavam mais fácil lembrar o nome associado à maçã (*la manzana*) se fosse Patrícia em vez de Patrick, e achavam mais fácil lembrar o nome de uma ponte (*el puente*) se fosse Claudio em vez de Claudia.

Uma vez que os falantes de espanhol acharam objetivamente mais difícil combinar uma ponte com uma mulher do que com um homem, podemos concluir que, quando objetos inanimados têm um gênero masculino ou feminino, as associações de masculinidade ou feminilidade para esses objetos estão presentes nas mentes dos falantes de espanhol mesmo quando não são ativamente solicitadas, mesmo quando os participantes não são convidados a opinar em relação a questões como se as pontes são fortes em vez de delicadas e mesmo quando falam inglês.

---

85. Resultados detalhados do experimento com base em Boroditsky e Schmidt não se encontram publicados.

Claro, ainda se poderia objetar que a tarefa de memória em questão era bastante artificial e de alguma forma distante das preocupações da vida cotidiana, em que não se é instado com frequência a memorizar se maçãs ou pontes são chamadas Patrick ou Claudia. Mas experiências psicológicas muitas vezes têm de confiar em tarefas bastante específicas a fim de provocar diferenças estatisticamente significativas. A importância dos resultados não está no que eles dizem sobre a tarefa específica em si, mas no que eles revelam sobre o efeito do gênero de forma mais geral, ou seja, que associações masculinas ou femininas de objetos inanimados são fortes o bastante nas mentes dos falantes de espanhol e alemão para afetar sua capacidade de memorizar informações.

* * *

Há sempre espaço para refinamento e avanço em experimentos psicológicos, é claro, e os relatados acima não são exceção. Mas a evidência que surgiu até agora deixa pouca dúvida de que as idiossincrasias de um sistema de gênero exercem influência significativa nos pensamentos dos falantes. Quando uma linguagem trata objetos inanimados da mesma forma que trata mulheres e homens, com as mesmas formas gramaticais ou com os mesmos pronomes "ele" e "ela", os hábitos da gramática podem transbordar para hábitos mentais além da gramática. O nexo gramatical entre objeto e gênero é imposto às crianças desde a mais tenra idade e reforçado milhares de vezes ao longo de suas vidas. Esse inculcamento constante afeta as associações que os falantes desenvolvem sobre objetos inanimados e podem vestir de traços femininos ou masculinos suas noções de tais objetos. As evidências sugerem que as associações relacionadas ao sexo não são apenas fabricadas sob demanda, mas presentes mesmo quando não são ativamente solicitadas.

O gênero, portanto, fornece nosso segundo exemplo de como a língua materna influencia o pensamento. Como antes, a diferença relevante entre idiomas com e sem um sistema de gênero não está no que eles permitem que seus falantes transmitam, mas no que eles habitualmente forçam seus falantes a dizer. Não há evidências que sugiram que o gênero gramatical afete a capacidade de alguém raciocinar logicamente. Os falantes de línguas de gênero são perfeitamente capazes de entender a diferença entre sexo e sintaxe, e não estão sob a ilusão de que objetos inanimados têm sexo biológico. As mulheres alemãs raramente confundem seus maridos com um chapéu (ainda que os chapéus sejam masculinos), os homens espanhóis não são conhecidos por confundir as camas com quem possa estar deitado nelas, e o animismo não parece estar mais difundido na Itália ou na Rússia do que no mundo anglo-saxão. Por outro lado, não há razão para suspeitar que os falantes de húngaro ou turco ou indonésio, que não fazem distinções de gênero, mesmo em pronomes, sejam de alguma forma impedidos de entender os pontos mais sutis sobre os pássaros e as abelhas.

No entanto, mesmo que o gênero gramatical não restrinja a capacidade de raciocínio de ninguém, isso não torna sua consequência menos grave para aqueles que recebem seu primeiro alimento em uma língua materna dotada de gênero. Pois um sistema de gênero pode chegar perto de ser uma prisão, todavia – uma casa prisional de associações. É praticamente impossível rejeitar as cadeias de associações impostas pelos gêneros da própria linguagem.

Mas se vocês, falantes nativos de inglês, são tentados a sentir pena daqueles dentre nós que estão acorrentados pela carga pesada de um sistema de gênero irracional, então pensem novamente. Eu nunca iria querer mudar de lugar com vocês. Minha mente pode estar sobrecarregada por um conjunto arbitrário e ilógico de associações, mas meu mundo tem tanto de algo a que vocês não têm acesso, porque a paisagem da minha língua é muito mais fértil do que o seu árido deserto do "*it's*".

Não é preciso dizer que os gêneros são um presente da língua para os poetas. O pinheiro masculino de Heine anseia pela palmeira feminina; *Minha irmã vida*, de Boris Pasternak, só pode funcionar porque "vida" é substantivo feminino em russo; traduções inglesas de "*L'homme et la mer*", de Charles Baudelaire, por mais inspiradas que sejam, nunca podem esperar capturar a relação tempestuosa de atração e antagonismo que ele evoca entre "ele" (o homem) e "ela" (o mar); nem o inglês pode fazer justiça à "*Ode ao mar*", de Pablo Neruda, na qual o (masculino) *el mar* atinge *una piedra* e então "ele a acaricia, a beija, a encharca, bate no peito, repetindo seu próprio nome" – o inglês "*it caresses it, kisses it, drenches it, pounds its chest*" não é exatamente a mesma coisa.

Não é preciso dizer que os gêneros também animam a vida cotidiana dos mortais comuns. Os gêneros podem ser um pesadelo para os aprendizes estrangeiros, mas não parecem causar qualquer problema sério para os falantes nativos, e fazem do mundo um lugar mais animado. Quão tedioso seria se as abelhas não fossem "elas" e os grilos não fossem "eles", se não se passasse das escadas femininas para os pavimentos masculinos, se dez anos masculinos não se aglomerassem dentro de uma década feminina, se não se pudesse cumprimentar o Sr. Pepino e a Sra. Couve-flor da maneira correta. Eu nunca iria querer perder os meus gêneros. Junto com a Tia Augusta, eu preferiria dizer à língua inglesa que perder um gênero pode ser considerado uma desgraça; perder ambos parece descuido.

9
Os azuis da Rússia

Visitantes no Japão dotados de um olhar atento podem notar algo incomum na cor de alguns semáforos. Não que haja qualquer coisa estranha sobre o esquema básico: assim como em todos os outros lugares, a luz vermelha no Japão significa "parar", verde "ir", e uma luz laranja aparece no meio. Mas aqueles que derem uma boa olhada verão que as luzes verdes são de um tom de verde diferente do de outros países e têm uma tonalidade azulada distinta. A razão não é uma superstição oriental sobre os poderes protetores do turquesa ou um derramamento de *toner* azul em uma fábrica de plástico japonesa, mas uma reviravolta bizarra da história linguístico-política.

O japonês costumava ter uma palavra de cor, *ao*, que abrangia verde e azul. Na língua moderna, no entanto, o *ao* passou a se restringir principalmente a tons azuis, e o verde é geralmente expresso pela palavra *midori* (embora *ao* ainda hoje possa se referir ao verde de frescor ou da imaturidade – maçãs verdes, por exemplo, são chamadas *ao ringo*). Quando os primeiros sinais de trânsito foram importados dos Estados Unidos e instalados no Japão na década de 1930, eles eram tão verdes quanto em qualquer outro lugar. No entanto, no jargão comum, a luz de ida foi apelidada de *ao shingoo*, talvez porque as três cores primárias nas paletas dos artistas japoneses são tradicionalmente *aka* (vermelho), *kiiro* (amarelo) e *ao*. O rótulo *ao* para uma luz verde não parecia tão fora do comum no início, por causa das associações restantes da palavra *ao* com o verde. Mas com o tempo, a discrepância entre a cor verde e o significado dominante da palavra *ao* começou a ficar incômodo. Nações menos tenazes poderiam ter optado pela solução fraca de simplesmente mudar o nome oficial da luz verde para *midori*. Esse não é o caso dos japoneses. Em vez de alterar o nome para se adequar à realidade, o governo japonês decretou em 1973 que a realidade deveria ser alterada para se adequar ao nome: doravante, as luzes de ir seriam de uma cor que melhor correspondesse ao significado dominante de *ao*. Infelizmente, era impossível mudar a cor para um azul real, porque o Japão participa de uma convenção internacional que garante que os sinais de trânsito tenham uma medida de uniformidade em todo o mundo (CONLAN, 2005)[86]. A solução foi, portanto, tornar a luz *ao* o mais azulada possível, embora ainda fosse oficialmente verde (cf. Figura 7).

O turquesa do semáforo no Japão é um exemplo bastante incomum de como as peculiaridades de uma língua podem mudar a realidade e, assim, afetar o que as pessoas conseguem ver no mundo. Mas é claro que esse não é o tipo de influência da língua com a qual estivemos preocupados nos capítulos anteriores. Nossa questão é se falantes de línguas diferentes podem perceber a *mesma realidade* de maneiras diferentes unicamente em razão de suas línguas maternas. Os conceitos de cores da nossa língua são uma lente através da qual experimentamos cores no mundo?

Voltando ao tema da cor, este capítulo final tenta liquidar uma antiga dívida, virando de cabeça para baixo a questão do século XIX sobre a relação entre língua e percepção. Lembre-se de que Gladstone, Geiger e Magnus acreditavam que as diferenças no vocabulário das cores resultavam de diferenças preexistentes na percepção das cores. Mas será que causa e efeito passaram aqui por uma inversão? É possível que as diferenças linguísticas possam ser a *causa* das diferenças de percepção? As distinções de cores que realizamos rotineiramente em nossa

---

86. O padrão japonês oficial para luzes de trânsito verdes mostrado na Figura 7 provém de Janoff (1994) e do site do Centro de Pesquisa de Iluminação do Instituto Politécnico de Rensselaer (http://www.lrc.rpi.edu/programashttp://www.lrc. rpi.edu/pro-/transport/LED/LEDTrafficSignalComparison.asp). O padrão americano oficial é do Institute of Transportation Engineers (2005, p. 24).

língua podem afetar nossa sensibilidade a certas cores? Poderia a nossa sensação de uma pintura de Chagall ou os vitrais da Catedral de Chartres estar pautada pela existência ou não de uma palavra para a cor "azul"?

* * *

Poucas emoções da vida adulta podem igualar a emoção do filosofismo adolescente nas pequenas horas da manhã. Uma percepção particularmente profunda que tende a emergir dessas sessões de metafísica borbulhante é a percepção devastadora de que nunca se pode saber como as outras pessoas *realmente* veem as cores. Você e eu podemos concordar que uma maçã é "verde" e outra "vermelha", mas pelo que sei, quando você diz "vermelho", você pode na verdade experimentar o meu verde e vice-versa. Nunca poderemos dizer, mesmo se compararmos as notas até o dia de são nunca, porque se minha sensação vermelho-verde fosse negativa em relação a sua, ainda concordaríamos com todas as descrições de cores quando nos comunicássemos verbalmente. Concordaríamos em chamar os tomates maduros de vermelhos e os não maduros de verdes, e até concordaríamos que o vermelho é uma cor quente e o verde é uma cor mais fria, pois no meu mundo as chamas parecem verdes – o que eu chamo de "vermelho" –, então eu associaria essa cor ao calor.

É claro que nosso intuito é de trabalhar com ciência séria aqui, não com elucubrações juvenis. O único problema é que, no que diz respeito à compreensão da sensação real de cor, a ciência moderna não parece ter avançado substancialmente para além do nível da metafísica adolescente. Hoje se sabe muito sobre a retina e seus três tipos de cones, cada qual com picos de sensibilidade em uma parte distinta do espectro. Como explicado no Apêndice, no entanto, a sensação de cor em si é formada não na retina, mas no cérebro, e o que o cérebro faz não é nada remotamente tão simples quanto apenas somar os sinais dos três tipos de cones. De fato, entre os cones e nossa sensação real de cor há um turbilhão de computação extraordinariamente sutil e sofisticada: normalização, compensação, estabilização, regularização, até mesmo simples visão desejosa (o cérebro pode nos fazer ver uma cor inexistente se tiver motivos para acreditar, com base em sua experiência passada do mundo, que essa cor deveria estar lá). O cérebro faz todo esse cálculo e interpretação para nos dar uma imagem relativamente estável do mundo, que não muda radicalmente sob diferentes condições de iluminação. Se o cérebro não normalizasse a nossa visão dessa forma, nós experimentaríamos o mundo como uma série de imagens de câmeras baratas, em que as cores dos objetos mudam constantemente sempre que a iluminação não é ideal.

Além da percepção de que a interpretação dos sinais da retina é extremamente complexa e sutil, os cientistas sabem muito pouco sobre como a sensação de cor é realmente formada no cérebro de qualquer pessoa, muito menos como exatamente ela pode variar entre pessoas diferentes. Então, dada a incapacidade de abordar a sensação de cor diretamente, que esperança há de descobrir se diferentes idiomas podem afetar a percepção de cores de seus falantes?

Nas décadas anteriores, os pesquisadores tentaram superar esse obstáculo criando maneiras inteligentes de fazer as pessoas descreverem em palavras o que experimentaram. Em 1984, Paul Kay (da dupla Berlin e Kay) e Willett Kempton tentaram verificar se uma língua como o inglês, que trata o azul e o verde como cores separadas, distorceria a percepção dos falantes em relação a tons próximos à fronteira verde-azulada (KAY; KEMPTON, 1984)[87]. Eles usaram uma série de fichas coloridas em diferentes tons de verde e azul, principalmente quando muito próximos da fronteira, de modo que as verdes eram verdes-azuladas e as azuis, azuis-esverdeadas. Isso significava que, em termos de distância objetiva, duas fichas verdes poderiam estar mais distantes uma da outra do que se uma delas fosse uma ficha azul. Os participantes do experimento foram solicitados a completar uma série de tarefas de exclusão. Eles eram apresentados a três fichas de cada vez e lhes era solicitado escolher qual ficha parecia mais

---

87. Experimentos mais sofisticados dessa natureza foram realizados por Roberson *et al.* (2000; 2005).

distante em cor das outras duas. Quando um grupo de norte-
-americanos foi testado, suas respostas tenderam a exagerar a
distância entre as fichas na fronteira verde-azul e a subestimar a
distância entre as fichas no mesmo lado da fronteira. Por exemplo, quando duas fichas eram verdes e a terceira era azul (esver-
deada), os participantes tendiam a escolher a azul como a mais
distante, mesmo que em termos de distância objetiva uma das
verdes estivesse realmente mais longe das outras duas. A mesma
experiência foi então realizada no México, com falantes de uma
língua indígena chamada tarahumara, que trata o verde e o azul
como matizes de uma cor. Os falantes de tarahumara não exageraram a distância entre as fichas em lados diferentes da fronteira
verde-azul. Kay e Kempton concluíram que a diferença entre as
respostas de falantes de inglês e de tarahumara demonstraram
uma influência da língua na percepção da cor.

O problema com tais experimentos, no entanto, é que eles
dependem da solicitação de julgamentos subjetivos para uma
tarefa que parece vaga ou ambígua. Como Kay e Kempton chegaram a admitir, os falantes de inglês poderiam ter raciocinado
da seguinte forma: "É difícil decidir aqui qual parece o mais diferente, já que todos os três são muito próximos em matiz. Existem
outros tipos de pistas que eu possa usar? Ah! A e B são ambos
chamados de 'verde', enquanto C é *chamado* de 'azul'. Isso resol-
ve o meu problema; eu vou escolher C como o mais diferente".
Portanto, é possível que os falantes de inglês simplesmente tenham agido segundo o princípio "Em caso de dúvida, decida
pelo nome". E se isso foi o que eles fizeram, então a única coisa
que o experimento provou foi que os falantes de inglês confiam
em sua língua como uma estratégia alternativa quando são obrigados a resolver uma tarefa vaga para a qual não parece haver
uma resposta clara. Os falantes de tarahumara não podem empregar essa estratégia, pois não têm nomes distintos para verde e
azul. Mas isso não prova que os falantes de inglês de fato *percebem* as cores de forma diferente da dos falantes de tarahumara.

Em uma tentativa de enfrentar esse problema de frente,
Kay e Kempton repetiram o experimento com outro grupo de

269

falantes de inglês e, dessa vez, os participantes foram informados explicitamente de que não deveriam recorrer aos nomes das cores ao julgar quais fichas eram mais distantes umas das outras. Mesmo depois desse aviso, porém, as respostas ainda exageraram a distância entre as fichas da fronteira verde-azul. De fato, quando solicitados a explicar suas escolhas, os participantes insistiram que essas fichas de fato pareciam mais distantes. Kay e Kempton concluíram que, se os nomes têm um efeito nas escolhas dos falantes, esse efeito não pode ser facilmente controlado ou desativado mediante a vontade, o que sugere que a língua interfere no processamento visual em um nível inconsciente profundo. Como veremos em breve, o palpite dos autores se metamorfosearia em algo muito menos vago nas décadas posteriores. Mas como a única evidência disponível em 1984 era baseada em julgamentos subjetivos para tarefas ambíguas, não é de se admirar que seu experimento não tenha sido o bastante para gerar convencimento.

Durante anos, parecia que qualquer tentativa de determinar de maneira mais objetiva se a língua afetava a percepção da cor sempre levaria ao mesmo beco sem saída, porque não há como medir objetivamente o quão próximos diferentes tons se apresentam a pessoas diferentes. Por um lado, é impossível perscrutar a sensação de cor diretamente do cérebro. Por outro, se o que se procura é provocar sutis diferenças de percepção ao pedir que as pessoas descrevam o que veem, faz-se necessário elaborar tarefas que envolvam a escolha entre variantes bastante próximas. As tarefas poderiam então parecer ambíguas e sem solução correta, de forma que mesmo se a língua materna se apresentasse a influenciar a escolha das respostas, poder-se-ia questionar se a língua de fato afeta a percepção ou se apenas oferece inspiração para escolher uma resposta a uma questão vaga.

Só recentemente os investigadores conseguiram sair desse impasse. O método que eles encontraram é ainda muito indireto – na verdade, absolutamente enviesado. Mas, pela primeira vez, o método permitiu que pesquisadores mensurassem objetivamente algo que está relacionado à percepção: o tempo médio que as pessoas levam para perceber a diferença entre certas cores. A ideia por trás do novo método é simples: deixando de lado um questionamento vago como "Para você, quais são as duas cores que parecem mais próximas?", os pesquisadores determinaram aos participantes uma tarefa clara e simples que tem apenas uma solução correta. O que é de fato testado, portanto, não é se os participantes chegam à solução correta (em geral, é o que acontece), mas sim sua velocidade de reação, da qual se pode tirar inferências sobre os processos cerebrais.

Um desses experimentos, publicado em 2008, foi conduzido por uma equipe de Stanford, MIT e UCLA – Jonathan Winawer, Nathan Witthoft, Michael Frank, Lisa Wu, Alex Wade e Lera Boroditsky (WINAWER *et al.*, 2007). Vimos no capítulo 3 que o russo tem dois nomes de cores distintas para o intervalo que o inglês subsome sob o nome *"blue"*: *siniy* (azul-escuro) e *goluboy* (azul-claro). O objetivo do experimento era verificar se esses dois "azuis" distintos afetariam a percepção dos russos sobre os tons de azul. Os participantes estavam sentados em frente a uma tela de computador; eram apresentados a eles conjuntos de três quadrados azuis de cada vez: um quadrado no topo e um par abaixo, como mostrado abaixo e em cores na Figura 8 na inserção.

Um dos dois quadrados inferiores era sempre exatamente da mesma cor que o quadrado superior, e o outro tinha um tom diferente de azul.

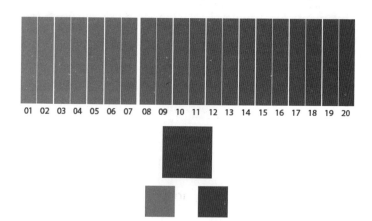

A tarefa era indicar qual dos dois quadrados de baixo era da mesma cor do de cima. Os participantes não precisavam dizer nada em voz alta, apenas pressionar um dos dois botões, esquerdo ou direito, o mais rápido que pudessem, quando a imagem aparecesse na tela. (Portanto, na figura acima, a resposta correta seria pressionar o botão à direita.) Essa foi uma tarefa bastante simples com uma solução igualmente simples e, claro, os participantes forneceram a resposta certa quase o tempo todo. Mas a medição que o experimento levava a cabo era a do tempo transcorrido até que o participante pressionasse o botão correto.

Para cada conjunto, as cores foram escolhidas entre 20 tons de azul. Como era de se esperar, o tempo de reação de todos os participantes dependia, em primeiro lugar, de quão distante o matiz do quadrado isolado estava do matiz dos outros dois. Se o quadrado superior era de um azul muito escuro, digamos, tom 18, e o quadrado estranho era de um azul muito claro, digamos, tom 3, os participantes tendiam a pressionar o botão correto muito rapidamente. Mas quanto mais próximo o matiz do estranho estava dos outros dois, mais longo tendia a ser o tempo de reação. Até aqui nada de mais. É de se esperar que, quando olhamos para dois matizes muito distantes, sejamos mais rápidos em registrar a diferença, ao passo que, se as cores forem semelhantes, o cérebro exigirá mais trabalho de processamento e, portanto, mais tempo para decidir que as duas cores não são iguais.

Os resultados mais interessantes surgiram quando o tempo de reação dos falantes de russo acabou por depender não apenas da distância objetiva entre os matizes, mas também da fronteira entre *siniy* e *goluboy*! Suponha que o quadrado superior fosse *siniy* (azul-escuro), mas imediatamente na fronteira com *goluboy* (azul-claro). Se o quadrado isolado estivesse a dois tons do claro (e, portanto, cruzando a fronteira do *goluboy*), o tempo médio que os russos levaram para pressionar o botão era significativamente menor do que se o quadrado isolado tivesse a mesma distância objetiva – dois tons –, mas aproximando-se da seção escura e, portanto, de outro tom de *siniy*. Quando os falantes de inglês foram testados exatamente com a mesma configuração, nenhum efeito de distorção tal como o observado foi detectado em seus tempos de reação. A fronteira entre "azul-claro" e "azul--escuro" não fazia diferença, e o único fator relevante para seus tempos de reação foi a distância objetiva entre as tonalidades[88].

Embora o experimento não tenha medido diretamente a sensação de cor real, ele conseguiu medir objetivamente a segunda melhor coisa, um tempo de reação que está intimamente correlacionado com a percepção visual. Mais importante ainda, não se confiava aqui na indução a julgamentos subjetivos para a realização de uma tarefa ambígua, pois em nenhum momento foi solicitado aos participantes que avaliassem as distâncias entre as cores ou que dissessem quais matizes pareciam mais semelhantes. Em vez disso, foi-lhes solicitado resolver uma tarefa visual simples que tinha apenas uma solução correta. O que o experimento mediu, seu tempo de reação, é algo de que os participantes não estavam conscientes e sobre o qual tampouco tinham controle. Eles apenas pressionavam o botão o mais

---

88. Essa fronteira (e para os falantes de inglês, a fronteira entre azul-claro e azul--escuro) foi determinada após o experimento para cada participante separadamente. A cada participante foram mostrados 20 diferentes tons de azul e lhes foi solicitado que dissessem se cada um era *siniy* ou *goluboy*. Aos falantes de inglês foi perguntado se cada tom era "azul-claro" ou "azul-escuro".

rápido que podiam sempre que uma nova imagem aparecia na tela. Mas a velocidade média com que os russos conseguiam fazer isso era menor se as cores tivessem nomes diferentes. Os resultados provam que há algo objetivamente diferente entre falantes de russo e de inglês na maneira como seus sistemas de processamento visual reagem aos tons azuis.

E embora isso seja o máximo que podemos dizer com certeza, é plausível dar um passo além e fazer a seguinte inferência: dado que as pessoas tendem a reagir mais rapidamente às tarefas de reconhecimento de cores quanto mais distantes as duas cores aparecem para elas, e uma vez que os russos reagem mais rapidamente aos tons na fronteira *siniy-goluboy* do que a distância objetiva entre os tons implicaria, é plausível concluir que os tons vizinhos ao redor da fronteira realmente *parecem* mais distantes para os falantes de russo do que em termos objetivos.

É claro que, mesmo que as diferenças entre o comportamento dos falantes de russo e de inglês tenham sido demonstradas objetivamente, é sempre prejudicial saltar automaticamente da correlação para a causalidade. Como podemos ter certeza de que a língua russa em particular – em vez de qualquer outra coisa no passado e na educação dos russos – teve algum papel causal na produção de sua resposta às cores perto da fronteira? Será que a verdadeira causa de seu tempo de reação mais rápido está no hábito dos russos de passar horas a fio olhando atentamente para as vastas extensões do céu russo? Ou em anos de estudo atento da *vodka* azul?

Para testar se os circuitos de linguagem no cérebro tinham algum envolvimento direto com o processamento de sinais coloridos, os pesquisadores adicionaram outro elemento ao experimento. Eles aplicaram um procedimento-padrão chamado de "tarefa de interferência" para tornar mais difícil para os circuitos linguísticos desempenharem sua função normal. Os participantes foram solicitados a memorizar sequências aleatórias de dígitos e, em seguida, repeti-las em voz alta enquanto observavam a tela e pressionavam os botões. A ideia era que, se os participantes estivessem realizando uma tarefa irrelevante relacionada à linguagem (dizendo em voz alta um amontoado de números), as áreas de linguagem em seus cérebros estariam "comprometidas de outra maneira" e não se encontrariam tão facilmente disponíveis para suportar o processamento visual da cor.

Quando o experimento foi repetido sob tais condições de interferência verbal, os russos não reagiram mais rapidamente aos tons através da fronteira *siniy-goluboy*, e seu tempo de reação dependia apenas da distância objetiva entre os matizes. Os resultados da tarefa de interferência apontam claramente para a linguagem como a culpada pelas diferenças originais no tempo de reação. A hipótese original de Kay e Kempton de que a interferência linguística com o processamento da cor ocorre em um nível profundo e inconsciente recebeu forte apoio cerca de duas décadas depois. Afinal, no experimento do azul russo, a tarefa era um exercício puramente visual-motor, e a língua nunca foi explicitamente convidada para a festa. E, no entanto, em algum lugar da cadeia de reações entre os fótons que tocam a retina e o movimento dos músculos dos dedos, as categorias da língua materna entraram em ação e aceleraram o reconhecimento das diferenças de cor quando as tonalidades tinham nomes diferentes. A evidência do experimento dos azuis russos, portanto, dá mais credibilidade aos relatos subjetivos dos participantes de Kay e Kempton de que tons com nomes diferentes pareciam mais distantes para eles.

* * *

Um experimento ainda mais notável para testar como a língua se mistura ao processamento de sinais visuais de cores foi concebido por quatro pesquisadores de Berkeley e Chicago – Aubrey Gilbert, Terry Regier, Paul Kay (o mesmo) e Richard Ivry (GILBERT *et al.*, 2006)[89]. A coisa mais estranha sobre a configuração de seu experimento, publicado em 2006, foi o

---

89. Os resultados desse experimento inspiraram uma série de adaptações de diferentes equipes em diferentes países. Cf. Drivonikou *et al.* (2007), Gilbert *et al.* (2008) e Roberson *et al.* (2008). Todos os testes subsequentes corroboraram as conclusões básicas.

número inesperado de idiomas que ele comparou. Enquanto o experimento dos azuis russos envolveu falantes de exatamente duas línguas e comparou suas respostas a uma área do espectro na qual as categorias de cores das duas línguas divergiam, o experimento de Berkeley e Chicago foi diferente, porque comparou... apenas o inglês.

À primeira vista, um experimento envolvendo falantes de apenas uma língua pode parecer uma abordagem bastante falha para testar se a língua materna faz diferença na percepção de cores dos falantes. Diferença de quê? Mas, na verdade, esse experimento engenhoso era bastante hábil, ou, para ser mais preciso, era tão destro quanto canhestro. Pois o que os pesquisadores se propuseram a comparar era nada menos que as metades esquerda e direita do cérebro.

A ideia deles era simples, mas como a maioria das ideias inteligentes, parece simples apenas depois que alguém pensou nela. Eles se basearam em dois fatos sobre o cérebro que são conhecidos há muito tempo. O primeiro fato diz respeito à sede da linguagem no cérebro: há um século e meio os cientistas reconhecem que as áreas linguísticas do cérebro não são divididas igualmente entre os dois hemisférios. Em 1861, o cirurgião francês Pierre Paul Broca exibiu perante a Sociedade de Antropologia de Paris o cérebro de um homem que havia morrido em sua enfermaria no dia anterior, depois de sofrer de uma doença cerebral debilitante (BROCA, 1861)[90]. O homem havia perdido a capacidade de falar anos antes, mas manteve muitos outros aspectos de sua inteligência. A autópsia de Broca mostrou que uma área específica do cérebro do homem havia sido completamente destruída: o tecido cerebral no lobo frontal do hemisfério esquerdo havia apodrecido, deixando apenas uma grande cavidade cheia de líquido aquoso.

---

90. Para uma história, cf. Young (1970, p. 134-149).

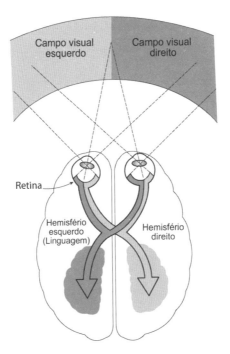

Processamento dos campos visuais esquerdo e direito no cérebro

Broca concluiu que essa área específica do hemisfério esquerdo devia ser a parte do cérebro responsável pela fala articulada. Nos anos seguintes, ele e seus colegas conduziram muitas outras autópsias em pessoas que perderam a capacidade de falar, e a mesma área de seus cérebros revelou-se danificada. Isso provou, sem sombra de dúvida, que a seção específica do hemisfério esquerdo, que mais tarde veio a ser chamada de "área de Broca", era a sede principal da linguagem no cérebro.

O segundo fato bem conhecido em que o experimento se baseou é que cada hemisfério do cérebro é responsável pelo processamento de sinais visuais da metade oposta do campo de visão. Conforme mostrado na ilustração acima, há um cruzamento em forma de X entre as duas metades do campo visual e os dois hemisférios cerebrais: os sinais do nosso lado esquerdo são enviados para o hemisfério direito para serem processados, enquanto os sinais do campo visual direito são processados no hemisfério esquerdo.

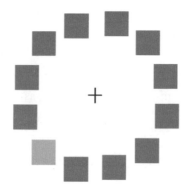

Se juntarmos os dois fatos – a sede da linguagem no hemisfério esquerdo e o cruzamento no processamento da informação visual –, segue-se que os sinais visuais do nosso lado direito são processados na mesma metade do cérebro que a linguagem, enquanto o que vemos à esquerda é processado no hemisfério sem um componente linguístico significativo.

Os pesquisadores usaram essa assimetria para verificar uma hipótese que parece incrível à primeira (e até segunda) vista: A intromissão linguística poderia afetar o processamento visual da cor no hemisfério esquerdo mais fortemente do que no direito? Será que as pessoas percebem as cores de maneira diferente, dependendo de que lado as veem? Os falantes de inglês, por exemplo, seriam mais sensíveis a matizes próximos da fronteira verde-azul quando os vissem do lado direito e não do lado esquerdo?

Para testar essa proposição fantasiosa, os pesquisadores criaram uma tarefa simples de identificação. Os participantes tinham de olhar para uma tela de computador e concentrar-se em uma pequena cruz bem no meio, isto garantiu que aquilo que aparecesse na metade esquerda da tela estivesse em seu campo visual esquerdo e vice-versa. Em seguida, foi mostrado aos participantes um círculo formado por quadradinhos, como na figura acima (e em cores na Figura 9).

Todos os quadrados eram da mesma cor, exceto um. Os participantes foram convidados a pressionar um dos dois botões, a depender de o quadrado estranho estar na metade esquerda do círculo ou na direita. Na figura acima, o quadrado estranho encontra-se aproximadamente às oito horas, então a resposta correta seria pressionar o botão esquerdo. Os participantes receberam uma série de tais tarefas, e em cada uma o quadrado estranho mudou de cor e posição. Às vezes era azul, enquanto os outros eram verdes, às vezes era verde, mas um tom diferente de todos os outros verdes, às vezes era verde, mas os outros eram azuis, e assim por diante. Como a tarefa é simples, os participantes geralmente pressionavam o botão correto. Mas o que realmente estava sendo medido era o tempo que eles levavam para responder. Como esperado, a velocidade em reconhecer o quadrado estranho dependia principalmente da distância objetiva entre as tonalidades. Independentemente de aparecer à esquerda ou à direita, os participantes sempre foram mais rápidos em responder quanto mais distante o matiz do estranho estava do resto. Mas o resultado surpreendente foi uma diferença significativa entre os padrões de reação nos campos visuais direito e esquerdo. Quando o quadrado estranho aparecia no lado direito da tela, a metade que é processada no mesmo hemisfério que a linguagem, a fronteira entre verde e azul fazia uma diferença real: o tempo médio de reação era significativamente menor quando o quadrado estranho ficava do outro lado da fronteira verde-azul em relação ao resto. Mas quando o quadrado estranho estava no lado esquerdo da tela, o efeito da fronteira verde-azul era muito mais fraco. Em outras palavras, a velocidade da resposta foi muito menos influenciada pelo fato de o quadrado estranho estar do outro lado da fronteira verde-azul em relação aos demais ou se era um tom diferente da mesma cor.

Assim, a metade esquerda dos cérebros dos falantes de inglês mostrou a mesma resposta em direção à fronteira azul-verde

que os falantes de russo exibiram em direção à fronteira *siniy-
-goluboy*, enquanto o hemisfério direito mostrou apenas traços
fracos de um efeito de distorção. Os resultados desse experimento (bem como uma série de adaptações posteriores que corroboraram suas conclusões básicas) deixam pouco espaço para
dúvidas de que os conceitos de cores de nossa língua materna
interferem diretamente no processamento da cor. Sem recorrer
a um escaneamento do cérebro, o experimento de dois hemisférios fornece a evidência mais direta até agora da influência da
linguagem na percepção visual.

Escaneamento do cérebro? Um grupo de pesquisadores da
Universidade de Hong Kong não viu razão para não o fazer. Em
2008 eles publicaram os resultados de um experimento semelhante, apenas com uma pequena variação. Como antes, a tarefa
de reconhecimento envolvia olhar para a tela do computador,
reconhecer cores e pressionar um dos dois botões. A diferença
foi que os bravos participantes foram convidados a completar
essa tarefa enquanto estavam deitados no tubo de um *scanner*
de ressonância magnética. A ressonância magnética é uma técnica que produz varreduras *on-line* do cérebro, medindo o nível
de fluxo sanguíneo em suas diferentes regiões. Como o aumento do fluxo sanguíneo corresponde ao aumento da atividade
neural, o *scanner* de ressonância magnética mede (ainda que
indiretamente) o nível de atividade neural em qualquer ponto
do cérebro (TAN *et al.*, 2008).

Nesse experimento, a língua materna dos participantes era
o chinês mandarim. Seis cores diferentes foram usadas: três delas (vermelho, verde e azul) têm nomes comuns e simples em
mandarim, enquanto três outras cores não (cf. a Figura 10). A
tarefa era muito simples: foram mostrados aos participantes
dois quadrados na tela por uma fração de segundo, e tudo o que
tinham a fazer era indicar pressionando um botão se os dois
quadrados eram idênticos em cor ou não.

A tarefa não envolvia linguagem alguma. Foi novamente um
exercício puramente visual-motor. Mas os pesquisadores que-
riam ver se as áreas de linguagem do cérebro seriam ativadas.

Eles imaginaram que os circuitos linguísticos provavelmente se envolveriam mais com a tarefa visual se as cores mostradas tivessem nomes comuns e simples do que se não houvesse rótulos óbvios para elas. E, de fato, duas pequenas áreas específicas no córtex cerebral do hemisfério esquerdo foram ativadas quando as cores eram do grupo fácil de nomear, mas permaneceram inativas quando as cores eram do grupo difícil de nomear.

Para determinar a função dessas duas áreas do hemisfério esquerdo com mais precisão, os pesquisadores administraram uma segunda tarefa aos participantes, desta vez explicitamente relacionada à linguagem. Foram exibidas aos participantes cores na tela, e enquanto seus cérebros estavam sendo digitalizados eles foram convidados a dizer em voz alta o nome de cada cor. As duas áreas que haviam sido anteriormente ativadas apenas com cores fáceis de nomear agora se acendem indicando intensa atividade. Assim, os pesquisadores concluíram que as duas áreas específicas em questão devem abrigar os circuitos linguísticos responsáveis por encontrar os nomes das cores.

Se projetarmos a função dessas duas áreas de volta aos resultados da primeira tarefa (puramente visual), fica claro que, quando o cérebro precisa decidir se duas cores parecem iguais ou não, os circuitos responsáveis pela percepção visual pedem ajuda aos circuitos de linguagem para tomar a decisão, mesmo que não haja fala envolvida. Então, pela primeira vez, agora há evidências neurofisiológicas diretas de que áreas do cérebro que são especificamente responsáveis pela descoberta de nomes estão envolvidas com o processamento de informações de cores puramente visuais.

* * *

À luz dos experimentos relatados neste capítulo, a cor pode ser a área que mais se aproxima, na realidade, da metáfora da língua como uma lente. É claro que a língua não é uma lente física e não afeta os fótons que atingem o olho. Mas a sensação de cor é produzida no cérebro, não no olho, e o cérebro não recebe os sinais da retina pelo valor nominal, pois está constantemente envolvido em um processo altamente complexo de normalização, que cria uma ilusão de cores estáveis sob diferentes condições de iluminação. O cérebro realiza esse efeito de "correção instantânea" deslocando e esticando os sinais da retina, exagerando algumas diferenças e minimizando outras. Ninguém sabe exatamente como o cérebro faz tudo isso, mas o que está claro é que ele depende de memórias passadas e de impressões armazenadas. Foi demonstrado, por exemplo, que uma imagem perfeitamente cinzenta de uma banana pode parecer ligeiramente amarela para nós, porque o cérebro se lembra da cor amarela das bananas e assim normaliza a sensação em relação ao que espera ver. (Para mais detalhes, consultar o Apêndice.)

É provável que o envolvimento da linguagem com a percepção da cor ocorra nesse nível de normalização e compensação, em que o cérebro se baseia em seu estoque de memórias passadas e distinções estabelecidas para decidir quão semelhantes são certas cores. E embora ninguém saiba ainda o que exatamente se passa entre os circuitos linguístico e visual, as evidências reunidas até agora equivalem a um argumento compreensivo de que a linguagem e a língua afetam nossa sensação visual. No experimento altamente qualificado de Kay e Kempton de 1984, os falantes de inglês afirmaram que os matizes da fronteira verde-azul *pareciam* mais distantes para eles. A abordagem de baixo para cima de experimentos mais recentes mostra que os conceitos linguísticos de cor estão diretamente envolvidos no processamento de informações visuais e que fazem as pessoas reagirem às cores de nomes diferentes como se estas estivessem mais distantes do que objetivamente. Tomados em conjunto, esses resultados levam a uma conclusão na qual poucos estariam preparados para acreditar há alguns anos: que falantes de idiomas diferentes podem perceber as cores de maneira ligeiramente diferente, afinal.

Em certo sentido, portanto, a odisseia de cores que Gladstone lançou em 1858 terminou, depois de um século e meio de peregrinação, a uma curtíssima distância de seu ponto de partida. Pois, ao fim e ao cabo, pode muito bem ter sido o caso que os gregos tenham percebido as cores de maneira ligeiramente diferente de nós. Mas mesmo que tenhamos concluído a jornada encarando Gladstone face a face, não estamos totalmente de acordo com ele, porque viramos sua história de cabeça para baixo e invertemos a direção de causa e efeito na relação entre linguagem e percepção. Gladstone pressupunha que a diferença entre o vocabulário de cores de Homero e o nosso era *resultado* de diferenças preexistentes na percepção das cores. Mas agora parece que o vocabulário da cor em diferentes idiomas pode ser a *causa* de diferenças na percepção da cor. Gladstone achava que o vocabulário de cores não refinado de Homero era um reflexo do estado subdesenvolvido da anatomia de seu olho. Sabemos que nada mudou na anatomia do olho ao longo dos últimos milênios e, no entanto, os hábitos mentais incutidos por nosso vocabulário de cores mais refinado podem ter nos tornado mais sensíveis a algumas distinções sutis de cores.

De modo mais geral, a explicação para as diferenças cognitivas entre grupos étnicos mudou nos últimos dois séculos, da anatomia para a cultura. No século XIX, era geralmente aceito que havia desigualdades significativas entre as faculdades mentais hereditárias de diferentes raças, e que essas desigualdades biológicas eram a principal razão para suas realizações variadas. Uma das joias da coroa do século XX foi o reconhecimento da unidade fundamental da humanidade em tudo o que diz respeito ao seu dotamento cognitivo. Portanto, hoje em dia não olhamos mais para os genes para explicar as variações nas características mentais entre os grupos étnicos. Mas no século XXI estamos começando a reconhecer a magnitude das diferenças de pensamento inculcadas por convenções culturais e, em particular, pelo uso de línguas diferentes.

Epílogo
Perdoai-nos as nossas ignorâncias

A língua tem duas vidas. Em seu papel público, é um sistema de convenções aceito por uma comunidade de fala com o propósito de comunicação efetiva. Mas a língua também tem outra existência, privada, como um sistema de conhecimento que cada falante internalizou em sua própria mente. Se a linguagem deve servir como um meio eficaz de comunicação, então os sistemas privados de conhecimento nas mentes dos falantes devem corresponder estreitamente ao sistema público de convenções linguísticas. E é por causa dessa correspondência que as convenções públicas da língua podem espelhar o que acontece no objeto mais fascinante e inapreensível de todo o universo, nossa mente.

Este livro se propôs a mostrar, mediante as evidências fornecidas pela língua, que aspectos fundamentais de nosso pensamento são influenciados pelas convenções culturais de nossa sociedade em uma extensão muito maior do que está na moda admitir hoje. Na primeira parte, ficou claro que a maneira como nossa língua divide o mundo em conceitos não foi determinada apenas para nós pela natureza, e que o que consideramos "natural" depende em grande medida das convenções nas quais fomos criados. Isso não quer dizer, é claro, que cada língua possa dividir o mundo arbitrariamente ao seu capricho. Mas dentro das restrições do que é apreensível e sensível para a comunicação, as formas pelas quais até mesmo os conceitos mais simples são delineados podem variar em um grau muito maior do que o simples senso comum jamais esperaria. Pois, em última análise, o que o senso comum considera natural é o que lhe é familiar.

Na segunda parte vimos que as convenções linguísticas da nossa sociedade podem afetar aspectos do nosso pensamento que vão além da linguagem. O impacto demonstrável da língua no pensamento é muito diferente do que foi apregoado no passado. Em particular, nenhuma evidência veio à luz de que nossa língua materna impõe limites aos nossos horizontes intelectuais e restringe nossa capacidade de entender conceitos ou distinções usados em outras línguas. Os efeitos reais da língua materna são, antes, os hábitos que se desenvolvem por meio do *uso frequente* de certas formas de expressão. Os conceitos que somos treinados a tratar como distintos, as informações que nossa língua materna continuamente nos obriga a especificar, os detalhes aos quais ela exige que estejamos atentos e as repetidas associações que ela nos impõe – todos esses hábitos de fala podem criar hábitos mentais que afetam mais do que apenas o conhecimento da própria língua. Vimos exemplos de três áreas da língua: coordenadas espaciais e suas consequências para padrões de memória e orientação, gênero gramatical e seu impacto nas associações, e os conceitos de cor, que podem aumentar nossa sensibilidade a certas distinções de cores.

De acordo com a visão dominante entre os linguistas e cientistas cognitivos de hoje, a influência da língua no pensamento pode ser considerada significativa apenas se ela se relacionar com o raciocínio genuíno – se, por exemplo, se demonstrar que uma língua impede seus falantes de resolver um problema lógico facilmente resolvido por falantes de outro idioma (cf., p. ex., PINKER, 2007, p. 135). Uma vez que nenhuma evidência de tal influência restritiva no raciocínio lógico foi apresentada, isso significa necessariamente – ou assim diz o argumento – que quaisquer efeitos remanescentes da língua são insignificantes e que todos nós pensamos da mesma maneira.

Mas é muito fácil exagerar a importância do raciocínio lógico em nossas vidas. Tal sobrevalorização pode ser bastante natural para aqueles criados com uma dieta de filosofia analítica, para a qual o pensamento é praticamente igualado à lógica e quaisquer outros processos mentais permanecem fora do radar. Mas essa perspectiva não corresponde ao papel bastante modesto do pensamento lógico em nossa experiência real de vida. Afinal, quantas decisões diárias tomamos com base em raciocínio dedutivo abstrato, em comparação com as decisões guiadas pela intuição, pelo sentimento, por emoções, impulso ou habilidades práticas? Quantas vezes você passou o seu dia resolvendo charadas lógicas, em comparação com suas indagações sobre onde você deixou as meias? Ou tentando lembrar o lugar em que deixou o carro em um estacionamento de vários andares? Quantos comerciais constroem sua linguagem por meio de silogismos lógicos, em comparação com aqueles que jogam com cores, associações, alusões? E, finalmente, quantas guerras foram travadas por desacordos em relação à teoria dos conjuntos?

A influência empiricamente demonstrada da língua materna se faz sentir em áreas do pensamento, como memória, percepção e associações, ou em habilidades práticas, como a orientação. E em nossa experiência real de vida, tais áreas não são menos importantes do que a capacidade de raciocínio abstrato, provavelmente muito mais.

* * *

As questões exploradas neste livro são antigas, mas a pesquisa séria sobre o assunto ainda dá seus primeiros passos. Somente nos últimos anos, por exemplo, compreendemos a extrema urgência de registrar e analisar as milhares de línguas exóticas ainda faladas em cantos remotos do globo, antes que sejam todas abandonadas em favor do inglês, do espanhol e de um punhado de outras línguas dominantes. Mesmo no passado recente, ainda era comum os linguistas afirmarem ter encontrado um "universal da linguagem humana" depois de examinar certo fenômeno em uma amostra que consistia, digamos, em inglês, italiano e húngaro, e descobrir que todas essas três línguas concordavam. Hoje é mais claro para a maioria dos linguistas que as únicas línguas que podem realmente revelar o que é natural e universal são as hostes de pequenas línguas tribais que fazem as coisas de forma muito distinta daquela a que estamos acostumados. Portanto, está em andamento uma corrida contra o tempo para registrar o maior número possível dessas línguas antes que todo o conhecimento delas seja perdido para sempre.

As investigações sobre as possíveis ligações entre a estrutura da sociedade e a estrutura do sistema gramatical estão em um estágio ainda mais embrionário. Tendo definhado sob o tabu da "idêntica complexidade" por décadas, as tentativas de determinar em que medida a complexidade de várias áreas da gramática depende da complexidade da sociedade ainda estão principalmente no nível de descobrir o "como" e mal começaram a abordar o "porquê".

Mas, acima de tudo, é a investigação da influência da língua no pensamento que está apenas começando enquanto empreendimento científico sério. (Sua história como refúgio para fantasistas é muito mais longa, é claro.) Os três exemplos que apresentei – espaço, gênero e cor – parecem-me as áreas nas quais o impacto da língua foi demonstrado de forma mais convincente até agora. Outras áreas também foram estudadas nos últimos anos, mas ainda não foram apresentadas evidências confiáveis suficientes para apoiá-las. Um exemplo é a marcação da pluralidade. Embora o inglês exija que seus falantes marquem a diferença entre o singular e o plural sempre que um substantivo é mencionado, existem idiomas que não forçam metodicamente essa distinção. Foi sugerido que a necessidade (ou não) de marcar a pluralidade afeta os padrões de atenção e memória dos falantes, mas embora essa sugestão não pareça implausível em teoria, ainda faltam evidências conclusivas.

Sem dúvida, outras áreas da língua serão exploradas quando nossas ferramentas experimentais se tornarem mais sofisticadas. Que tal um elaborado sistema de evidencialidade, por exemplo? Lembremo-nos de que o matsés exige que seus falantes forneçam informações detalhadas sobre sua fonte de conhecimento para cada evento que descrevem. Os hábitos de fala induzidos por tal língua podem ter um efeito mensurável nos hábitos mentais dos falantes além da linguagem? Nos próximos anos, questões como essa certamente se tornarão passíveis de estudo empírico.

* * *

Quando ouvimos sobre atos de bravura extraordinária em combate, esse é geralmente um sinal de que a batalha não está indo muito bem. Pois quando as guerras se desenrolam de acordo com o planejado para um dos lados, raramente se fazem necessários a esse lado atos de heroísmo individual excepcional. A coragem é exigida, sobretudo, do lado em dificuldades.

A engenhosidade e sofisticação de algumas das experiências com que nos deparamos é tão inspiradora que é fácil confundi-la com sinais de grandes triunfos na batalha da ciência para conquistar a fortaleza do cérebro humano. Mas, na realidade, as inferências engenhosas feitas nessas experiências são sintomas não de grande força, mas de grande fraqueza: todo esse engenho é necessário apenas porque sabemos muito pouco sobre como o cérebro funciona. Se não fôssemos profundamente ignorantes, não precisaríamos confiar em métodos indiretos de coleta de informações de medidas como velocidade de reação a várias tarefas planejadas. Se soubéssemos mais, simplesmente observaríamos diretamente o que se passa no cérebro e então seríamos capazes de determinar precisamente como a natureza e a cultura moldam os conceitos da língua, ou se quaisquer partes da gramática são inatas, ou como exatamente a língua afeta qualquer aspecto do pensamento.

Pode-se objetar, é claro, que é injusto descrever nosso estado atual de conhecimento em termos tão sombrios, especialmente considerando que o último experimento que relatei foi baseado em sofisticação tecnológica de tirar o fôlego. Envolveu, afinal, nada menos que o escaneamento *on-line* da atividade cerebral e revelou quais áreas específicas estão ativas quando o cérebro executa tarefas específicas. Como é que isso pode ser chamado de ignorância? Mas tente pensar desta forma. Suponhamos que quiséssemos entender como uma grande corporação funciona e a única coisa que nos fosse permitido fazer fosse ficar do lado de fora da sede e olhar para as janelas de longe. A única evidência que teríamos para continuar seria em quais salas as luzes se acendiam em diferentes momentos do dia. É claro que, se vigiássemos com muito cuidado, durante muito tempo, haveria muitas informações que poderíamos obter. Descobriríamos, por exemplo, que as reuniões semanais do conselho são realizadas no 25º andar, segunda sala à esquerda, que em tempos de crise há grande atividade no 13º andar, então provavelmente há um centro de controle de emergência ali, e assim por diante. Mas quão inadequado todo esse conhecimento seria se nunca tivéssemos permissão para ouvir o que estava sendo dito e todas as nossas inferências fossem baseadas na observação das janelas. Se você julga essa analogia muito melancólica, lembre-se de que os *scanners* de ressonância magnética mais sofisticados não fazem nada além de mostrar onde as luzes estão acesas no cérebro. A única coisa que eles revelam é onde há aumento do fluxo sanguíneo a qualquer momento, e inferimos a partir disso que mais atividade neural está ocorrendo ali. Mas não estamos nem perto de sermos capazes de entender o que é "dito" no cérebro. Não temos ideia de como qualquer conceito específico, rótulo, regra gramatical, impressão de cor, estratégia de orientação ou associação de gênero, é realmente codificado.

Ao realizar a pesquisa deste livro, li alguns argumentos recentes sobre o funcionamento do cérebro logo após pesquisar algumas discussões centenárias sobre o funcionamento da hereditariedade biológica. E quando lidos em estreita proximidade, é difícil não ser atingido por um paralelo próximo entre eles. O que une os cientistas cognitivos da virada do século XXI e os biólogos moleculares na virada do século XX é a profunda ignorância sobre seu objeto de investigação. Por volta de 1900, a hereditariedade era uma caixa-preta, mesmo para o maior dos cientistas. Eles eram capazes de realizar, no máximo, inferências indiretas comparando o que "entra" de um lado (as propriedades dos pais) e o que "sai" do outro lado (as propriedades da progênia). Os mecanismos reais intermediários eram misteriosos e insondáveis para eles. Quão embaraçoso é para nós, a quem a receita da vida foi exposta, ler as discussões excruciantes desses gigantes e pensar sobre os experimentos ridículos que tiveram de conduzir, como cortar as caudas de gerações de ratos para ver se a lesão seria herdada pela prole.

Um século depois, podemos perscrutar muito mais profundamente os mecanismos da genética; porém, ainda somos praticamente cegos no que diz respeito ao funcionamento do cérebro. Sabemos o que entra de um lado (por exemplo, fótons pelos olhos), sabemos o que sai do outro lado (uma mão pressionando um botão), mas toda a tomada de decisão intermediária ainda ocorre a portas fechadas. No futuro, quando as redes neurais se tornarem tão transparentes quanto a estrutura do DNA, quando os cientistas puderem ouvir os neurônios e entender exatamente o que é dito, nossos exames de ressonância magnética parecerão tão sofisticados quanto cortar as caudas dos camundongos.

Futuros cientistas não precisarão realizar experimentos primitivos, como pedir às pessoas que pressionem botões enquanto olham para telas. Eles simplesmente encontrarão os circuitos cerebrais relevantes e verão diretamente como os conceitos são formados e como a percepção, a memória, as associações e quaisquer outros aspectos do pensamento são afetados pela língua materna. Se seus historiadores da ciência antiga se preocuparem em ler este pequeno livro, que embaraçoso lhes parecerá. Quão difícil será imaginar por que tivemos de nos satisfazer com vagas inferências indiretas, por que tivemos de ver através de um vidro escuro, quando eles podem ver face a face.

Mas vós, leitores da posteridade, perdoai-nos as nossas ignorâncias, assim como nós perdoamos aqueles que foram ignorantes antes de nós.

O mistério da hereditariedade nos foi iluminado, mas só vimos essa grande luz porque nossos antecessores nunca se cansaram de procurar no escuro. Portanto, se vocês, ó pósteros, alguma vez se dignarem a olhar para nós das alturas de sua superioridade descansada, lembrem-se de que vocês chegaram aí escalando as costas de nossos esforços. Pois é ingrato tatear no escuro e tentador descansar até que a luz do entendimento brilhe sobre nós. Mas se formos levados a essa tentação, o seu reino nunca virá.

Apêndice
Cor: nos olhos de quem vê

Os seres humanos podem ver a luz apenas em uma faixa estreita de comprimento de onda de 0,4 a 0,7 mícrons (milésimos de milímetro), ou, para ser mais preciso, entre cerca de 380 e 750 nanômetros (milionésimos de milímetro). A luz nesses comprimentos de onda é absorvida pelas células da retina, a fina placa de células nervosas que revestem o interior do globo ocular. Na parte de trás da retina há uma camada de células fotorreceptoras que absorvem a luz e enviam sinais neurais que por fim serão traduzidos na sensação de cor no cérebro[91].

Quando olhamos para o arco-íris ou para a luz que sai de um prisma, nossa percepção da cor parece mudar continuamente à medida que o comprimento de onda muda (cf. Figura 11). A luz ultravioleta em comprimentos de onda menores que 380 nm não é visível aos olhos, mas à medida que o comprimento de onda começa a aumentar, começamos a perceber tons de violeta; a partir de algo em torno de 450 nm começamos a ver o azul, a partir de 500 o verde, de 570 o amarelo, de 590 alguns tons de laranja e, então, uma vez que o comprimento de onda aumenta acima de 620 nm, vemos o vermelho, até algum lugar abaixo de 750 nm, quando nossa sensibilidade para, e a luz infravermelha começa.

Uma luz "pura", de comprimento de onda uniforme (em vez de uma combinação de fontes de luz em diferentes

---

91. Para mais detalhes sobre a anatomia da visão de cor, cf. Kaiser e Boynton (1996) e Valberg (2005).

comprimentos de onda), é chamada monocromática. É natural supor que sempre que uma fonte de luz pareça amarela para nós, isso ocorre porque consiste apenas em comprimentos de onda em torno de 580 nm, como a luz amarela monocromática do arco-íris. E é igualmente natural supor que, quando um objeto parece amarelo para nós, isso deve significar que ele reflete a luz apenas de comprimentos de onda em torno de 580 nm e absorve a luz em todos os outros comprimentos de onda. Mas ambas as suposições estão completamente erradas. Na verdade, a visão de cores é uma ilusão construída em nós pelo sistema nervoso e pelo cérebro. Não precisamos de nenhuma luz no comprimento de onda de 580 nm para perceber o amarelo. Podemos obter uma sensação "amarela" idêntica se a luz vermelha pura a 620 nm e a luz verde pura a 540 nm estiverem sobrepostas em medidas iguais. Em outras palavras, nossos olhos não podem dizer a diferença entre a luz amarela monocromática e uma combinação de luzes vermelhas e verdes monocromáticas. De fato, as telas de televisão conseguem nos enganar para perceber qualquer sombra do espectro usando diferentes combinações de apenas três luzes monocromáticas – vermelho, verde e azul. Finalmente, os objetos que parecem amarelos para nós muito raramente refletem apenas a luz em torno de 580 nm; via de regra, refletem a luz verde, vermelha e laranja, bem como a amarela. Como tudo isso se explica?

Até o século XIX, os cientistas tentaram entender esse fenômeno de "correspondência de cores" por meio de algumas propriedades físicas da própria luz. Mas em 1801, o físico inglês Thomas Young sugeriu em uma famosa palestra que a explicação não está nas propriedades da luz, mas na anatomia do olho humano. Young desenvolveu a teoria "tricromática" da visão: ele argumentou que existem apenas três tipos de receptores no olho, cada um particularmente sensível à luz em uma área específica do espectro. Nossa sensação subjetiva de cor contínua é assim produzida quando o cérebro compara as respostas desses três tipos diferentes de receptores. A teoria de Young foi refinada na década de 1850 por James Clerk Maxwell e na década de

1860 por Hermann von Helmholtz e ainda é a base para o que se sabe hoje sobre o funcionamento da retina. A visão de cores é baseada em três tipos de moléculas de pigmento absorventes de luz que estão contidas dentro das células da retina chamadas cones. Esses três tipos de células são conhecidos como cones de ondas longas, ondas médias e ondas curtas. Os cones absorvem fótons e enviam um sinal sobre o número de fótons que absorvem por unidade de tempo. Os cones de onda curta têm seu pico de sensibilidade em torno de 425 nm – ou seja, na fronteira entre o violeta e o azul. Isso não significa que esses cones absorvam fótons apenas a 425 nm. Como pode ser visto no diagrama abaixo (e em cores na Figura 12), os cones de ondas curtas absorvem a luz em uma variedade de comprimentos de onda, do violeta ao azul e até mesmo algumas partes do verde. Mas sua sensibilidade à luz diminui à medida que o comprimento de onda se afasta do pico a 425 nm. Assim, quando a luz verde monocromática a 520 nm atinge os cones de ondas curtas, uma porcentagem muito menor dos fótons é absorvida em comparação com a luz a 425 nm.

O segundo tipo de receptores, os cones de onda média, tem seu pico de sensibilidade no verde-amarelado, em torno de 530 nm. E, novamente, eles são sensíveis (a um grau decrescente) a uma variedade de comprimentos de onda, do azul ao laranja. Finalmente, os cones de ondas longas têm sua sensibilidade de pico bastante próxima aos cones de ondas médias, em amarelo--esverdeado, a 565 nm.

Os próprios cones não "sabem" que comprimento de onda de luz estão absorvendo. Cada cone por si só é daltônico. A única coisa que o cone registra é a intensidade geral da luz que absorveu. Assim, um cone de ondas curtas não pode dizer se está absorvendo luz violeta de baixa intensidade (a 440 nm) ou luz verde de alta intensidade a (500 nm). E o cone de onda média não pode dizer a diferença entre a luz a 550 nm e a luz na mesma intensidade a 510 nm.

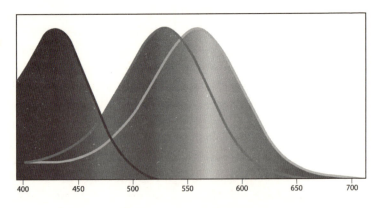

A sensibilidade (normalizada) dos cones de onda curta, onda média e onda longa em função do comprimento de onda.

O cérebro calcula a cor que está vendo comparando as taxas em que os fótons são absorvidos nas três classes diferentes de cones. Mas existem infinitas distribuições espectrais diferentes que poderiam dar exatamente as mesmas proporções, e não podemos distinguir entre elas. Por exemplo, uma luz amarela monocromática no comprimento de onda 580 nm cria exatamente a mesma taxa de absorção entre os cones que uma combinação de luz vermelha a 620 nm e luz verde a 540 nm, como mencionado anteriormente. E há um número infinito de outras "cores metaméricas", diferentes distribuições espectrais que produzem as mesmas razões de absorção entre os três tipos de cones e, portanto, parecem as mesmas para o olho humano.

É importante perceber, portanto, que nossa gama de sensações de cor não é determinada diretamente pela gama de luzes monocromáticas no espectro, mas sim pela gama de possibilidades de variar as proporções entre os três tipos de cones. Nosso "espaço de cores" é tridimensional e contém sensações que não correspondem a nenhuma cor do arco-íris. Nossa sensação de rosa, por exemplo, é criada a partir de uma taxa de absorção que não corresponde a nenhuma luz monocromática, mas sim a uma combinação de luzes vermelhas e azuis.

À medida que a luz esvanece à noite, um sistema diferente de visão entra em jogo. Os cones não são sensíveis o suficiente para perceber a luz em intensidade muito baixa, mas existem outros receptores, chamados bastonetes, que são tão sensíveis que podem registrar a absorção até mesmo de um único fóton! Os bastonetes são mais sensíveis à luz verde-azulada em cerca de 500 nm. Nossa visão a pouca luminosidade, no entanto, é daltônica. Isso não é porque a própria luz "esquece" seu comprimento de onda à noite, mas simplesmente porque há apenas um tipo de bastonete. Como o cérebro não tem nada com o que comparar as respostas do único tipo de haste, nenhuma sensação de cor pode ser produzida.

Sensibilidade a diferentes comprimentos de onda

Existem cerca de 6 milhões de cones na retina, mas os três tipos não são encontrados em número próximo: são relativamente poucos os cones de ondas curtas (violeta), um número cerca de dez vezes maior de cones de ondas médias (verdes), e ainda mais cones de ondas longas. O número muito maior de cones de ondas médias e longas significa que o olho é mais eficiente na absorção de luz na metade de ondas longas do espectro (amarelo e vermelho) do que na metade de ondas curtas, por isso é necessária menor intensidade de luz amarela para que esta seja detectada pelo olho do que de luz azul ou violeta. Na verdade, a nossa visão diurna tem uma sensibilidade máxima à luz de 555 nm, em amarelo-verde. É essa idiossincrasia de nossa anatomia que faz com que o amarelo pareça mais brilhante para nós do que o azul ou o violeta, em vez de quaisquer propriedades inerentes à própria luz, uma vez que a luz azul não é em si menos intensa do que a luz amarela. (Na verdade, o comprimento de onda e a energia estão inversamente relacionados: a luz vermelha de onda longa tem a energia mais baixa, a luz amarela tem energia mais alta que a vermelha, e verde e azul têm ambas energia mais alta do que a amarela. A luz ultravioleta invisível tem energia ainda maior, o suficiente para danificar a pele.)

Há também um tipo diferente de desequilíbrio em nossa sensibilidade às cores: nossa capacidade de discernir entre diferenças sutis no comprimento de onda não é uniforme em todo o espectro. Somos especialmente sensíveis às diferenças de comprimento de onda na área amarelo-verde, e a razão mais uma vez está nos acidentes de nossa anatomia. Como os receptores de onda média (verde) e onda longa (verde-amarelado) estão muito próximos em suas sensibilidades de pico, mesmo variações muito pequenas no comprimento de onda na área amarelo-verde se traduzem em mudanças significativas nas proporções de luz absorvidas pelos dois cones vizinhos. Sob condições ideais, uma pessoa pode discernir entre tons amarelos que em comprimento de onda difiram por apenas um nanômetro. Mas na área azul e violeta do espectro, nossa capacidade de discernir entre diferentes comprimentos de onda é inferior a um terço disso. E em relação aos tons vermelhos próximos à fronteira do espectro, somos ainda menos sensíveis às diferenças de comprimento de onda do que em relação aos azuis.

Esses dois tipos de desigualdade em nossa sensibilidade à cor – a sensação de brilho variável e a capacidade variável de discernir diferenças sutis no comprimento de onda – tornam nosso espaço de cores assimétrico. E como mencionado na nota de rodapé na página 117, essa assimetria torna certas divisões do espaço de cores mais precisas do que outras no que toca ao aumento da semelhança intraconceitual e à sua diminuição entre conceitos.

Daltonismo

Quando um dos três tipos de cones não realiza sua tarefa, isso reduz o discernimento entre cores para duas dimensões em vez de três. Essa condição é chamada dicromática. O tipo mais frequente de dicromatismo é comumente chamado de cegueira vermelho-verde. Afeta cerca de 8% dos homens e 0,45% das mulheres, que não têm um dos dois tipos vizinhos de cones (onda longa ou onda média). Pouco se sabe sobre as sensações de cor reais de pessoas com daltonismo, porque não se pode simplesmente "traduzir" as sensações derivadas do dicromatismo diretamente ao tricromatismo. Registram-se alguns poucos relatos de raras pessoas portadoras de dicromatismo (deficiência na distinção vermelho-verde) em um dos olhos e visão normal no outro. Valendo-se do olho normal como referência, essas pessoas dizem que seu olho daltônico tem a sensação de amarelo e azul. Mas como a ligação neural associada ao olho normal pode não ser normal nesses casos, mesmo a interpretação de tais relatos não é precisa.

Outros tipos de daltonismo são muito mais raros. Um tipo diferente de dicromatismo, chamado tritanopia, ou na linguagem popular cegueira azul-amarelo, surge em pessoas que não têm os cones de ondas curtas (azuis). Essa condição afeta apenas cerca de 0,002% da população (duas pessoas em 100 mil). Um defeito mais grave é a falta de dois tipos de cones. Os afetados são chamados de monocromáticos, pois têm apenas um tipo de cone funcional. Um caso ainda mais extremo é o dos monocromáticos de bastonetes, que não possuem todos os três tipos de cone e dependem apenas dos bastonetes que servem ao resto de nós para a visão noturna.

A evolução da visão de cores

A visão humana das cores desenvolveu-se independentemente da de insetos, pássaros, répteis e peixes. Compartilhamos nossa visão tricromática com os grandes primatas e com os macacos do Velho Mundo, mas não com outros mamíferos, e disso decorre que nossa visão de cores remonta a cerca de 30 a 40 milhões de anos. A maioria dos mamíferos tem visão dicromática: eles têm apenas dois tipos de cones, um com pico de sensibilidade na área azul-violeta e um com pico de sensibilidade em verde (o cone de onda média). Pensa-se que a visão tricromática dos primatas emergiu de um estágio dicromático por meio de uma mutação que replicou um gene e dividiu o receptor de onda média original (verde) em dois adjacentes, sendo o novo um pouco mais para o amarelo. A posição dos dois novos receptores era adequada para detectar frutos amarelados contra um fundo de folhagem verde. A visão de cores do homem parece ter sido uma coevolução com o desenvolvimento de frutos reluzentes. Como disse um cientista, "com apenas um pouco de exagero, pode-se dizer que nossa visão tricromática de cores é um dispositivo inventado por certas árvores frutíferas para se propagarem" (MOLLON, 1995, p. 134)[92]. Em particular, parece que nossa visão tricromática de cores evoluiu junto com certa classe de árvores tropicais que dão frutos grandes demais para serem colhidos por pássaros e que são amarelas ou laranjas quando maduras. A árvore oferece um sinal de cor que é visível para o macaco contra a folhagem da floresta e, em troca, o macaco cospe a semente não danificada a distância ou a defeca junto com o fertilizante. Em suma, os macacos são para as frutas coloridas o que as abelhas são para as flores.

Não está claro até que ponto a passagem da visão dicromática para a tricromática foi gradual ou abrupta, principalmente porque não está claro se, uma vez que o terceiro tipo de cone surgiu, qualquer aparelho neural adicional foi necessário para aproveitar os sinais vindos dele. No entanto, está claro que a sensibilidade à cor não poderia ter evoluído continuamente ao longo do espectro do vermelho em direção à extremidade violeta, como aventava Hugo Magnus. Na verdade, se visto ao longo de um período de centenas de milhões de anos, o desenvolvimento seguiu exatamente o caminho oposto. O tipo mais antigo de cone, que remonta ao período pré-mamífero, é aquele com sensibilidade máxima no extremo azul-violeta do espectro e sem sensibilidade alguma à luz amarela e vermelha. O segundo tipo de cone a emergir foi aquele com sensibilidade de pico no verde, estendendo assim o discernimento do olho muito mais para a extremidade vermelha do espectro. E o tipo mais jovem de cone, de cerca de 30 a 40 milhões de anos atrás, tinha sensibilidade de pico apontando ligeiramente à extremidade vermelha,

---

92. Sobre a evolução da visão de cores, cf. tb. Mollon (1999) e Regan *et al.* (2001).

em amarelo-verde, e assim aumentou ainda mais a sensibilidade do olho para a extremidade de onda longa do espectro.

O *photoshop* do cérebro

Tanto quanto sei, os fatos mencionados até aqui sobre os cones da retina estão corretos. Mas se você tem a impressão de que eles de fato explicam a nossa sensação de cor, então você está enganado! Na verdade, os cones são apenas o primeiro nível em um processo altamente complexo e ainda em grande parte desconhecido de normalização, compensação e estabilização – o equivalente cerebral da função de "correção instantânea" dos programas de edição de imagens.

Alguma vez você já se perguntou por que as câmeras baratas falseiam as cores o tempo todo? Por que, por exemplo, quando você as usa para tirar fotos sob luz artificial dentro de casa, de repente as cores parecem todas erradas? Por que tudo parece estranhamente amarelo e por que os objetos azuis perdem o brilho e se tornam cinzentos? Bem, não é a câmera que mente; é o seu cérebro. Na luz amarelada das lâmpadas incandescentes, os objetos realmente se tornam mais amarelos e os azuis se tornam mais cinzentos – ou pelo menos eles se tornam para qualquer dispositivo objetivo de medição. A cor de um objeto depende da distribuição dos comprimentos de onda que ele reflete, mas os comprimentos de onda refletidos naturalmente dependem dos comprimentos de onda da fonte de luz. Quando a iluminação tem uma proporção maior de luz em um determinado comprimento de onda, por exemplo, mais luz amarela, os objetos inevitavelmente refletem uma proporção maior de luz amarela. Se o cérebro retirasse os sinais dos cones pelo valor nominal, portanto, experimentaríamos o mundo como uma série de imagens de câmeras baratas, com a cor dos objetos mudando o tempo todo dependendo da iluminação.

De uma perspectiva evolutiva, é fácil ver por que isso não seria um estado de coisas muito útil. Se a mesma fruta em uma árvore parecesse uma cor ao meio-dia e uma cor diferente à noite, a cor não seria uma ajuda confiável no reconhecimento – na verdade, seria um obstáculo. Na prática, portanto, o cérebro produz uma enorme quantidade de compensação e normalização, a fim de criar para nós uma sensação relativamente estável de cor. Quando os sinais da retina não correspondem ao que quer ou espera, o cérebro os normaliza com sua função de "correção instantânea", conhecida como "constância de cores". Esse processo de normalização, no entanto, é muito mais sofisticado do que a função de *white balance* das câmeras digitais, porque se baseia na experiência geral do mundo do cérebro e, em particular, em memórias e hábitos armazenados.

Foi demonstrado, por exemplo, que a memória de longo prazo e o reconhecimento de objetos desempenham um papel importante na percepção da cor (HANSEN *et al.*, 2006). Se o cérebro se lembrar de que determinado objeto deve ter determinada cor, ele sairá do seu caminho para se certificar de que você realmente vê esse objeto nessa cor. Um experimento fascinante que demonstrou tais efeitos foi conduzido em 2006 por um grupo de cientistas da Universidade de Giessen, na Alemanha. Eles mostravam aos participantes em um monitor uma imagem de alguns pontos aleatórios em determinada cor, digamos amarelo. Os participantes tinham quatro botões à sua disposição e eram convidados a ajustar a cor da imagem pressionando esses botões até que os pontos ficassem inteiramente cinza, sem vestígios de amarelo ou qualquer outra cor prismática. Sem grande surpresa, a tonalidade a que eles chegavam era de fato cinza neutro.

A mesma configuração foi então repetida, desta vez não com pontos aleatórios na tela, mas com uma imagem de um objeto reconhecível, como uma banana. Os participantes foram novamente solicitados a ajustar a tonalidade pressionando botões até que a banana parecesse cinza. Dessa vez, no entanto, a tonalidade real em que acabaram não era cinza puro, mas ligeiramente azulada. Em outras palavras, os participantes exageraram para o outro lado do cinza neutro até que a banana lhes parecesse realmente cinza. Isso significa que, quando a banana já estava objetivamente cinza, ainda parecia ligeiramente amarela!

O cérebro, portanto, depende de seu estoque de memórias passadas de como são as bananas e empurra a sensação de cor nessa direção.

O envolvimento da linguagem com o processamento de informações visuais de cores provavelmente ocorre nesse nível de normalização e compensação. E embora não esteja claro como isso funciona na prática, parece plausível supor que os conceitos de cor em uma língua e o hábito de diferenciá-los contribuem para as memórias armazenadas que o cérebro recorre ao gerar a sensação de cor.

Referências

ADELUNG, J.C. *Mithridates: Oder allgemeine Sprachenkunde.* Introd. e ed. Johann Severin Vater. Berlim: Vossische Buchhandlung, 1806-1817.

AIKHENVALD, A.Y. Physical properties in a gender system: a study of Manambu. *Language and Linguistics in Melanesia,* vol. 27, n. 2, p. 175-187, 1996.

AIKHENVALD, A.Y. *Classifiers.* Oxford: Oxford University Press, 2000.

ALLEN, G. Development of the sense of colour. *Mind,* vol. 3, n. 9, p. 129-132, 1878.

ALLEN, G. *The colour sense: its origin and development.* Londres: Trubner, 1879.

ALMQUIST, E. Studien über den Farbensinn der Tschuktschen. *In*: NORDENSKIÖLD, A.E. (ed.). *Die wissenschaftlichen Ergebnisse der Vega-Expedition.* Vol. 1. Leipzig: Brockhaus, 1883, p. 42-49.

ANDREE, R. Ueber den Farbensinn der Naturvölker. *Zeitschrift für Ethnologie,* vol. 10, p. 324-334, 1878.

BACON, F. *The works of Francis Bacon, baron of Verulam, viscount St. Alban, and lord high chancellor of England.* Vol. 2. Ed. J. Spedding, R.L. Ellis e D.D. Heath. Boston: Brown and Taggard, 1861.

BAGE, R. *Barham Downs.* Nova York: Garland, 1979.

BANCROFT, W.D. The recognition of blue. *Journal of Physical Chemistry*, vol. 28, n. 2, p. 131-144, 1924.

BASTIAN, A. Miscellen. *Zeitschrift für Ethnologie und ihre Hülfswissenschaften als Lehre vom Menschen in seinen Beziehungen zur Natur und zur Geschichte*, vol. 1, p. 89-90, 1869.

BEATTIE, J. *The theory of language.* Edimburgo: A. Strahan, 1788.

BEBBINGTON, D.W. *The mind of Gladstone: religion, Homer, and politics.* Oxford: Oxford University Press, 2004.

BERLIN, B.; KAY, P. *Basic colour terms: their universality and evolution.* Berkeley: University of California Press, 1969.

BESTERMAN, T. (ed.). *The complete works of Voltaire.* Vol. 33. Geneva: Institut et Musée Voltaire, 1987.

BLACKIE, J.S. *Homer and the Iliad.* Vol. 4. Edimburgo: Edmonston and Douglas, 1866.

BLOOMFIELD, L. *Language.* Londres: George Allen and Unwin, 1933.

BOAS, F. Psychological problems in anthropology. Lecture delivered at the celebration of the twentieth anniversary of the opening of Clark University, September 1909. *American Journal of Psychology*, vol. 21, n. 3, p. 371-384, 1910.

BOAS, F. The methods of ethnology. *American Anthropologist*, vol. 22, n. 4, p. 311-321, 1920.

BOAS, F. Language. *In*: BOAS, F. (ed.). *General Anthropology.* Boston: D.C. Heath, 1938, p. 124-145.

BOMAN, T. *Hebrew thought compared with Greek.* Londres: SCM Press, 1960.

BORODITSKY, L.; SCHMIDT, L.; PHILLIPS, W. Sex, syntax, and semantics. *In*: GENTNER, D.; GOLDIN-MEADOW, S. (eds.). *Language in mind: advances in the study of language and thought.* Londres: MIT Press, 2003, p. 61-78.

BORODITSKY, L.; SCHMIDT, L. *Sex, syntax, and semantics*. Manuscrito.

BREVA-CLARAMONTE, M. Data collection and data analysis in Lorenzo Hervás: laying the ground for modern linguistic typology. *In*: KOERNER, E.F.K.; NIEDEREHE, H.-J. (eds.). *Historia de la lingüística en España*. Amsterdã: John Benjamins, 2001, p. 265-280.

BROCA, P.P. Perte de la parole, ramollissement chronique et destruction partielle du lobe antérieur gauche du cerveau. *Bulletins de la Société d'Anthropologie de Paris*, t. 2, p. 235-238, 1861.

BROWN, C.H. Finger and hand. *In*: HASPELMATH, M.; DRYER, M.S.; GIL, D.; COMRIE, B. *The world atlas of language structures*. Oxford: Oxford University Press, 2005.

BROWN, P.; LEVINSON, S.C. "Uphill" and "downhill" in Tzeltal. *Journal of Linguistic Anthropology*, vol. 3, n. 1, p. 46-74, 1993.

BROWN, P.; LEVINSON, S.C. Frames of spatial reference and their acquisition in Tenejapan Tzeltal. *In*: NUCCI, L.; SAXE, G.; TURIEL, E. (eds.). *Culture thought and development*. Londres: Laurence Erlbaum Associates, 2000, p. 167-197.

BRUNETIÈRE, F. Discours de réception a l'Académie française, 15/2/1894. *In*: BRUNETIÈRE, F. *Nouveaux essais sur la littérature contemporaine*. Paris: C. Lévy, 1895.

BRUNSCHWIG, H. *The most excellent and perfecte homish apothecarye or homely physick booke for all the grefes and diseases of the bodye. Translated out the Almaine Speche into English by John Hollybush*. Colônia: Arnold Birckman, 1561.

CABLITZ, G.H. The acquisition of an absolute system: learning to talk about space in Marquesan (Oceanic, French Polynesia). *In*: *Proceedings of the 31st Stanford Child Language Research Forum: space in language, location, motion, path, and manner*.

Stanford: Center for the Study of Language and Information, 2002, p. 40-49.

CARLSON, R. *A grammar of Supyire*. Berlim: De Gruyter, 1994.

CASSON, R.W. Color shift: evolution of English colour terms from brightness to hue. *In*: HARDIN, C.L.; MAFFI, L. (eds.). *Color categories in thought and language*. Cambridge: Cambridge University Press, 1997, p. 224-240.

CHARPENTIER, F. *De l'excellence de la langue françoise*. Paris: Veuve Bilaine, 1683.

CHASE, S. *Some things worth knowing: a generalist's guide to useful knowledge*. Nova York: Harper, 1958.

CHRISTOL, A. Les couleurs de la mer. *In*: VILLARD, L. (ed.). *Couleurs et vision dans l'antiquité classique*. Mont-Saint-Aignan: Publications de l'Université de Rouen, 2002, p. 29-44.

CLAUDI, U. *Zur Entstehung von Genussystemen*. Hamburgo: Helmut Buske, 1985.

CLIFFORD, W.K. *Seeing and thinking*. Londres: Macmillan, 1879.

COLLI, G.; MONTINARI, M.; HAASE, M.L.; MÜLLER-LAUTER, W. *Nietzsche, Werke: Kritische Gesamtausgabe*. Vol. 9.3. Berlim: De Gruyter, 2001.

CONDILLAC, E.B. *Essai sur l'origine des connoissances humaine: Ouvrage où l'on réduit à un seul principe tout ce qui concerne l'entendement humain*. Paris: Imprimerie d'Auguste Delalain, 1822.

CONKLIN, H.C. Hanunóo colour categories. *Southwestern Journal of Anthropology*, vol. 11, n. 4, p. 339-344, 1955.

CONLAN, F. *Searching for the semantic boundaries of the Japanese colour term 'ao'*. Tese (Doutorado em Filosofia) – Faculty of Community Services, Education, and Social Sciences, Edith Cowan University, Western Australia, 2005.

CORBETT, G. *Number*. Cambridge: Cambridge University Press, 2000.

CORBETT, G. Number of genders. *In*: HASPELMATH, M.; DRYER, M.S.; GIL, D.; COMRIE, B. *The world atlas of language structures*. Oxford: Oxford University Press, 2005.

CORBETT, G.; MORGAN, G. Colour terms in Russian: reflections of typological constraints in a single language. *Journal of Linguistics*, vol. 24, n. 1, p. 31-64, 1988.

CRAWFURD, J. On the words introduced into the English from the Malay, Polynesian, and Chinese languages. *Journal of the Indian Archipelago and Eastern Asia*, vol. 4, n. 4, p. 182-190, 1850.

CRYSTAL, D. *The Cambridge encyclopedia of the English language*. Cambridge: Cambridge University Press, 1995.

CURZON, A. *Gender shifts in the history of English*. Cambridge: Cambridge University Press, 2003.

DARNELL, R. *Edward Sapir: linguist, anthropologist, humanist*. Berkeley: University of California Press, 1990.

DARWIN, C.R. Inheritance. *Nature: A Weekly Illustrated Journal of Science*, vol. 24, p. 257, 1881.

DARWIN, C.R.; WALLACE, A.R. On the tendency of species to form varieties; and on the perpetuation of varieties and species by natural means of selection. *Journal of the Proceedings of the Linnean Society of London, Zoology*, vol. 3, p. 61, 1858.

DE BEER, G. Further unpublished letters of Charles Darwin. *Annals of Science*, vol. 14, n. 2, p. 88-89, 1958.

DE LEÓN, L. Exploration in the acquisition of geocentric location by Tzotzil children. *Linguistics*, vol. 32, n. 4-5, p. 857-884, 1994.

DELITZSCH, F. Der Talmud und die Farben. *Nord und Süd*, vol. 5, p. 254-267, 1878.

DELITZSCH, F. Farben in der Bibel. *In*: HAUCK, A. (ed.). *Realencyklopädie für protestantische theologie und Kirche*. 3. ed. Vol. 5. Leipzig: J.C. Hinrichs, 1898.

DENCH, A. Panyjima. *In*: DIXON, R.M.W.; BLAKE, B.J. (eds.). *Handbook of Australian Languages*. Vol. 4. Oxford: Oxford University Press, 1991, p. 125-243.

DEUTSCHER, G. *Syntactic change in Akkadian: the evolution of sentential complementation*. Oxford: Oxford University Press, 2000.

DEUTSCHER, G. *The unfolding of language*. Nova York: Metropolitan, 2005.

DEUTSCHER, G. Overall complexity: a wild goose chase? *In*: SAMPSON, G.; GIL, D.; TRUDGILL, P. (eds.). *Language complexity as an evolving variable*. Oxford: Oxford University Press, 2009, p. 243-251.

DIXON, R.M.W. *Searching for aboriginal languages: memoirs of a field worker*. Chicago: University of Chicago Press, 1989.

DIXON, R.M.W. *The rise and fall of languages*. Cambridge: Cambridge University Press, 1997.

DIXON, R.M.W. Complementation strategies in Dyirbal. *In*: DIXON, R.M.W.; AIKHENVALD, A.Y. (eds.). *Complementation: a cross-linguistic typology*. Oxford: Oxford University Press, 2006, p. 263-280.

DIXON, R.M.W.; AIKHENVALD, A.Y. (eds.). *Complementation: a cross-linguistic typology*. Oxford: Oxford University Press, 2006.

DIXON, R.M.W.; RAMSON, W.S.; THOMAS, M. *Australian Aboriginal words in English: their origin and meaning*. Oxford: Oxford University Press, 1990.

DOERING, F.W. *De colouribus veterum*. Gotha: Reyher, 1788.

DONDERS, F.C. Noch einmal die Farbensysteme. *Albrecht von Graefes Archiv für Ophthalmologie*, vol. 30, n. 1, p. 15-90, 1884.

DRIVONIKOU, G.V.; KAY, P.; REGIER, T.; IVRY, R.B.; GILBERT, A.L.; FRANKLIN, A.; DAVIES, I.R.L. Further evidence that Whorfian effects are stronger in the right visual field than the left. *Proceedings of the National Academy of Sciences*, vol. 104, n. 3, p. 1.097-1.102, 2007.

DURHAM, J.I. *Word biblical commentary: Exodus*. Dallas: Word, 2002.

EGGAN, D. Hopi dreams in cultural perspective. *In*: LEVINE, A. (ed.). *Culture and personality: contemporary readings*. Chicago: Aldine, 1974.

EMERSON, R.W. *Essays: second series*. Boston: James Munroe and Company, 1844.

ERVIN, S. The connotations of gender. *Word*, vol. 18, n. 3, p. 249-261, 1962.

EVANS, N. *A grammar of Kayardild*. Vol. 15 da Mouton grammar library. Berlim: De Gruyter, 1995.

EVERETT, D. Pirahã culture and grammar: a response to some criticisms. *Language*, vol. 85, n. 2, p. 405-442, 2009.

FINKELBERG, M. *Greeks and pre-Greeks: Aegean prehistory and Greek heroic tradition*. Cambridge: Cambridge University Press, 2005.

FLECK, D. Complement clause type and complementation strategies in Matses. *In*: DIXON, R.M.W.; AIKHENVALD, A.Y. (eds.). *Complementation: a cross-linguistic typology*. Oxford: Oxford University Press, 2006, p. 224-244.

FLECK, D. Evidentiality and double tense in Matses. *Language*, vol. 83, n. 3, p. 589-614, 2007.

FOLEY, W.A. *Anthropological linguistics: an introduction*. Oxford: Blackwell, 1997.

FORSTON, B.W. *Indo-European language and culture*. Oxford: Blackwell, 2004.

FOSTER, B.R. Two late old Akkadian documents. *Acta Sumerologica*, 12, p. 51-56, 1990.

FRANCIS, D.R. *The Universal Exposition of 1904*. St. Louis: Louisiana Purchase Exposition Company, 1913.

FRANKLIN, A.; PILLING, M.; DAVIES, I. The nature of infant colour categorization: evidence from eye movements on a target detection task. *Journal of Experimental Child Psychology*, vol. 91, n. 3, p. 227-248, 2005.

FREY, R.G. Ein Eisenbahnunglück vor 100 Jahren als Anlass für systematische Untersuchung des Farbensehens. *Klinische Monatsblätter für Augenheilkunde*, vol. 167, n. 1, p. 125-127, 1975.

FROMKIN, V.; RODMAN, R.; HYAMS, N. *An introduction to language*. 7. ed. Boston: Thomson/Heinle, 2003.

GATSCHET, A.S. Adjectives of colour in Indian languages. *American Naturalist*, vol. 13, n. 8, p. 475-481, 1879.

GEIGER, L. *Ursprung und Entwickelung der menschlichen Sprache und Vernunft*. Vol. 1. Estugarda: Verlag der Cotta'schen Buchhandlung, 1868.

GEIGER, L. *Der Ursprung der Sprache*. Estugarda: Verlag der Cotta'schen Buchhandlung, 1869.

GEIGER, L. *Ursprung und Entwickelung der menschlichen Sprache und Vernunft*. Vol. 2. Estugarda: Verlag der Cotta'schen Buchhandlung, 1872.

GEIGER, L. Ueber den Farbensinn der Urzeit und seine Entwickelung. Gesprochen auf der Versammlung deutscher Naturforscher in Frankfurt a. M., den 24/9/1867. *In*: GEIGER, L. *Zur Entwickelungsgeschichte der Menschheit*. 2. ed. Estugarda: Verlag der Cotta'schen Buchhandlung, 1878, p. 45-60.

GILBERT, A.; REGIER, T.; KAY, P.; IVRY, R. Whorf hypothesis is supported in the right visual field but not the left. *Proceedings of the National Academy of Sciences*, vol. 103, n. 2, p. 489-494, 2006.

GILBERT, A.; REGIER, T.; KAY, P.; IVRY, R. Support for lateralization of the Whorf effect beyond the realm of colour discrimination. *Brain and Language*, vol. 105, n. 2, p. 91-98, 2008.

GIVÓN, T. The society of intimates. *In*: GIVÓN, T. *Biolinguistics: the Santa Barbara lectures*. Amsterdã: John Benjamins, 2002, p. 301-331.

GLADSTONE, W.E. *Studies on Homer and the Homeric age*. 3 vols. Oxford: Oxford University Press, 1858.

GLADSTONE, W.E. The colour-sense. *Nineteenth Century*, vol. 2, n. 8, p. 366-388, 1877.

GLADSTONE, W.E. *Juventus mundi: the gods and men of the heroic age*. Whitefish: Kessinger Publishing, 2005.

GODDARD, C. *A grammar of Yankunytjatjara*. Alice Springs: Institute for Aboriginal Development, 1985.

GOETHE, J.W. Materialien zur Geschichte der Farbenlehre. *In*: GOETHE, J.W. *Zur Farbenlehre*. Vol. 2. Tubinga: Cotta'schen Buchhandlung, 1810.

GOULDEN, R.; NATION, P.; READ, J. How large can a receptive vocabulary be? *Applied Linguistics*, vol. 11, n. 4, p. 341-363, 1990.

GRABER, V. *Grundlinien zur Erforschung des Helligkeits- und Farbensinnes der Tiere*. Praga: F. Tempsky und G. Freytag, 1884.

GREENBERG, J.H. How does a language acquire gender markers? *In*: GREENBERG, J.H.; FERGUSON, C.; MORAVCSIK, E. (eds.). *Universals of human language*. Stanford: Stanford University Press, 1978, p. 47-82.

HADDON, A.C. *History of anthropology*. Londres: Watts, 1910.

HAECKEL, E. Ursprung und Entwickelung der Sinneswerkzeuge. *Kosmos*, vol. 2, n. 4, p. 20-114, 1878.

HANSEN, T.; OLKKONEN, M.; WALTER, S.; GEGENFURTNER, K.R. Memory modulates colour appearance. *Nature Neuroscience*, vol. 9, n. 11, p. 1.367-1.368, 2006.

HARVEY, W. Linguistic relativity in French, English, and German philosophy. *Philosophy Today*, vol. 40, n. 2, p. 273-288, 1996.

HASPELMATH, M.; DRYER, M.S.; GIL, D.; COMRIE, B. *The world atlas of language structures*. Oxford: Oxford University Press, 2005.

HAUDRICOURT, A.G. Richesse en phonèmes et richesse en locuteurs. *L'Homme*, t. 1, n. 1, p. 5-10, 1961.

HAUN, D.B.M.; RAPOLD, C.; CALL, J.; HANZEN, G.; LEVINSON, S.C. Cognitive cladistics and cultural override in Hominid spatial cognition. *Proceedings of the National Academy of Sciences*, vol. 103, n. 46, p. 17.568-17.573, 2006.

HAVILAND, J.B. Guugu Yimidhirr. *In*: DIXON, R.M.W.; BLAKE, B.J. (eds.). *Handbook of Australian languages*. Vol. 1. Amsterdã: John Benjamins, 1979a, p. 27-182.

HAVILAND, J.B. How to talk to your brother-in-law in Guugu Yimidhirr. *In*: SHOPEN, T. (ed.). *Languages and their speakers*. Cambridge: Winthrop, 1979b, p. 160-239.

HAVILAND, J.B. The life history of a speech community: Guugu Yimidhirr at Hopevale. *Aboriginal History*, vol. 9, n. 2, p. 170-204, 1985.

HAVILAND, J.B. Anchoring, iconicity, and orientation in Guugu yimithirr pointing gestures. *Journal of Linguistic Anthropology*, vol. 3, n. 1, p. 3-45, 1993.

HAVILAND, J.B. Guugu yimithirr cardinal directions. *Ethos*, vol. 26, n. 1, p. 25-47, 1998.

HAVILAND, J.B.; HAVILAND, L.K. "How much food will there be in heaven?" Lutherans and Aborigines around Cooktown before 1900. *Aboriginal History*, vol. 4, n. 2, p. 119-149, 1980.

HAWKESWORTH, J. *An account of the voyages undertaken by the order of His present Majesty, for making discoveries in the Southern Hemisphere.* 3. ed. Vol. 4. Londres: Strahan and Cadell, 1785.

HAY, J.; BAUER, L. Phoneme inventory size and population size. *Language*, vol. 83, n. 2, p. 388-400, 2007.

HEIDER, E.R. Universals in colour naming and colour memory. *Journal of Experimental Psychology*, vol. 93, n. 1, p. 10-20, 1972.

HEINE, H. *Heinrich Heine's Sämmtliche Werke: Rechtmässige Original-Ausgabe. Briefe.* Vol. 19. Hamburgo: Hoffman und Campe, 1865.

HERDER, J.G. *Ideen zur Philosophie der Geschichte der Menschheit.* Leipzig: J.F. Hartknoch, 1812.

HERTWIG, O. *Die Entwickelung der Biologie im neunzehnten Jahrhundert. Zweite erweiterte Auflage mit einem Zusatz über den gegenwärtigen Stand des Darwinismus.* Jena: Gustav Fischer, 1907.

HILGERT, M. *Akkadisch in der Ur III- Zeit.* Münster: Rhema, 2002.

HJELMSLEV, L. *Omkring Sprogteoriens Grundlæggelse.* Copenhague: Bianco Lunos, 1943.

HOCHEGGER, R. *Die geschichtliche Entwickelung des Farbensinnes.* Innsbruck: Wagner'sche Universitäts Buchhandlung, 1884.

HOCKETT, C. *A course in modern linguistics.* Nova York: Macmillan, 1958.

HOLMGREN, F. *Die Farbenblindheit in ihren Beziehungen zu den Eisenbahnen und der Marine.* Leipzig: F.C.W. Vogel, 1878.

HUMBOLDT, W. Über das vergleichende Sprachstudium in Beziehung auf die verschiedenen Epochen der Sprachentwicklung. *In*: LEITZMANN, A. *Wilhelm von Humboldts Gesam-*

melte Schriften. Herausgegeben von der Königlich Preussischen Akademie der Wissenschaften. Vol. 4. Berlim: B. Behr's Verlag, 1905a, p. 1-34.

HUMBOLDT, W. Versuch einer Analyse der mexikanischen Sprache. *In*: LEITZMANN, A. *Wilhelm von Humboldts Gesammelte Schriften. Herausgegeben von der Königlich Preussischen Akademie der Wissenschaften.* Vol. 4. Berlim: B. Behr's Verlag, 1905b, p. 233-284.

HUMBOLDT, W. Über das Entstehen der grammatischen Formen und ihren Einfluss auf die Ideenentwicklung. *In*: LEITZMANN, A. *Wilhelm von Humboldts Gesammelte Schriften. Herausgegeben von der Königlich Preussischen Akademie der Wissenschaften.* Vol. 4. Berlim: B. Behr's Verlag, 1905c, p. 285-313.

HUMBOLDT, W. Ueber die Verschiedenheiten des menschlichen Sprachbaues. *In*: HUMBOLDT, W. *Werke in fünf Bänden.* Vol. 3. Darmstadt: Wissenschaftliche Buchgesellschaft, 1963.

Institute of Transportation Engineers. Vehicle traffic control signal heads: light emitting diode (LED) circular signal supplement. Washington, 2005.

JACOBS, K.W.; HUSTMYER, F.E. Effects of four psychological primary colours on GSR, heart rate, and respiration rate. *Perceptual and Motor Skills*, vol. 38, n. 3, p. 763-766, 1974.

JAKOBSON, R.O. On linguistic aspects of translation. *In*: BROWER, R.A. (ed.). *On translation.* Cambridge: Harvard University Press, 1959a, p. 232-239.

JAKOBSON, R.O. Boas' view of grammatical meaning. *In*: GOLDSCHMIDT, W. (ed.). The anthropology of Franz Boas: essays on the centennial of his birth. *Memoirs of the American Anthropological Association*, edição 89, p. 139-145, 1959b.

JAKOBSON, R.O. Language and culture. Lecture delivered in Tokyo on 27 July 1967. *In*: RUDY, S. (ed.). *Roman Jakobson: selected writings*. Vol. 7. Berlim: Mouton, 1985, p. 101-112.

JANOFF, M.S. Traffic signal visibility: a synthesis of human factors and visual science literature with recommendations for required research. *Journal of the Illuminating Engineering Society*, vol. 23, n. 1, p. 76-89, 1994.

JESPERSEN, O. *Growth and structure of the English language.* 9. ed. Garden City: Doubleday, 1955.

JOOKEN, L. Descriptions of American Indian word forms in colonial missionary grammars. *In*: GRAY, E.G.; FIERING, N. (eds.). *The language encounter in the Americas, 1492-1800.* Nova York: Berghahn, 2000, p. 293-309.

KAISER, P.K.; BOYNTON, R.M. *Human colour vision.* 2. ed. Washington: Optical Society of America, 1996.

KANT, I. Von dem ersten Grunde des Unterschiedes der Gegenden im Raume. *In*: KANT, I. *Vorkritische Schriften II. 1757-1777*. Das Bonner Kant-Korpus, 1768.

KAY, P.; KEMPTON, W. What is the Sapir-Whorf hypothesis? *American Anthropologist*, vol. 86, n. 1, p. 65-79, 1984.

KAY, P.; MAFFI, L. Color appearance and the emergence and evolution of basic colour lexicons. *American Anthropologist*, vol. 101, n. 4, p. 743-760, 1999.

KAY, P.; REGIER, T. Color naming universals: the case of Berinmo. *Cognition*, vol. 102, n. 2, p. 289-298, 2006a.

KAY, P.; REGIER, T. Language, thought, and colour: recent developments. *Trends in Cognitive Sciences*, vol. 10, n. 2, p. 51-54, 2006b.

KEENAN, E.L.; OCHS, E. Becoming a competent speaker of Malagasy. *In*: SHOPEN, T. (ed.). *Languages and their speakers*. Cambridge: Winthrop, 1979, p. 113-158.

KELLER, J. *Lazarus Geiger und die Kritik der Vernunft.* Wertheim: E. Bechstein, 1883.

KOERNER, E.F.K. Towards a "full pedigree" of the 'Sapir-Whorf hypothesis': from Locke to Lucy. *In*: PÜTZ, M.; VERSPOOR, M.H. (eds.). *Explorations in Linguistic Relativity.* Amsterdã: John Benjamins, 2000, p. 1-23.

KOMAROVA, N.; JAMESON, K.; NARENS, L. Evolutionary models of colour categorization based on discrimination. *Journal of Mathematical Psychology,* vol. 51, n. 6, p. 359-382, 2007.

KONISHI, T. The semantics of grammatical gender: a cross--cultural study. *Journal of Psycholinguistic Research,* vol. 22, n. 5, p. 519-534, 1993.

KÖPCKE, K.; ZUBIN, D. Sechs Prinzipien für die Genuszuweisung im Deutschen: Ein Beitrag zur natürlichen Klassifikation. *Linguistische Berichte,* n. 93, p. 26-50, 1984.

KRAUSE, E. Die Geschichtliche Entwickelung des Farbensinnes. *Kosmos,* vol. 1, p. 264-275, 1877.

KROEBER, A. The eighteen professions. *American Anthropologist,* vol. 17, n. 2, p. 283-289, 1915.

KUSCHEL, R.; MONBERG, R. "We don't talk much about colour here": a study of colour semantics on Bellona Island. *Man,* vol. 9, n. 2, p. 213-242, 1974.

LAMARCK, J.-B.P.A. *Philosophie zoologique, ou Exposition des considérations relatives à l'histoire naturelle des animaux.* Vol. 1. Bruxelas: Impression Anastaltique, 1970.

LAMBERT, W.G. *Babylonian wisdom literature.* Oxford: Oxford University Press, 1960.

LATACZ, J. *Troy and Homer: towards the solution of an old mystery.* Oxford: Oxford University Press, 2004.

LAUGHREN, M. Directional terminology in Warlpiri. *Working Papers in Language and Linguistics*, n. 8, p. 1-16, 1978.

LAZAR-MEYN, H.A. Color naming: "Grue" in the Celtic languages of the British Isles. *Psychological Science*, vol. 15, n. 4, p. 288, 2004.

LE LABOUREUR, L. *Avantages de la langue françoise sur la langue latine*. Paris: Guillaume de Luyne, 1669.

LEITZMANN, A. *Wilhelm von Humboldts Gesammelte Schriften. Herausgegeben von der Königlich Preussischen Akademie der Wissenschaften*. Vol. 4. Berlim: B. Behr's Verlag, 1905.

LEVINSON, S. C. Yélî Dnye and the theory of basic colour terms. *Journal of Linguistic Anthropology*, vol. 10, n. 1, p. 3-55, 2000.

LEVINSON, S.C. *Space in language and cognition: explorations in cognitive diversity*. Cambridge: Cambridge University Press, 2003.

LEVINSON, S.C.; KITA, S.; HAUN, D.B.M.; RASCH, B.H. Returning the tables: language affects spatial reasoning. *Cognition*, vol. 84, n. 2, p. 155-188, 2002.

LEVINSON, S.C.; WILKINS, D.P. (eds.). *Grammars of space*. Cambridge: Cambridge University Press, 2006.

LÉVI-STRAUSS, C. *Structural anthropology*. Londres: Allen Lane, 1968.

LEWIS, D. Observations on route findings and spatial orientation among the aboriginal peoples of the Western Desert Region of Central Australia. *Oceania*, vol. 46, n. 4, p. 249-279, 1976.

LI, P.; ABARBANELL, L.; PAPAFRAGOU, A.; GLEITMAN, L. *Spatial reasoning without spatial words in Tenejapan Mayans*. Manuscrito. No prelo.

LI, P.; GLEITMAN, L. Turning the tables: language and spatial reasoning. *Cognition*, vol. 83, n. 3, p. 265-294, 2002.

LINDSEY, D.T.; BROWN, A.M. Color naming and the phototoxic effects of sunlight on the eye. *Psychological Science*, vol. 13, n. 6, p. 506-512, 2002.

LIZOT, J. Remarques sur le vocabulaire de parenté Yanõmami. *L'Homme*, t. 11, n. 2, p. 25-38, 1971.

LOCKE, J. *An essay concerning human understanding*. 30. ed. Londres: William Tegg, 1849 [1690].

LOOS, N.A. The pragmatic racism of the frontier. *In*: REYNOLDS, H. (ed.). *Race relations in North Queensland*. Townsville: James Cook University, 1978.

LUPYAN, G.; DALE, R. Language structure is partly determined by social structure. *PLoS ONE*, vol. 5, n. 1, e8559, 2010.

LYONS, J. Vocabulary of colour with particular reference to ancient Greek and classical Latin. *In*: BORG, A. (ed.). *The language of colour in the Mediterranean*. Estocolmo: Almqvist and Wiksell, 1999, p. 38-75.

MACLAURY, R.E. *Color and cognition in Mesoamerica: constructing categories as vantages*. Austin: University of Texas Press, 1997.

MADDIESON, I. *Patterns of sounds*. Cambridge: Cambridge University Press, 1984.

MADDIESON, I. Vowel quality inventories. *In*: HASPELMATH, M.; DRYER, M.S.; GIL, D.; COMRIE, B. *The world atlas of language structures*. Oxford: Oxford University Press, 2005.

MAGNUS, H. *Die Entwickelung des Farbensinnes*. Jena: Hermann Duff, 1877a.

MAGNUS, H. *Die geschichtliche Entwickelung des Farbensinnes*. Leipzig: Veit, 1877b.

MAGNUS, H. Zur Entwickelung des Farbensinnes. *Kosmos*, vol. 1, p. 423-432, 1877c.

MAGNUS, H. *Untersuchungen über den Farbensinn der Naturvölker*. Jena: Gustav Fischer, 1880.

MAGNUS, H. *Farben und Schöpfung. Acht Vorlesungen über die Beziehungen der Farben zum Menschen und zur Natur*. Breslau: Kern's Verlag, 1881.

MAGNUS, H. *Ueber ethnologische Untersuchungen des Farbensinnes*. Berlim: Carl Habel, 1883.

MAJID, A.; BOWERMAN, M.; KITA, S.; HAUN, D.B.M.; LEVINSON, S. Can language restructure cognition? The case for space. *Trends in Cognitive Sciences*, vol. 8, n. 3, p. 108-114, 2004.

MAXWELL-STUART, P.G. *Studies in Greek colour terminology*. Vol. 1. Leiden: Brill, 1981.

MAYR, E. *One long argument: Charles Darwin and the genesis of modern evolutionary thought*. Londres: Penguin, 1991.

MCPHEE, C. *A house in Bali*. Londres: V. Gollancz, 1947.

MCWHORTER, J. The world's simplest grammars are creole grammars. *Linguistic Typology*, vol. 5, n. 2-3, p. 125-166, 2001.

MICHAELIS, J.D. *Beantwortung der Frage: Von dem Einfluss der Meinungen in die Sprache und der Sprache in die Meinungen, welche den von der Königlische Academie der Wissenschaften für das Jahr 1759 gesetzten Preis erhalten hat*. Berlim: Haude und Spener, 1760.

MIGNE, J.P. *Sancti Eusebii Hieronymi Stridonensis Presbyteri opera omnia. Patrologiae cursus completus. Series prima*. Vol. 23. Paris: Vrayet, 1845.

MILLER, G.; JOHNSON-LAIRD, P. *Language and perception*. Cambridge: Cambridge University Press, 1976.

MOLLON, J.D. Seeing colour. *In*: LAMB, T.; BOURRIAU, J. (eds.). *Colour: art and science*. Darwin College Lectures. Cambridge: Cambridge University Press, 1995.

MOLLON, J.D. Color vision: Opsins and options. *Proceedings of the National Academy of Sciences*, vol. 96, n. 9, p. 4.743-4.745, 1999.

MORLEY, J. *The life of William Ewart Gladstone*. Vol. 3. Londres: Macmillan, 1903.

MORPURGO DAVIES, A. *Nineteenth-century linguistics*. Vol. 4 de History of Linguistics. Ed. Giulio Lepschy. Londres: Longman, 1998.

MÜLLER, M. *Lectures on the science of language*. Londres: Longman, Green, 1861.

MÜLLER, M. Lectures on Mr. Darwin's philosophy of language. *In*: HARRIS, R. *The origin of language*. Bristol: Thoemmes, 1996, p. 147-233.

MYERS, J.L. *Homer and his critics*. Ed. Dorothea Gray. Londres: Routledge, 1958.

NEUMANN, S.; WIDLOK, T. Rethinking some universals of spatial language using controlled comparison. *In*: DIRVEN, R.; PÜTZ, M. (eds.). *The construal of space in language and thought*. Berlim: Mouton de Gruyter, 1996, p. 345-369.

NEVINS, A.; PESETSKY, D.; RODRIGUES, C. Pirahã exceptionality: a reassessment. *Language*, vol. 85, n. 2, p. 355-404, 2009.

NEWCOMER, P.; FARIS, J. Review of Berlin and Kay 1969. *International Journal of American Linguistics*, vol. 37, n. 4, p. 270-275, 1971.

NICHOLS, J. Linguistic complexity: a comprehensive definition and survey. *In*: SAMPSON, G.; GIL, D.; TRUDGILL, P. (eds.).

Language complexity as an evolving variable. Oxford: Oxford University Press, 2009, p. 110-125.

NIETZSCHE, F. *Morgenröthe, Gedanken über die moralischen Vorurtheile. In*: NIETZSCHE, F. *Morgenröte, Idyllen aus Messina, Die fröhliche Wissenschaft.* Ed. G. Colli e M. Montinari. Berlim: Walter de Gruyter, 2005.

NIRAULA, S.; MISHRA, R.C.; DASEN, P.R. Linguistic relativity and spatial concept development in Nepal. *Psychology and Developing Societies*, vol. 16, n. 2, p. 99-124, 2004.

OGDEN, C.K.; RICHARDS, I.A. *The meaning of meaning: a study in the influence of language upon thought.* Londres: Trubner, 1923.

OLSÉN, J.E. *Liksom ett par nya ögon: Frithiof Holmgren och synsinnets problematik.* Malmö: Lubbert Das, 2004.

ORSUCCI, A. *Orient-Okzident: Nietzsches Versuch einer Loslösung vom europäischen Weltbild.* Berlim: Walter de Gruyter, 1996.

ÖZGEN, E. Language, learning, and colour perception. *Current Directions in Psychological Science*, vol. 13, n. 3, p. 95-98, 2004.

PARKINSON, R.B. Khakheperreseneb and traditional belles lettres. *In*: MANUELIAN, P. (ed.). *Studies in Honor of William Kelly Simpson.* Boston: Museum of Fine Arts, 1996, p. 647-654.

PEACOCK, E. *A glossary of words used in the wapentakes of Manley and Corringham, Lincolnshire.* Londres: English Dialect Society, 1877.

PERKINS, R.D. *Deixis grammar and culture.* Amsterdã: John Benjamins, 1992.

PESCHIER, E. *Lazarus Geiger: Sein Leben und Denken.* Frankfurt: F.B. Auffarth, 1871.

PHILLIPS, R. Vocabulary of Australian Aborigines in the neighbourhood of Cooktown, North Queensland. *Journal of the*

Anthropological Institute of Great Britain and Ireland, vol. 27, p. 144-147, 1898.

PIATTELLI-PALMARINI, M. (ed.). *Language and learning: the debate between Jean Piaget and Noam Chomsky.* Londres: Routledge, 1983.

PINKER, S. *The language instinct.* Nova York: Penguin, 1994.

PINKER, S. *The stuff of thought: language as a window into human nature.* Londres: Allen Lane, 2007.

PITCHFORD, N.; MULLEN, K. Is the acquisition of basic colour terms in young children constrained? *Perception*, vol. 31, n. 11, p. 1.349-1.370, 2002.

RAY, V.F. Techniques and problems in the study of human colour perception. *Southwestern Journal of Anthropology*, vol. 8, n. 3, p. 251-259, 1952.

RAY, V.F. Human colour perception and behavioural response. *New York Academy of Sciences*, vol. 2, n. 16, p. 98-104, 1953.

REGAN, B.C; JULLIOT, C.; SIMMEN, B.; VIÉNOT, F.; CHARLES-DOMINIQUE, P.; MOLLON, J.D. Fruits, foliage, and the evolution of primate colour vision. *Philosophical Transactions of the Royal Society of London. Series B, Biological Sciences*, vol. 356, n. 1407, p. 229-283, 2001.

REGIER, T.; KAY, P. Color naming and sunlight: commentary on Lindsey and Brown (2002). *Psychological Science*, vol. 15, n. 4, p. 289-290, 2004.

REGIER, T.; KAY, P.; COOK, R.S. Focal colours are universal after all. *Proceedings of the National Academy of Sciences*, vol. 102, n. 23, p. 8.386-8.391, 2005.

REGIER, T.; KAY, P.; KHETARPAL, N. Color naming reflects optimal partitions of colour space. *Proceedings of the National Academy of Sciences*, vol. 104, n. 4, p. 1.436-1.441, 2007.

REID, N. Class and classifier in Ngan'gityemerri. *In*: HARVEY, M.; REID, N. (eds.). *Nominal classification in aboriginal Australia.* Amsterdã: John Benjamins, 1997, p. 165-228.

RIVAROL, A. *De l'universalité de la langue française: Discours qui a remporté le prix a l'Académie de Berlin.* Paris: Bailly, 1784.

RIVERS, W.H.R. Vision. *In*: SCHÄFER, E.A. (ed.). *Text-book of physiology.* Vol. 2. Edimburgo: Young J. Pentland, 1900, p. 1.026-1.148.

RIVERS, W.H.R. Vision. *In*: HADDON, A.C. (ed.). *Reports of the Cambridge Anthropological Expedition to the Torres Straits.* Vol. 2: Physiology and Psychology. Cambridge: Cambridge University Press, 1901a.

RIVERS, W.H.R. Primitive colour vision. *Popular Science Monthly*, vol. 59, p. 44-58, 1901b.

ROBERSON, D.; DAVIES, I.; DAVIDOFF, J. Color categories are not universal: replications and new evidence from a stone-age culture. *Journal of Experimental Psychology: General*, vol. 129, n. 3, p. 369-398, 2000.

ROBERSON, D.; DAVIDOFF, J.; DAVIES, I.; SHAPIRO, L.R. Color categories: evidence for the cultural relativity hypothesis. *Cognitive Psychology*, vol. 50, n. 4, p. 378-411, 2005.

ROBERSON, D.; DAVIDOFF, J.; DAVIES, I.; SHAPIRO, L.R. Colour categories and category acquisition in Himba and English. *In*: PITCHFORD, N.; BINGHAM, C. (eds.). *Progress in colour studies.* Amsterdã: John Benjamins, 2006, p. 159-172.

ROBERSON, D.; PAK, H.; HANLEY, J.R. Categorical perception of colour in the left and right visual field is verbally mediated: evidence from Korean. *Cognition*, vol. 107, n. 2, p. 752-762, 2008.

ROSENTHAL, L.A. *Lazarus Geiger: Seine Lehre vom Ursprunge der Sprache und Vernun, und sein Leben.* Estugarda: I. Scheible, 1884.

ROTHFELS, N. *Savages and beasts: the birth of the modern zoo.* Baltimore: Johns Hopkins University Press, 2002.

RUSSELL, B. *Cambridge essays, 1888-1899.* Ed. K. Blackwell *et al.* Londres: Allen and Unwin, 1983.

RUSSELL, B. Logical atomism. *In*: MARSH, R.C. (ed.). *Bertrand Russell: logic and knowledge. Essays, 1901-1950.* Londres: Routledge, 2004, p. 321-344.

SAHLINS, M. Colors and cultures. *Semiotica*, vol. 16, n. 1, p. 1-22, 1976.

SAMPSON, G. *The "language instinct" debate.* Londres: Continuum, 2005.

SAMPSON, G. A linguistic axiom challenged. *In*: SAMPSON, G.; GIL, D.; TRUDGILL, P. (eds.). *Language complexity as an evolving variable.* Oxford: Oxford University Press, 2009.

SAMPSON, G.; GIL, D.; TRUDGILL, P. (eds.). *Language complexity as an evolving variable.* Oxford: Oxford University Press, 2009.

SAPIR, E. *Language: an introduction to the study of speech.* Nova York: Harcourt, Brace and Company, 1921.

SAPIR, E. Conceptual categories in primitive languages. *Science*, vol. 74, n. 1927, p. 578, 1931.

SAPIR, E. The grammarian and his language. *In*: SAPIR, E. *Selected writings of Edward Sapir in language, culture, and personality.* Ed. D.G. Mandelbaum. Berkeley: University of California Press, 1963.

SCHLEICHER, A. *Die deutsche Sprache.* Estugarda: J.G. Cotta, 1860.

SCHULTZE-BERNDT, E. Sketch of a Jaminjung grammar of space. *In*: LEVINSON, S.C.; WILKINS, D.P. (eds.). *Grammars of space.* Cambridge: Cambridge University Press, 2006, p. 103-104.

SERA, M.D.; ELIEFF, C.; FORBES, J.; BURCH, M.C.; RODRIGUEZ, W.; DUBOIS, D.P. When language affects cognition and when it does not: an analysis of grammatical gender and classification. *Journal of Experimental Psychology: General*, vol. 131, n. 3, p. 377-397, 2002.

SHAW, G.B. *Back to Methuselah*. Londres: Constable, 1921.

SINNEMÄKI, K. Complexity in core argument marking and population size. *In*: SAMPSON, G.; GIL, D.; TRUDGILL, P. (eds.). *Language complexity as an evolving variable*. Oxford: Oxford University Press, 2009.

SKARD, S. The use of colour in literature: a survey of research. *Proceedings of the American Philosophical Society*, vol. 90, n. 3, p. 163-249, 1946.

SLOBODÍN, R. *W.H.R. Rivers*. Nova York: Columbia University Press, 1978.

STEINER, G. *After Babel: aspects of language and translation*. Oxford: Oxford University Press, 1975.

SWADESH, M. Edward Sapir. *Language*, vol. 15, n. 2, p. 132-135, 1939.

TAN, L.H.; CHAN, A.H.D.; KAY, P.; KHONG, P.L.; YIP, L.K.C.; LUKE, K.K. Language affects patterns of brain activation associated with perceptual decision. *Proceedings of the National Academy of Sciences*, vol. 105, n. 10, p. 4.004-4.009, 2008.

TENNYSON, H.T. *Alfred Lord Tennyson: a memoir, by his son*. Vol. 1. Londres: Macmillan, 1897.

TITCHENER, E.B. On ethnological tests of sensation and perception with special reference to tests of colour vision and tactile discrimination described in the reports of the Cambridge anthropological expedition to Torres Straits. *Proceedings of the American Philosophical Society*, vol. 55, n. 220, p. 204-236, 1916.

TRUDGILL, P. Dialect typology and social structure. *In*: JAHR, E.H. (ed.). *Language contact: theoretical and empirical studies.* Berlim: Mouton, 1992, p. 195-211.

TSUNODA, T. *The Djaru language of Kimberley, Western Australia.* Camberra: Research School of Pacific Studies, 1981.

TURNER, R.S. *In the eye's mind: vision and the Helmholtz-Hering controversy.* Princeton: Princeton University Press, 1994.

TYLOR, E.B. *Primitive culture: researches into the development of mythology, philosophy, religion, art, and custom.* Londres: J. Murray, 1871.

VALBERG, A. *Light, vision, colour.* Hoboken: Wiley, 2005.

VALDEZ, P.; MEHRABIAN, A. Effects of colour on emotions. *Journal of Experimental Psychology: General*, vol. 123, n. 4, p. 394-409, 1994.

VAUGELAS, F.C. *Remarques de M. de Vaugelas sur la langue françoise, avec des notes de Messieurs Patru & T. Corneille.* Paris: Didot, 1738.

VEIT, P.F. Fichtenbaum und Palme. *Germanic Review*, vol. 51, n. 1, p. 13-27, 1976.

VIRCHOW, R. Die zur Zeit in Berlin anwesenden Nubier. *In*: VIRCHOW, R. *Verhandlungen der Berliner Gesellschaft für Anthropologie, Ethnologie, und Urgeschichte*, 1878, p. 333-355.

VIRCHOW, R. Über die im letzten Monat in Berlin ausgestellten Nubier, namentlich den Dinka. *In*: VIRCHOW, R. *Verhandlungen der Berliner Gesellschaft für Anthropologie, Ethnologie, und Urgeschichte*, 1879, p. 388-395.

VYGOTSKY, L.S. *Thinking and speech: collected works of L.S. Vygotsky.* Vol. 1. Nova York: Plenum Press, 1987.

WALLACE, A.R. On the tendency of varieties to depart indefinitely from the original type. *In*: DARWIN, C.R.; WALLACE, A.R. On the tendency of species to form varieties;

and on the perpetuation of varieties and species by natural means of selection. *Journal of the Proceedings of the Linnean Society of London, Zoology*, vol. 3, n. 9, p. 46-50, 1858.

WALLACE, A.R. The colours of animals and plants. *Macmillan's Magazine*, vol. 36, n. 216, p. 384-408, 464-471, 1877.

WALLACE, A.R. *Tropical nature and other essays.* Londres: Macmillan, 1878.

WALSER, M. Heines Tränen. *In*: WALSER, M. *Liebeserklärungen.* Frankfurt: Suhrkamp, 1983, p. 195-196.

WASSMANN, J.; DASEN, P.R. Balinese spatial orientation: some empirical evidence of moderate linguistic relativity. *Journal of the Royal Anthropological Institute*, vol. 4, n. 4, p. 689-711, 1998.

WAXMAN, S.R.; SENGHAS, A. Relations among word meanings in early lexical development. *Developmental Psychology*, vol. 28, n. 5, p. 862-873, 1992.

WEISMANN, A. Über die Hypothese einer Vererbung von Verletzungen. *In*: WEISMANN, A. *Aufsätze über Vererbung und verwandte biologische Fragen.* Jena: G. Fischer, 1892.

WEMYSS REID, T. *The life of William Ewart Gladstone.* Londres: Cassell, 1899.

WHARTON, W.J.L. (ed.). *Captain Cook's journal during his first voyage round the world made in H.M. Bark "Endeavour", 1768-71: a literal transcription of the original mss.: with notes and introduction.* Londres: Forgotten Books, 2008.

WHITING, R.M. *Old Babylonian letters from Tell Asmar.* Chicago: University of Chicago, 1987.

WHITNEY, W.D. *The life and growth of language.* Nova York: Appleton, 1875.

WHITTLE, P. *W.H.R. Rivers: a founding father worth remembering.* Zangwill Club of the Department of Experimental Psychology, Cambridge University, 6 dez. 1997.

WHORF, B. *Language, thought, and reality: selected writings of Benjamin Lee Whorf.* Ed. J.B. Carroll. Cambridge: MIT Press, 1956.

WIDLOK, T. Orientation in the wild: the shared cognition of Hai‖om bushpeople. *Journal of the Royal Anthropological Institute*, vol. 3, n. 22, p. 317-332, 1997.

WILKINS, D.P. Towards an Arrernte grammar of space. *In*: LEVINSON, S.C.; WILKINS, D.P. (eds.). *Grammars of space.* Cambridge: Cambridge University Press, 2006.

WILSON, G. *Researches on colour-blindness, with a supplement on the danger attending the present system of railway and marine coloured signals.* Edimburgo: Sutherland and Knox, 1855.

WILSON, G.D. Arousal properties of red versus green. *Perceptual and Motor Skills*, vol. 23, n. 3, p. 942-949, 1966.

WINAWER, J.; WITTHO, N.; FRANK, M.C.; WU, L.; WADE, A.R.; BORODITSKY, L. Russian blues reveal effects of language on colour discrimination. *Proceedings of the National Academy of Sciences*, vol. 104, n. 19, p. 7.780-7.785, 2007.

WITTGENSTEIN, L. *Tractatus logico-philosophicus.* Introd. Bertrand Russell. Londres: Kegan Paul, 1922.

WOODWORTH, R.S. Racial differences in mental traits. Address of the vice-president and chairman of Section H – Anthropology and Psychology of the American Association for the Advancement of Science, Boston, 1909. *Science*, vol. 31, n. 788, p. 171-186, 1910a.

WOODWORTH, R.S. The puzzle of colour vocabularies. *Psychological Bulletin*, vol. 7, n. 10, p. 325-334, 1910b.

YOUNG, R.M. *Mind, brain, and adaptation in the nineteenth century: cerebral localization and its biological context from Gall to Ferrier.* Oxford: Oxford University Press, 1970.

Agradecimentos

Sou extremamente grato aos amigos que generosamente dedicaram seu tempo para ler rascunhos anteriores de todo o livro, e cujas ideias e sugestões me salvaram de incontáveis erros e inspiraram muitas melhorias: Jennie Barbour, Michal Deutscher, Andreas Dorschel, Avrahamit Edan, Stephen Fry, Bert Kouwenberg, Peter Matthews, Ferdinand von Mengden, Anna Morpurgo Davies, Reviel Netz, Uri Rom, Jan Hendrik Schmidt, Michael Steen e Balázs Szendröi.

O manuscrito beneficiou-se enormemente do escrutínio profissional de minha agente, Caroline Dawnay, e de meus editores, Drummond Moir, Jonathan Beck e, principalmente, Sara Bershtel, cuja precisão de inserções e cortes foi inestimável para que eu pudesse sair de numerosos becos sem saída e atalhos equivocados. Sou grato a todos eles, bem como à minha editora, Roslyn Schloss, Grigory Tovbis, do Metropolitan, e Laurie Ip Fung Chun, da William Heinemann.

Gostaria também de agradecer a todos aqueles que forneceram informações úteis ou correções, especialmente Sasha Aikhenvald, Eleanor Coghill, Bob Dixon, David Fleck, Luca Grillo, Kristina Henschke, Yaron Matras, Robert Meekings, John Mollon, Jan Erik Olsén, Jan Schnupp, Eva Schultze-Berndt, Kriszta Szendröi, Thomas Widlok, Gábor Zemplén.

Acima de tudo, sou grato a Janie Steen, cuja ajuda não pode ser quantificada e sem quem o livro nunca teria acontecido.

G.D., março de 2010.

—

Créditos das ilustrações

Ilustrações coloridas

1. Teste de daltonismo de Holmgren: cortesia do College of Optometrists, Londres

2. Arco-íris sobre árvores © Pekka Parviainen / Science Photo Library

3. Campo de papoulas © Andrzej Tokarski / Alamy

4, 5. Sistema de cores: Martin Lubikowski

6. Conjunto de Berlin e Kay: Hale Color Consultants, cortesia de Nick Hale

7. Tonalidades das luzes de semáforo japonês: Janoff (1994) e Centro de Pesquisa de Iluminação do Instituto Politécnico de Rensselaer

8. Azuis russos: Winawer *et al.* (2007) – adaptação: Martin Lubikowski

9. Círculo de quadrados: Gilbert *et al.* (2006) – adaptação: Martin Lubikowski

10. Cores em chinês: Tan *et al.* (2008) – adaptação: Martin Lubikowski

11. Espectro visível © Universal Images Group Limited / Alamy

12. Cones de sensibilidade: Martin Lubikowski

Índice

(Números de página em itálico indicam ilustrações.)

abstração 24-25, 54, 99, 105, 124, 187

Académie française 13

acádio 151, 153, 154, 155-156

Account of the voyages 195

Adão (Gênesis) 118n.

Adventures on the remote Island of Zift 20-22, 25, 209

After Babel (Steiner) 14, 180

Agamenon, Rei 42

ainu 105

Alcorão 59

alemão 9, 10, 183
  estrutura complexa de palavras do 135-136, 147
  gênero em 189, 241-242, 246-250, 253, 257-258, 262
  gramática do inglês a meio--caminho entre o francês e o 15, 182-183
  ordem do 9
  significado de "*mind*" em 24
  sistema de casos 183

alfabetização 139-140, 148, 164

Allen, Grant 82

Almquist, Ernst 81, 83

Amazonas 191

Américas, povos indígenas das, cf. línguas indígenas americanas

Anglicanismo 15

Antigo Egito 77

Antigo Testamento 58-59
  Deuteronômio 181
  Jeremias 59, 182

antropologia física 80

Apolo 43, 45

Aquiles 43, 161

árabe 137, 141, 165

aramaico 164

Aristóteles 23, 157

Assembleia de Naturalistas e Médicos Alemães 56, 73

babilônios 10, 77, 153, 184

babuínos 118

Bacon, Francis 11

Bage, Robert 243

Bali 210-211, 235, 236

335

Baltic Jet 254

Bambi, Jack 216

bascos 168

Basic color terms: their universality and evolution (Berlin, Kay) 103, 110-115, cf. tb. cor

Bastian, Adolf 80

Baudelaire, Charles 263

Bauer, Laurie 149

Bellona 94, 109

Berkeley, Universidade da Califórnia 275-276

Berlim, Universidade de 167

Berlin, Brent 110-115, 122, 210

Bíblia
  Antigo Testamento 58-59
  Deuteronômio 181
  hebraico bíblico 58, 151, 180, 181, cf. tb. hebraico
  Jeremias 59, 182
  King James Bible 204
  Novo Testamento 187
  traduzida para guugu yimithirr 204-205

Bloomfield, Leonard 108, 122

Boas, Franz 172-173, *188*, 189, 190

Boroditsky, Lera 258, 261, 271

Broca, Pierre Paul 276-277

Brunetière, Ferdinand 13

caçadores-coletores 131, 141

Cairns 128, 140, 217

Califórnia, Universidade de:
  Berkeley 275-276
  Los Angeles (UCLA) 271

canguru 196, *197*, 237

Cape Bedford 204

características adquiridas, crença na transmissão vertical de 68-75, 105, cf. tb. Lamarck, JeanBaptiste; evolução lamarckiana

Carlos V, Sacro Imperador Romano 9

catolicismo 15, 183

Chicago, Universidade de 275

chinês 19, 59, 137, 141, 190, 280

chinook 173

Chomsky, Noam 15, 31

Ciência e linguística 177

Cícero 12

Clifford, Wlliam Kingdon 171

cliques 148

Clitemnestra 161

Clube Científico de Viena 67

código de vestimenta 17

compleat linguist, The (Henley) 165

complementos (finitos) 153-156

Condillac, Étienne de 11

Confúcio 131

Conklin, Harold 120

conquista normanda 147, 253

convenções culturais, experiências de pensamento em:
  crianças 93-96

336

frutas 97-99

Gladonov 92

Cook, Capitão James 195-199, 203

Cooktown 195, 198, 204, 212
próximo a Cape Bedford 204

Cooktown Herald 204

cor
aquisição de vocabulário infantil para 93-96
divisão amarelo-verde-azul de 108, cf. tb. retina
em Homero, cf. Gladstone, William Ewart; Homero; *Studies on Homer and the Homeric Age*
em Murray Island, cf. Estreito de Torres: Murray Island no espectro 29, 30, 61, 66, 92-93, 101, 110
evolução da visão de 299-300
experiências de pensamento relativas, cf. convenções culturais, experiências de pensamento em
explicação técnica de 293-303, *296*
focos de 112-114, 115, 210
importância cultural 91, 117-119
na poesia moderna 48
percepção dos outros sobre 267
percepção e expressão linguística 28-31, 38, 43-55, 57-68, 73-78, 80-85, 88-96, 100-101, 103-104, 107-124, 265-281, *272, 277, 278*, 293-303, *296*, cf. tb. *Basic color terms*; Berlin, Brent; cor: explicação técnica de; Geiger, Lazarus: sequência

cronológica de; Gladstone, William Ewart; Homero; Kay, Paul; Rivers, W.H.R.
vermelho de onda longa 101

costumes sexuais 17

course in modern linguistics, A (Hockett) 134

Crawfurd, John 197

crianças, aquisição de vocabulário por 22-23, 93-96, 123

Crime e castigo (Dostoiévski) 10

cultura e culturas
complexidade e morfologia 143-144, 147
conceito científico de 17-18
cor representada em, cf. cor
espectros esculpidos por 108
focos vistos como independentes de 113
gramática e linguagem de, cf. gramática; linguagem
liberdade dentro de restrições desfrutadas por 115-117, 122, 234
linguagem popular, exposição à língua aborígene derivada de 129
marcas profundas deixadas por 17
nova antropologia e 106
pronomes em, cf. pronomes
significado do vermelho entre 118-119
tentativas de definir 16-19
triunfo de 100-101
variações de vocabulários de cores entre 108

337

daltonismo 52, 63-65, 67, 89,
298-299, cf. tb. cor: percepção
e expressão linguística de; cor,
explicação técnica de
Dante 12
De vulgari eloquentia 12
Darwin, Charles 37, 57, 70-72,74,
75n. 76, 93
crença em características
adquiridas de 70
De oratore (Cícero) 12
Delitzsch, Franz 76
Deuteronômio 181
dialetos 15, 148
"dicionários universais" 165
dinamarquês 10
gênero em 246, 251n.
Dixon, R.M.W. 127
Djaru 209
DNA 31, 69, 291

Einstein, Albert 163, 175
Emerson, Ralph Waldo 11-12
Endeavour 195, 196, 203
Engels, Friedrich 40
*Ensaio sobre o entendimento
humano* (Locke) 25
Ervin, Susan 260
espanhol 9, 81, 137, 165, 238
gênero em 242, 246, 248, 250,
253, 256-259, 261-262
espectro 29, 30, 61, 66, 92-93,
101, 110
reinvenção do 110

Ésquilo 167
estoniano 246
estranhos *vs.* íntimos, diferenças
de comunicação entre 145-147
Estreito de Torres 85, 87-88, 106
Murray Ilha no 88, 90
etimologia 53, 59-60
bíblica 118n.
evolução lamarckiana 70, 71, 74,
100, 121, cf. tb. características
adquiridas

feroês 149
finlandês 246
Fleck, David 191
focos 112-114, 115, 210
fonemas 139, 149
fox 134
francês 9, 161, 165
clareza e lógica 13, 14
gênero em 189, 242, 246,
247-248, 253, 258
gramática inglesa a meio-
-caminho entre alemão e 15, 182
língua do romance 10
Russell sobre o 12
significado de "mente" em 24
singular e plural homófonos no
141
Frank, Michael 271
Freud, Sigmund 247
Fromkin, Victoria 132, 154
fusão de palavras 147-148, cf. tb.
morfologia

galibi 166

Gatschet, Albert 81, 82

Geiger, Abraham 57

Geiger, Lazarus 56-62, 65-66, 75, 77, 80, 82-83, *passim*, 94-95, 122, 266 morte de 83, cf. tb. cor: percepção e expressão linguística de
sequência cronológica de 60-61, 66, 83, 101, 103, 104, 107, 111, 115, 116, 117

gênero 189, 239-264
dias da semana divididos em 256-257
em alemão 189, 241-242, 246-250, 253, 257-258, 262
em dinamarquês 246, 251n.
em espanhol 242, 246, 248, 250, 253, 256-259, 261-262
em francês 189, 242, 246, 247-248, 253, 256
em grego 243, 246, 247
em hebraico 250, 256
em inglês 189, 243, 245-250, 252, 263
em italiano 246, 251n., 253
em jargão marítimo 254-255
em latim 243, 253
em norueguês 246
em polaco 246
em português 246
em romeno 246
em russo 189, 242, 246, 247, 263
em sueco 246
em tcheco 246
em turco

etimologia e semântica relativas a 242-243
experimento de Ervin relativo a 260
experimento de Konishi relativo a 257
experimento de Sera relativo a 258
experimentos de Boroditsky e Schmidt relativos a 258, 261
pronomes com marca de 184, 240, 245-248, 252

genoma humano 69

Giessen, Universidade de 302

Gilbert, Aubrey 275

Gladstone, William Ewart 37-55, 39, 56, 58-59, 60n., 61-62, 65-66, 67, 69, 73-74, 81n., 82-83, *passim* 94-95, 112, 118, 120-122, 266, 282

Gleitman, Lila 226, 231

Goethe, Wolfgang von 49

gosto musical 17

gramática 30-32, 124, 126, 128, 130, 166
aborígene/nativa 127-130, 139, cf. tb. línguas indígenas americanas; línguas aborígenes australianas
complexidade da 32, 126, 127, 131-134, 135, 141-157, 288
limitações da 9
perspectiva nativista da 31, 124-126
tempo futuro 10, 14-15, 181
universais sintáticos 154, 155

universal 16, 31, 125, 165, cf. tb. linguagem; linguística; morfologia; sintaxe
variações paramétricas em 125
visão de Boas sobre o papel da 188-189
grego 9, 11-12, 14, 161, 164, 167, 180
gênero em 243, 246, 247, cf. tb. Homero; *Studies on Homer and the Homeric Age*
groenlandês ocidental 11
gurr-goni 250, 251
guugu yimithirr 195, 198, 202-203, 205-209, 212-218, *passim*, 224, 226, 228-231, 233-238, *passim*
Bíblia traduzida em 204

Hades 43
Haeckel, Ernst 67
Hagenbeck, Carl 79-80
Hai‖om 233
Halevy, Yehuda 241
Hamilton Energy 255
hanunoo 120
Harvey, William 182
havaiano 27, 141, 148-149
Haviland, John 198, 203, 205, 213, 216, 231, 237
Hay, Jennifer 149
hebraico 9, 27, 28, 137, 141, 165, 181

bíblico 58, 151, 180, 181
gênero em 250, 256
Heine, Heinrich 239-241, 263
Heitor 50
Helena de Troia 38
Helmholtz, Hermann von 295
Henley, John 165
Henrique VIII, Rei 15
Herder, Johann Gottfried 11
hitita 151, 154, 156
Hjelmslev, Louis 108
Hockett, Charles 134-136
holandês 246
Holmgren, Frithiof 63-64
teste de cor de 64, 84, 89
Homero 38-55, 58, 59, 60n., 61, 95-96, 120-122, 167, 283
Hong Kong, Universidade de 280
Hopevale 206, 217, 237
hopi 177-180
Hopi time (Malotki) 179
Hospital Craiglockhart 86
house in Bali, A (McPhee) 211
Hughes, Ted 68
Humboldt, Wilhelm von 164-172, *167*, 187
húngaro 246, 263, 287
hupa 173

ianomâmi 124
Ilha Murray 88, 90, 96

Ilíada (Homero) 38, 41-42, 45, 48, 51

Ílios, cf. Troia

imagem por ressonância magnética (MRI) 280, 290

indonésio 185, 246, 263

ingalik 173

inglês 10, 189-190, 238
a visão de Jespersen do 14
antiga estrutura elaborada de palavras do 147
consistência lógica do 14
divisões de cor percebidas e descritas em 108-109, 268-269, 274, 279, 282
gênero em 189, 243, 245, 247, 253-255, 263
gramáticas do francês e do alemão combinadas no 15, 182-183
matsés em comparação com 193
plurais em 135, 141, 288
Russell sobre o 12
significado de "*esprit*" em 24-25
verbos irregulares 135
versão aborígene do 129

Instituto Psicológico de Mocou 256

íntimos *vs.* estranhos, diferenças na comunicação entre 145-147

Introduction to language 132, 154

Iowa 134

italiano 9, 10, 165
gênero em 246, 251n., 253

Ivry, Richard 275

Jakobson, Roman *188*, 188-190, cf. tb. Boas-Jakobson

Jaminjung 233

japonês 124, 141
quanto à cor 265-266

Jefferson, Thomas 105

Jeremias, Livro de 59, 182

Jerusalém, personificação feminina 241

Jespersen, Otto 14

Jesus 43

Journal of the Indian Archipelago and Eastern Asia 197-198

Juilliard School 131

Kant, Immanuel 202

Kay, Paul 110-114, 115-116, 117n., 122, 210, 268-269, 275, 282

kayardild 209

Kempton, Willett 268-270, 275, 282

kgalagadi 233

Khetarpal, Naveen 117n.

King, Capitão Philip Parker 197, 198-199

Kipling, Rudyard 68

klamath 82

Konishi, Toshi 257

Krause, Ernst 76

kutchin 173

La Salle de l'Étang, Simon-
-Philibert de 166

Laboureur, Louis Le 13

Lagerlunda, colisão ferroviária em
63, *64*

Lamarck, Jean-Baptiste 70-71, 74

lápis-lazúli 77

latim 9, 11, 14, 128, 164, 166, 167,
168
gênero em 243, 253

Lazarus, Emma 240, 241

Leto 43, 45

levantamento geológico
norte-americano 81-82

Levinson, Stephen 206, 213-217,
226

Lévi-Strauss, Claude 87

Li, Peggy 231

liberdade dentro das restrições
117, 122, 234

licença poética 46, 48, 51, 55

língua
a "prisão" da 183-185, 263
aborígene/nativo 127-130,
139, cf. tb. línguas indígenas do
continente norte-americano;
línguas aborígenes australianas
"artigos de fé" relativos a 154
cláusulas subordinadas em
150-158
como espelho 19
como instinto 15
como lente 32-34, 163, 266, 281,
cf. tb. relatividade linguística;
Sapir, Edward; hipótese Sapir-

Whorf; Whorf, Benjamin Lee
complementos em 153-156
complexidade da 32, 126, 127,
131-139, 140-145, 147-158, 288
corpo humano e 27-28
crianças, aquisição da 22,
122-123
dialetos dentro da 15, 147
dicotomia íntimo-estranho 146
em processos judiciais 156
escrita *vs* oral 140, cf. tb.
cor: percepção e expressão
linguística de; gramática; *línguas
individuais*; língua: cor expressa
em; linguística; morfologia;
sintaxe
europeia 14
experiências de pensamento
relativas, cf. convenções
culturais; experiências de
pensamento em
fusão de palavras em 148, cf. tb.
morfologia
gosto e 96-99
gramática da, cf. gramática
influenciadora de pensamentos
14, 32-34, 158, 162-163, 170,
174, 176, 180, 185-187, 194, 212
sobre gênero, cf. gênero; cf. tb.
relatividade linguística; Sapir,
Edward; hipótese SapirWhorf;
Whorf, Benjamin Lee
informação obrigada a ser
expressa pela, cf. Boas-Jakobson
inventários sólidos da 149-150
parentes designados em 123-124
partição de rótulos e conceitos
da 23

342

pronomes 25, 28, 141, 184, 241, 245-247, 256, 262-263
relações espaciais na 199-200, 202-236, *207, 219, 220, 223, 224, 225, 228*, cf. tb. relações espaciais, egocêntricas *vs* geográficas
relatividade linguística, cf. tb. relatividade linguística; Sapir, Edward; hipótese Sapir-Whorf; Whorf, Benjamin Lee
sexo expresso em 189, 239-264
tempo futuro 10, 14, 181, 182
"vidas" públicas e privadas da 285

linguagem escrita *vs.* oral 139-140

línguas aborígenes australianas 128, 139, 149, 155, 195-200, 209, 251
  djaru 209
  dyirbal 250
  gurr-goni 250, 251-252
  guugu yimithirr 195, 198-199, 203-210, 212-217, *passim* 224, 226, 228-235
  jaminjung 233
  kayardild 209
  mayali 250
  ngan'gityemerri 244
  warlbiri 209

línguas africanas:
  bantu 244
  gênero em 251
  suaíli 244
  supyire 244, 250
  zulu 11

línguas indígenas do continente norte-americano 14, 33, 82, 104-105, 130, 155, 162, 168, 171-172, 176
  chinook 173
  fox 134
  hopi 177-180
  hupa 173
  ingalik 173
  iowa 134
  klamath 82
  kutchin 173
  matsés 155, 191-194, 288
  navajo 162, 173
  nootka 162, 173-175
  paiute 162, 173
  sarcee 173
  sioux 82
  substantivos de 166
  tarahumara 269
  tlingit 173
  yana 173

línguas indo-europeias 144, 162, 180, 252

línguas nativas dos continentes americanos (Norte e Sul), cf. línguas indígenas dos continentes americanos

linguística 12, 32, 57, 103, 118n., 127, 131-134, 173
  descobertas transformadoras da visão de mundo em 162, cf. tb. gramática; linguagem; relatividade linguística; morfologia; sintaxe
  gênero e, cf. gênero
  Humboldt e a curva acentuada

343

do desenvolvimento da 169

imprecisão 92

Linnean Society 37

Lloyd's List 254

Locke, John 25

Louisiana Purchase Exposition 104-106

Magnus, Hugo 62, 65-68, 73-78, 80-85, 90, 100, 111, 122, 266
explicação anatômica revisada oferecida por 85

maia 113, 210, 233

malaio 149

Malotki, Ekkehart 179-180

manambu 245

mandarim 280

maneiras à mesa 17

marquesano 210

Marx, Karl 40

matsés 155, 191-194, 288
inglês em comparação com

Max Planck, Instituto 226

Maxwell, James Clerk 294

mayali 250

McPhee, Colin 211

Mead, Margaret 208

Melquisedeque 43

Mesopotâmia 132, 153

Micenas 42, 77

Milne, A.A. 201

Mindanao 105

Minha irmã vida (Pasternak) 263

missionários 82, 166, 168, 204

MIT (Massachusetts Institute of Technology) 271

Moisés 58

morfologia 134, 136, 140-148
complexidade social e 143-144, 147, cf. tb. gramática; linguística; sintaxe
simplificação da 144-145

most excellent and perfecte homish apothecarye..., The 254

movimento de reforma 56

Müller, Max 171

Mursili II, Rei 151-152

Museu Britânico 77

Napoleão 105

nativismo 30

navajo 162, 173

Neruda, Pablo 264

ngan'gityemerri 244

Nias 83

Nietzsche, Friedrich 67, 183

Nineteenth Century, The 67

nootka 162, 173-175

Norte de Queensland 128, 129

norueguês 10
gênero em 246

Novo Testamento 186

núbios 79-84

Odisseia (Homero) 38, 41, 45, 48, 51

onomatopeia 20

On the historical evolution of the color sense (Magnus) 62

orações subordinadas 150-158

Orwell, George 185
1984 185

Ovaherero 84

Oxford English Dictionary 140

paiute 162, 173

Páris, Príncipe 41

Pasternak, Boris 263

Pátroclo 161

Península de Chukchi 81, 83

Perkins, Revere 142, 143

Philosophy Today 182

pigmeus 105

Píndaro 51, 167

Pinker, Steven 194, 226, 231-232, 234

pirahã 151n.

Planck, Max 101

Platão 131, 167

Polinésia Francesa 210

polonês 246

pornografia 17

português 9
gênero em 246

Poseidon 43

povos indígenas das Américas, cf. línguas indígenas do continente norte-americano

Primitive culture (Tylor) 18

Princípio Boas-Jakobson 188-194, 213

pronomes 25, 28, 141, 184, 241, 245-247, 256, 262-263
variação interlingual de 141

protestantismo 15, 183

protoindo-europeu 144

Raffles, Stamford 197

Ray, Verne 108, 122

Regier, Terry 117n., 275

relações espaciais, egocêntricas *vs* geográficas 199-201, 204-237, *207, 228*
jogo de memória relativo a 217-229, *219, 220, 223, 224, 225, 228*

relatividade linguística (hipótese Sapir-Whorf) 161-162, 172-182, 185-186, cf. tb. Sapir, Edward; Whorf, Benjamin Lee

retina 62, 66, 74, 268, 275, *277*, 281, 293, 295, 297, 302
cones da 67, 101, 267, 295-297, 301
evolução da 103, 104, cf. tb. Apêndice; cor; Geiger: sequência cronológica de

Revista de Etnologia 80

Rio Endeavour 195, 196, 197, 198, 203

Rivarol, Antoine de 14

345

Rivers, W.H.R. 86-91, *87*, 93-95, 122
  Woodworth inspirado por 106
Rodman, Robert 132, 154
Roger (falante de guugu yimithirr) 206
Romantismo alemão 164
romeno 246
Rotokas 148
Russell, Bertrand 12, 24, 173
Russo 10, 271
  gênero em 189, 242, 246, 247, 263
  tons de azul e 92, 271-275, *272*

sabor 98-99
Sampih (estudante de dança) 211-212
sangue 52, 89, 118
sânscrito 164
Sapir, Edward 131, 161-163, 169, 172-176, *174*, 180, cf. tb. relatividade linguística; Whorf, Benjamin Lee
  hipótese de Sapir-Whorf (relatividade linguística, *q.v.*) 180, 188, 190
Sarcee 173
Sassoon, Siegfried 86
Schadenfreude 184
Schleicher, August 144
Schliemann, Heinrich 41
Schmidt, Lauren 258, 261
Schwartz, Sr. 204, 216

Science 106
semáforos 265-266
Sera, Maria 258
Shaw, George Bernard 56, 72
sintaxe 134, 136
  gênero e, cf. universais de gênero de 154-155, cf. tb. gramática; linguística; morfologia
Sioux 82
Siríaco 9, 165
Sistema Crow 124
Sobre *A origem das espécies* (Darwin) 56, 70
Sociedade de Antropologia de Paris 276
Sociedade de Antropologia, Etnologia e Pré-História de Berlim 79, 81
Sócrates 167
Some things worth knowing: a generalist's guide to useful knowledge 179
Sorábio 141
Stanford University 271
Steiner, George 14, 180-181, 184
Stubbs, George 196, *197*
Studies on Homer and the Homeric Age (Gladstone) 38-55, 120-122
stuff of thought, The (Pinker, Steven) 194, 231
suaíli 244
sueco 10, 137
  gênero em 246

sumério 245

Supyire 244, 250

tagalo 26, 81

tailandês 137

Talmude 9

tâmil 245, 246

tarahumara 269

tarefa de interferência 274

Tchaikovsky, Pyotr Ilyich 10

tcheco 246

tempo futuro 10, 14, 181, 182

Tennyson, Alfred, Lorde 40

Thomson, James 239-240

Times, The 39, 40, 41

tlingit 173

tribo Teda 81

Trindade 43

Troia (Ilios, Troia, Wilusa) 41

Tulo 206

turco 124

    gênero em 185, 246, 263

Turquia 151

Twain, Mark 248-249, 253, 254

    "Conto da peixeira e seu triste destino" 248, 253

Tylor, Edward 18

tzeltal 113, 210, 214, 224, 226, 228, 232-235, *passim*

unfolding of language, The (Deutscher) 31, 124, 144

Universidade da Califórnia, Berkeley 275

Universidade da Califórnia, Los Angeles (UCLA) 271

Universidade de Berlim 167

Universidade de Colúmbia 106, 172-173

Universidade de Giessen 302

Universidade de Uppsala 63

Universidade de Yale 162, 164, 170

Ur dos Caldeus 43

Uzbeque 185

variações paramétricas 125

Vaticano 168

Vedas 59

vietnamita 246

Virchow, Rudolf 80

Virgem Maria 43

vocabulário:

    de cor, cf. cor: percepção e expressão linguística de passivo 140

    tamanho do, como complexidade 139

Voltaire 13

Wade, Alex 271

Wallace, Alfred Russell 37, 67, 70

warlbiri 209

Weismann, August 72-73

Whitney, William 171

Whorf, Benjamin Lee 14, 33, 162-167, 170, 176-180, 185, 188, cf. tb. relatividade linguística; Sapir, Edward

Wien, Wilhelm 101

Wilusa, cf. Troia

Winawer, Jonathan 271

Wittgenstein, Ludwig 173, 184

Witthoft, Nathan 271

Woodworth, Robert 106-107

Wu, Lisa 271

!Xóõ 148-149

Yana 173

Young, Thomas 294

yukatek 233

Zeus 43, 50

zift 20-22, 25-26, 109, 122, 209

zulu 11